미장센의
서사전략

이청준의 『벌레이야기』의 OSMU화 된
이창동 감독의 『밀양(密陽, Secret sunshine)』

서유진

홍익대학교 대학원 박사를 졸업하고 동 대학교 교양대학에서 시간강사와
호서대학교 더·함 교양대학 창의교양학부에서 겸임교원·시간강사로 재직한 바 있다.

주요논문

석사논문「프로문예비평이론의 한 연구 – 비평론의 자기반성과 실천을 중심으로」, 박사논문
「소설의 매체 변용양상 연구 – 2000년대에 영화화 된 작품을 중심으로」, 이 외에「소설과
영화의 상관성 연구사 – 기존연구사를 중심으로」,「스토리텔링(Story telling)의 화법으로
읽는 지식습득의 효과연구」

논문발표

「문학가로서의 운명적 순응과 내면풍경 –『선명』에 발표된 조명희작품과 평론을 중심으로」,
「서사에서 대중서사로의 전이에 따른 연구의 난황 – 소설과 각색영화에 대한 논의를 중심
으로」

연구보고서

『지역문화산업 현황조사 및 발전방안』(문화관광부 문화콘텐츠 진흥원)
「소설과 영화의 상관성 연구사 – 기존연구사를 중심으로」

미장센의 서사전략

이청준의『벌레이야기』의 OSMU화 된 이창동 감독의『밀양(密陽, Secret sunshine)』

초판 1쇄 발행 | 2019년 11월 25일

지은이 | 서유진
펴낸이 | 지현구
펴낸곳 | 태학사
등 록 | 제406-2006-00008호
주 소 | 경기도 파주시 광인사길 223
전 화 | (031)955-7580
전 송 | (031)955-0910
전자우편 | thaehaksa@naver.com
홈페이지 | www.thaehaksa.com

ISBN 978-89-5966-280-7 93680

미장센의 서사전략

이청준의『벌레이야기』의 OSMU화 된 이창동 감독의『밀양(密陽, Secret sunshine)』

서유진 지음

태학사

머리말

이청준의 『벌레이야기』는 관찰자인 '나'는 아이의 유괴로 인해 고통 받는 아내의 심리를 증언이라는 형식으로, 과거의 시간을 재구성한다. 그러나 이창동 감독 『밀양(密陽, Secret sunshine)』은 오프닝(Opening). '청명하고 푸른 하늘'에서 엔딩(Ending). '누추한 지상'의 상징화 된 공간을 통해 서사를 전개하는 매체적 특성이 두드러진다.

오프닝(Opening). 밀양으로 진입하는 「S#1. 도로(외부/낮)」의 '구름이 드문드문 있는 푸른 하늘'을 클로즈 업(Close-Up)과 로우 앵글(Low Angle)을 결합시킨다. 그 위에 크리스띠안 바쏘(Christian Basso)의 크리오요(Criollo 이방인)인 非디제시스적 사운드(Non-diegetic sound)를 덧입혀 밀양에서의 새로운 삶에 대한 희망과 설레임을 미장센(Mise en Scene)이 대신한다. 그러나 아들 '준'의 유괴사건으로 그 희망은 처참히 무너지고 현실적 공간으로 엔딩(Ending). 「S#121. 신애 집(외부/낮)」의 '시멘트바닥에 고인 빗물'과 '파란 플라스틱 빨래판, 세제통이 뒹굴어' 있고 마당 한 켠의 '잡초'의 '누추한 여기'를 하이 앵글(High Angle)과 롱 테이크(Long take)로 오래

머무른다. 그리고 디제시스적 사운드(Diegetic sound)인 '아이들의 떠드는 소리'는 지극히 평범한 생활의 공간임을 확인이라도 시키듯, '사람 사는데 다 똑같'은 그곳을 실현시킨다.

오프닝(Opening). 밀양으로 오는 「S#4. 차 안(외부/낮)」의 신애는 '비밀 밀(密), 볕 양(陽). 비밀의 햇볕'을 찾아 왔는지도 모른다. 엔딩(Ending)인 「S#121. 신애의 집(외부/낮)」의 '비밀의 햇볕(Secret sunshine)'으로 종결 된다.

청도로 가는 20번 도로의 「S#2. 개울(외부)」. 차를 수리하기 위해 온 종 찬은 '서광 카센터'를 운영하는 전형적인 밀양사람이며 적당한 허세와 자 기과시의 인물로, 신애에게 지속적으로 사소한 도움을 준다. 그러던 어느 날 유괴전화를 받고 「S#35. 카센타 앞(외부/밤)」에 가지만 '혼자 가라오케 의 반주에 맞춰 노래를 부르'고 있는 종찬과 '유리문 앞에 멈춘 망연자실한 신애'를 몽타주(Motage)를 통해 간극을 만들어 버린다. 이윽고 '준'의 사체 를 확인하러 가장 절망스런 순간인 「S#52. 저수지(외부/낮)」에서는 종찬을 프레임(Frame) 외부로 밀어버리고 만다.

감독은 다시 종찬을 프레임(Frame) 내부로 수용하고, 후경화시키는 미 장센(Mise en scene)을 선택하지만, 그들 사이에 밀양사람들 1-2명 정도 끼워놓는 방식으로 밀착시키지 않는다. 가령 '준'의 사망신고를 「S#53. 동 사무소(내부/낮)」에서 마치고, 「S#63. 거리(외부/낮)」로 나와 '숨을 쉴 수 가 없는 신애 뒤'에 배치하고, 〈상처받은 영혼을 위한 기도회〉를 알리는 현수막을 보고 가다보니 「S#64. 부흥회 입구(내부/낮)」의 도착하고, 여전히 '신애의 몇 걸음 뒤'에 종찬이 있다. 「S#69. 교회(내부/낮)」예배 중 찬송가를 잘 모르는 눈치지만, '나름 입을 맞추며 신애의 뒤'에 있다. 하나님의 사랑을 전하기 위해 범인을 「S#84. 접견실(내부/낮)」로 면회할 때도 '언제나처럼 신애의 뒤'에 있었던 종찬은 「S#85. 구치소 주차장(외부/낮)」에서 '하나님의 이야기'로만 파악된다. 미장센(Mise en scene)에서 종찬을 후경화시킴으로써, 신애의 절망과 고통은 소통되지 못한 채, 오로지 혼자만의 몫으로 남겨지게 된다. 이윽고 신애가 복수를 단행하고 처절함의 정점인 자살시도하는 시점에 종찬을 다시 한 번 프레임(Frame) 외부로 밀어버린다.

그러나 불현듯 감독은 '준'의 유괴전화를 받은 「S#33. 신애 집(내부/밤)」의 상황을 「S#101. 신애집(내부/밤)」에서 반복하여 구조적으로 대응시켜, '교도소와 경찰에 알아'보겠다고 진정시키고 관계를 밀착시킨다. 자살기도 후 그리고 몇 개월이 지난 후, 엔딩(Ending). 「S#121. 신애 집(외부/낮)」에서 머리를 자르기 시작할 즈음, 종찬이 다가와 거울을 들어준다. 감독은 처음으로 서로 마주보는 프레임(Frame)을 선택하고, 아이 레벨 앵글(Eye-level Angle)로 그들을 응시한다. 오프닝(Opening). 「S#4. 도로(외부/낮)」의 '푸른 하늘의 찬란한 햇볕'이 사라지고, 늘 곁을 맴돌고 있었던 종찬이 바로 '비밀스런 햇볕(Secret sunshine)'이었던 것이다. 감독은 종찬이 신애의 감정을 공유할 수는 없지만, 그래도 살아가야 할 이유가 '인간'에 있다는 주제의식을 후경화 된 미장센(Mise en scene)이 말해주고 있다.

이청준의 『벌레이야기』의 '약국이 제법 잘되는 것'이 범행동기로 제시된다. 이에 반해 이창동 감독의 『밀양(密陽, Secret sunshine)』은 감독은 상징화된 공간적 배경을 수직적으로 하강시켜 주제를 실현시키기 위해, 그 사이사이에 플롯(Plot)을 형성시켜 유기적으로 또는 계획적으로 채워넣고 있다.

에피소드(Episode) 하나. 「S#1. 도로(외부/낮)」의 차 안의 '준'을 내려놓자 '스르르 땅에 드러눕고 죽은 척'하고, 둘, 신애가 「S#2. 개울(외부/낮)」에서 '뺨'을 대자 '밀어내버리고', 셋, 「S#17. 신애 집(내부/낮)」에 '준'이 보이지 않고, 넷, 「S#24. 피아노 학원 앞(외부/아침)」에서 웅변학원 차에 '준'을 '밀어 넣고, 다섯, 「S#6. 웅변학원(내부/낮)」에서 마지막 인사라도 하듯 '부모님의 은혜'라는 주제로 웅변을 한다. 일련의 다섯 개의 에피소드(Episode)는 '신애와 준'의 분리라는 일정한 행동패턴은 반복·확장되면서, '실종과 유괴'라는 사건으로 수렴된다. 덧붙여 어느 「S#29. 아파트(내부/낮)」 거실에 신애는 피아노 곡 『Etudes de Concert No. 3 Un Sospiro - Franz von Liszt(3개의 연주회용 연습곡 중 3번, '탄식' - 리스트)』의 연주를 이어가지 못하고, 「S#1. 도로(외부/낮)」 위 차를 수리하지만, 고장난 채 밀양으로 들어오는 설정 또한 감독이 의도한 것으로, 밀양에서의 새로운 삶이 어긋날 수 있음을 예고하는 것으로 볼 수 있다.

둘, 밀양에서 새로운 삶을 살아내기 위해 불편한 진실을 외면하고, '척'하는 가장의 신애가 있다. 로망스 「S#7. 양장점(내부/낮)」 주인에게 '애 아빠 고향이 밀양'임을 강조하고, 웅변학원장의 「S#14. 차 안(외부/낮)」에서 '교통사고로 사망한 애 아빠 꿈인 밀양에 내려와 살고 싶은 것이며, 좋은 땅 아시면 소개'해달라는 자기과시는 확장되고 강화된다. '척'하는 가장은 「S#20. 피아노 학원(내부/저녁)」에 찾아온 동생 '민기'에 의해 전복된다.

심지어 '딴 여자랑 바람난 남편'이 '우리 준이랑 나만 사랑했다'고 스스로가 자기과장에 빠진다. 실종사건을 접수하러 간 「S#44. 경찰서 수사과(내부/낮)」에서 신애의 가장은 다시 한번 전복된다. 감독은 엄마인 신애가 살아내기 위해 실제 '돈이 얼마 없었'음에도 불구하고 남편의 고향에서 좋은 땅을 구입해 집 짓고 살겠다고, 또 부동산 투자에도 관심이 많다고 했던 '척' 하는 허위를 아들 '준'의 유괴원인으로 설정하여, 어미로서의 죄책감과 고통의 그 끝을 알 수 없게 만들어 버린다.

일련이 감독이 설정해 놓은 서사적 장치들을 플롯(Plot)이 되어 사건으로 수렴되고, 결국 입사의식(Intiation)이라도 치르듯 피아노 학원 주변의 「S#30. 식당(내부/저녁)」에서 모임을 마친 후, 「S#33. 신애 집(내부/밤)」에 '준'의 유괴전화를 받는다.

이청준의 『벌레이야기』는 주검으로 돌아온 아이를 둔 어미의 심리, 즉 추상적이고 관념적인 정서가 남편인 '나'의 관찰에 의존하여 분석적으로 서술된다. 그러나 이창동 감독의 『밀양(密陽, Secret sunshine)』은 미장센(Mise en Scene)의 변화를 통해 신애의 심리와 서사를 이끌어가고, 주제로 수렴시킨다.

하나, 오프닝(Opening). 밀양으로 진입하는 「S#1. 도로(외부/낮)」의 '구름이 드문드문 있는 푸른 하늘'을 클로즈 업(Close-Up)으로 처리하고, 청명하고 그로부터 발생된 '햇빛'은 찬란하기까지 하다. 약간의 로우 앵글(Low Angle)로 프레임(Frame)의 전체를 할애하여 새로운 삶을 계획하고 있는 신애의 희망과 설레임을 서사화하고 있다. 유괴 사건 이후 사체를 확인하러 가는 「S#49. 차 안(외부/낮)」에서 '하늘'을 덜 로우 앵글(Low angle)로 조절하여, 3분의 1로 축소시킨다. 하이 앵글(High angle)로 포착했던 '준'의 그 자리에 '신애'를 배치한다. 아이의 죽음 앞에 아무것도 할 수 없는 무기력하고 나약하고 참담한 어미의 모습이다. 사망신고를 마친 후 동사무소에서 나오는 「S#64. 거리(외부/낮)」는 아이 레벨 앵글(Eye-level Angle)에 가까운 로우 앵글(Low Angle)로 하강시켜, '하늘'은 4분의 1로 조정한다. '낮게 드리워진 하늘'은 축소시켜 인식조차 할 수 없고, 거리의 한낮임에도 불구하고 '하늘의 햇볕'은 완전 거세시키고 있다.

우연히 〈상처받은 영혼을 위한 기도회〉를 알리는 현수막을 따라 「S#64. 부흥회 입구(내부/낮)」에 들어선다. 「S#65. 부흥회(내부/낮)」에 '목을 놓아 울고'마는 신애의 머리에 목사가 손을 얹고 기도하자, '다 비어낸 것 같은 텅 빈 얼굴'을 한다. 부흥회를 통해 '준'의 죽음을 수용하고, 고통과 절망이 절대적 믿음으로 승화되었다면, 감독은 오프닝(Opening)의 밀양으로 진입하는 「S#1. 도로(외부/낮)」의 미장센(Mise en Scene)으로 회복시켰을 것이다. 그러나 감독은 여전히 '준'의 유괴사건 이후의 미장센(Mise en Scene)으로 일관하는데, 그 이유는 이후의 서사적 맥락과 맞닿아 있다.

신애는 「S#65. 부흥회(내부/낮)」를 통해 평화와 안정을 얻고, 「S#67. 피아노 학원(내부/낮)」에서 예배도 보고, 「S#72. 밀양역(외부/낮)」에서 전도찬양을 하기도 한다. 그러나 개인적 공간인 「S#73. 신애 집(내부/낮)」에서 '천장'을 보며 원망의 눈길을 보내며, '아직 가슴에 막힌 것이 있는 듯' 쓸어올리며 내리친다. 감독은 집단적 공간에서의 안정적이고 평화로운 이완된 모습과는 대조적으로 개인적 공간에서의 불안과 분노에 찬 긴장된 모습의 병렬편집(Parallel editing)을 통해 가식과 진실을 넘나들게 만든다. 즉, '준'의 유괴와 사망이후 종교적으로 위안을 찾으려고도 무던히 노력도 해 보았지만, 여전히 치유되지 않은 뿌리깊은 절망과 고통이 있음을 병렬 편집(Parallel editing)으로 서사화하고 있다.

또한 하나님의 사랑을 전하기 위해 유괴범을 면회하러 「S#84. 접견실(내부/낮)」로 가고, 창살을 중심으로 범인 표정은 '믿음을 가진 사람답게 아주 평화롭고 안정'되어 보이고 이와는 대조적으로 신애는 '망연자실한 표정으로 마주하던 눈빛을 떨구고 어쩔 줄 모르는 당혹스러운 표정'을 교차 편집(Cross‑cutting)한다. 결국 교차 편집(Cross‑cutting)을 통해 '신의 용서'와 '인간의 권리'를 대립적 구도로 만든다.

면회를 마치고 「S#85. 구치소 주차장(외부/낮)」으로 나온 신애는 얼어붙은 듯 쓰러지고 만다. '절대자인 하느님', 즉 '박도섭을 용서한 하느님', 즉 '용서할 수 있는 인간의 권리'를 앗아간 그를 향해 조롱하고 저항하고 처절한 복수를 시작한다. 관념적 대상을 향한 복수는 완성될 수도 없고, 가장 극단적인 방법으로 자신의 생을 마감하는 「S#114. 신애 집(내부/밤)」에서 그 강렬함은 최고점에 이른다. 자살시도 후, 「S#121. 신애의 집(외부/낮)」에 도착한다. 엔딩(Ending). 결국 감독은 '마당 한 켠의 누추한 여기'를 하이 앵글(High Angle)과 롱 테이크(Long take)로 '지상'을 향하고 있다.

둘, 오프닝(Opening) 「S#1. 도로(외부/낮)」에서 우선 '푸른 하늘' 이후 '신애'와 '준'을 프레이밍(Framing)한다. 그러나 '준'의 사체를 확인하러 가는 「S#49. 차 안(외부/낮)」의 이후부터 '신애의 얼굴'이 클로즈 업(Close‑

up)되고 그리고 경찰차의 '창 밖의 하늘'로, 그 순서가 역전되어 있음을 알 수 있다.

결과적으로 감독은 앵글(Angle)을 하강시켜 일궈낸 미장센(Mise en Scene)과 프레이밍(Framing)의 순서를 역전시켜 계획적으로 주제의식과 연결시킨다. 즉, '하늘로 상징화 되었던 신의 영역'에서 '지상으로 상징화 되고 있는 인간'으로 시선이 변화되고 있음을 알 수 있다.

이창동 감독의 『밀양(密陽, Secret sunshine)』은 미장센(Mise en Scene) 으로 서사와 주제가 실현되는데, 그 방식에는 나름의 원칙들이 있다. 하나, 프레임(Frame) 그리고 쇼트(Shot)와 앵글(Angle)의 허용과 통제를 통해 계 획된 미장센(Mise en Scene)으로 서사를 전개시킨다. 인물의 감정을 디테 일하게 접할 수 있는 클로즈업(Close-Up)을 자제하고 오히려 롱 쇼트 (Long Shot)와 익스트림 롱 쇼트(Extreme Long Shot)를 결합시켜 롱 테이 크(Long take)로 단순한 피사체로 인식하게 만들며 객관적으로 인물들을 응시하고 이들을 관찰하도록 유도할 뿐이다. 둘, 극단적인 앵글(Angale) 인 버즈 아이 뷰(Bird's eye view)가 있긴 하지만, 전체적으로 아이 레벨 앵글(Eye-level Angle)로 객관적이고 보편적인 시선에서 서사를 진행시킨 다. 셋, 불가피한 경우를 제외하고, 그대로의 현실을 보여주고 위해 핸드 헬 드(Hand held)로 포착한다. '준'의 사체를 확인하러 가는 「S#52. 저수지(외 부/낮)」에서 조차도 신애를 따라 그들의 '등 뒤'에서 핸드 헬드(Hand held) 로 두려움에 떨고 있는 뒷모습만 고스란히 담아낼 뿐이다. 넷, 오프닝 (Opening). 「S#1. 도로(외부/낮)」와 엔딩(Ending) 「S#121. 신애의 집」의 크리스띠안 바쏘(Christian Basso)의 '크리오요(Criollo 이방인)'를 제외하고 현실 속에서 들려지는 소리, 즉 디제시스적 사운드(Diegetic sound)를 원칙적으로 활용하고 있음을 알 수 있다. 다섯, 새로운 삶의 희망을 안고 '뭉게구름이 드문드문 있는 푸른 하늘'과 '찬란한 햇볕'의 밀양으로 내려온다. 그러나 '준'의 유괴사건으로 신애의 희망과 기대는 무참히 짓밟힌다. 물론 한 차례 스스로 목숨을 끊으려 하지만, 그래도 '누추한 지상'의 '여기'에서 삶이 지속되리라는 열린 결말로 끝을 맺는다. 이와 같은 지점에서 사실주의적 내러티브(Realistic Narrative)를 형성한다 볼 수 있다.

차례

소설의
OSMU

현대사회는 아날로그(Analog)에서 디지털(Digital)로, 문자에서 영상으로, 종이책에서 전자책(E-book)으로 바뀌는 등 다양한 변화를 겪고 있다. 정보통신 네트워크를 기반으로 한 미디어 융합현상(Convergency)으로의 변화는 출판·신문·방송은 물론 모든 분야에서 빠르게 진행되고 있다. 이를 하나의 소재(One source)가 다양한(multi use) 방식으로 전환되는 OSMU(One source multi use)라 한다. 그 중 한 분야가 소설이 영화로 각색되는 경우라 할 수 있다. 이러한 현상은 문자매체가 영상매체와 융합하면서, 그 경계가 무화되고 개별매체의 독자성과 독립성은 약화되는 현상을 보인다.

본 연구자는 소설에서 영화로 각색된 사례를 수작업을 통해 조사한 결과 '1910-40년대는 20편, 1950년대 29편, 1960년대 98편, 1970년대 22편, 1980년대 42편 그리고 1990년대 66편이며, 2000년대는 29편'[1]으로 장기

1　기존의 통계자료로는 일괄적이지 못한 부분이 있기 때문에 본 연구자가 수작업을 통해 조사한 것이다. 간혹 약간의 오차는 있을 수 있다.

간에 걸쳐 이루어지고 있음이 발견된다. 그중 1960년대는 영화산업에 대한 검열의 강화로 소재가 고갈되었던 시기였고, '1965년 우수영화보상제도가 제정'[2]되어 소설을 영화화 한 '문예영화'[3]가 급증하기도 한다. 이는 1970년까지 지속되었으며, 각기 다른 이유지만 현재까지도 지속적으로 또는 빈번하게 이루어지고 있다. 이런 변화에 대한 논의는 1930년대[4]와 1990년대 활발하게 진행되었으며, 공교롭게도 이 시기는 문학위기론이 대두되는 시기와 겹쳐지는 일정한 패턴을 보인다.

2 이영일, 『한국영화전사』, 삼애사, 1969, pp.250-268.
3 김종원·정중헌, 『우리영화 100년』, 현암사, 2001, p.260: 1960년대 초반에 연간 제작편수가 87편이었던 것이 불과 20년 만에 100여 편을 넘어섰고 69년에는 200편선을 돌파한다. 관람객 수에 있어서도 1950년대에는 전국 극장수가 200여 개에 지나지 않고, 연간 관람객 수에 있어서도 1,000만 명에 미치지 못했던 것에 비해 1961년에는 관객 수가 5배 이상 늘어났으며 1969년에 이르면 극장 수 447개, 관람객은 1억 400만 명에 이른다. 한국영화사가 평가하듯이 1960년대는 한국영화의 중흥기·전성기였다. 1960년대는 일년 영화제작편수가 100편을 넘어섰으며 총 1,450편에 이르는 데 반해 1950년대와 1970년대 전반기에는 그 절반을 넘어섰다.
이영일 편, 위의 책, pp.250-268: 1960년대 영화에서 문예영화가 주도적 역할을 수행한 데에는 일차적으로 영화와 관련된 시대적 이유로 강화된 검열정책으로 인해 소재가 고갈되었으며, 1965년 우수영화보상제도가 제정되어 선정된 영화에 대한 영화수입 쿼터가 주어짐으로써 문예영화 제작이 일종의 붐을 이루었던 것이다.
영화진흥공사, 『한국영화 70년 대표작 200선』, 집문당, 1996: 영화진흥공사에서 영화평론가 11명을 대상으로 1910년부터 1989년까지의 한국 영화 대표작을 선정하였다. 1960년대 영화산업에 있어 주도적 역할을 했던 것이 문학, 특히 소설을 영화화한 문예영화였다. 60년대 발표된 문예영화는 총 72편으로 양적인 차원에서도 상당수에 해당할 뿐만 아니라, 영화진흥공사에서 선정한 60년대 대표작 63편 중에 29편이 문예영화라는 점을 고려하면 문예영화가 1960년대 영화를 주도했다고 볼 수 있다.
4 1930년대 소설과 각색영화에 관한 논쟁들에 대한 목록들이다.
민병휘, 「시나리오와 소설의 차이점」, 『조선일보』, 1930.7.3; 나태영, 「영화와 표현」, 『신흥영화』, 1932.6; 임유, 「영화예술의 몽타쥬 문제」, 『조선일보』, 1936.1; 박기채, 「영화의 문학적 고찰」, 『조선일보』, 1936.5; 이운곡, 「문학과 영화」, 『조광』, 1938.2; 백철, 「문학과 영화」, 『문장』, 1939.3; 오영진, 「영화와 문학의 교류」, 『문장』, 1939.10; 박기채, 「소설의 영화화 문제」, 『문장』, 1940.4; 채만식, 「문학과 영화-그 실천인 「도생론」평」(1938.6.16.-18, 20), 『채만식전집』 10권, 창작과 비평사, 1989.

또한 학문적 연구는 1990년대 초반을 기점으로 2000년대부터 활발하게 진행되고 있으며, 이를 바라보는 관점은 다소 대조적인 양상을 보인다. 하나는 '문학 향유 방식의 현대적 변용'[5]이라는 긍정적인 관점과 다른 하나는 '문학작품을 외면하는 세대를 개탄'[6]하는 부정적인 관점으로 양분된다. 그러나 현재에도 소설이 각색영화로 매체변용되는 경우가 지속적으로 진행되고 있으며, 이러한 현상을 수용하고, 생산적인 방향으로, 기존의 시각을 전환시킬 필요가 있다. 즉, 소설과 영화의 문자와 영상이라는 각각 영역의 고유성과 독자성을 인정하면서, 서사라는 큰 범주 안에서 공유로, 상호보완의 관점으로 시각교정을 해야 하는 시점이라 할 수 있다.

1. 기존 연구 검토

소설과 각색영화를 텍스트로 한 연구들은 '문자와 영상'이라는 이중적 학문이 중첩되어 있기 때문에 난해한 문제들이 산재되어 있는 것이 현실이다. 본고에서 소설과 각색영화를 대상으로 한 기존의 연구들을 연구방법에 기준을 두고 재조직 해 볼 것이다.

---

5   박상천, 「디지털 시대의 문학의 확장 가능성」, 『한국언어문화』 제31집, 한국언어문화 학회, 2006.12.30, pp.5-28.
    도정일·김영민, 「영상예술과 문학」, 『현대문학』 제517호, 현대문학, 1998.1, pp.50-82.
    서정남, 「영상과 문자의 통합서사를 위하여」, 『동서문화』 제32집, 계명대학교 인문과 학연구소, 1999, pp.23-46.
6   이상호, 「문학 확장에 관한 비판적 성찰」, 『한국문예비평연구』 제26호, 창조문학사, 2008.8, pp.369-394.

1) 연구 1세대: 상호텍스트성

소설과 영화가 문학의 범주 안에서 연구될 수 있는 기초적 이론은 '상호텍스트성(Intertexturality)'으로 설명될 수 있다. 이는 "미하일 바흐친의 대화성(Dialogic) 개념을 줄리아 크리스테바(Julia Kristeva)가 번역한 것으로 '대화적'이라는 것은 서로 교차하여 두 개 이상의 텍스트가 서로를 상대화"[7]함을 의미한다. 이를 소설과 영화의 두 장르에만 적용해보면 '영화가 발명될 즈음부터 이미 현대소설은 카메라의 눈과 같은 인지방식'[8]을 드러내고 있으며, 또한 그리피스(Griffith. D. W.) 감독 역시 "자신의 영화적 표현양식의 많은 부분을 소설에서 빌"[9]려 왔음을 시인하고 있다. 모든 텍스트들은 서로 교류가능하며, 특히 '소설과 영화의 텍스트사이의 공통분모는 서사성'[10] 때문에 '그 관계가 가장 가까운 서사양식'이므로 교류가 더욱 빈번하게 일어날 수밖에 없다는 것이 된다. 그러므로 "영화 역시 광의의 문학전통"[11]을 잇고 있기 때문에 문학의 범주 안에서 논의가 가능하다는 이론적 근거가 된다. 이 상호텍스트성(Intertexturality)의 교류의 흔적을 소

---

7 로버트 스탬(Robert Stam), 오세필·구종상 옮김, 『자기반영의 영화와 문학』, 한나래, 1998, p.54.

8 엘런 스피젤(Alan Spiegel), 박유희·김종수 옮김, 『소설과 카메라의 눈』, 르네상스, 2005, pp.14-18.

9 루이스 자네티(Louis Giannetti), 김진해 옮김, 『영화의 이해-이론과 실제』(개정 7판), 현암사, 2007, p.303.

10 시모어 채트먼(S.Chatman), 한용환·강덕화 옮김, 『영화와 소설 수사학(The Rhetoric of Narrative in Fiction and Film)』, 동국대출판부, 2001.
시모어 채트먼(S.Chatman), 한용환 옮김, 『이야기와 담론(Story and dicourse)』, 푸른사상, 2003.
로버트 스탬(Robert Stam), 오세필·구종상 옮김, 위의 책.
로버트 리처드슨(Robert Richardson), 이형식 옮김, 「영화와 현대소설」, 『영화와 문학』, 동문선, 2000.

11 도정일·김영민, 「영상예술과 문학」, 『현대문학』 제517호, 현대문학, 1998.1, pp.50-82.

설과 영화에 적용해보면 과거의 텍스트인 소설에서 새로운 텍스트인 영화의 흔적[12]들이 발견되고, 역으로 새로운 텍스트 영화에서 과거의 텍스트 소

12 이미경, 「『천변풍경』의 영화적 기법 연구」, 서강대학교 대학원 국어국문학전공 석사학위논문, 1990.

김경수, 「한국현대소설의 영화적 기법」, 『외국문학』, 1990년 가을호, 열음사, 1990.9, pp.26-47.

김종욱, 「『상록수』의 통속성과 영화적 구성원리」, 『외국문학』, 1993년 봄호, 열음사, 1993.3, pp.148-163.

정현숙, 『박태원 문학 연구』, 국학자료원, 1993.

김선모, 「영상언어적 기법 소설 연구」, 경기대학교 대학원 현대문학전공 석사학위논문, 1994.

손화숙, 「영화적 기법의 수용과 작가의 의식」, 『박태원 소설 연구』, 깊은샘, 1995.

김중철, 「『삼포가는 길』의 영화적 기법」, 『한양어문』 제14호, 한국 언어문화학회, 1995, pp.291-312.

안숙원, 『박태원 소설과 도립의 시학』, 개문사, 1996.

문혜원, 「1930년대 문학에 나타난 영화적 요소에 관한 고찰」, 『국어국문학』 제115권, 국어국문학회, 1995.12, pp.349-373.

나병철, 「1930년대 모더니즘 소설과 영화」, 『비평문학』 제11호, 한국비평문학회, 1997.7, pp.137-154.

유시욱, 「허윤석의 소설 『구관조』론-영화적 기법 문제를 중심으로」, 『한국문학이론과 비평』 제6집, 한국문학이론과 비평학회, 1999.12, pp.296-318.

김양선, 「1930년대 모더니즘 소설의 영화기법-근대성의 체험 및 반응을 중심으로」, 『한국문학이론과 비평』 제9집, 한국문학이론과 비평학회, 2000.12, pp.52-74.

정혜정, 「박태원소설의 영화적 기법 연구」, 숙명여자대학교 대학원 현대문학전공 석사학위논문, 2000.

이주영, 「소설의 영상기법과 영상화에 관한 연구-『삼포가는 길』을 중심으로」, 단국대학교 교육대학원 국어교육학전공 석사학위논문, 2002.

이윤진, 「『소설가 구보씨의 일일』의 영화적 서술기법」, 『한국문학이론과 비평』 제15집, 한국문학이론과 비평학회, 2002.6, pp.330-348.

전흥남, 「한국 근대소설과 영화의 교섭양상 연구-1930년대 소설의 영화적 기법과 영화인식을 중심으로」, 『현대문학이론연구』 제18호, 현대문학 이론학회, 2002, pp.293-329.

박배식, 「1930년대 소설의 기법과 영화기법의 함수」, 『현대문학이론연구』 제20호, 현대문학이론학회, 2003, pp.175-195.

이정배, 「1930년대 한국문학과 영화의 상관성 연구-문학이 영화에 미친 영향을 중심으로」, 강원대학교 대학원 국어국문학전공 석사학위논문, 2003.

이상면, 「문학과 영화의 몽타주」, 『비교문학』, 한국비교문학회, 2003, pp.239-256.

설의 흔적[13]들이 발견됨을 확인할 수 있다. 작품연구로는 외국이론[14]에 기

이호림, 「1930년대 소설과 영화의 관련양상 연구」, 성균관대학교 대학원 현대문학전공 박사학위논문, 2003.

김일영, 「'미장센' 원리의 소설적 적용」, 『현대소설연구』 제22호, 2004.6, pp.1-12.

송선령, 「문학과 시각주의-최윤의 『저기 소리없이 한점 꽃잎이 지고』를 중심으로」, 『이화어문논집』 제22집, 월인, 2004.11.30, pp.165-189.

조정래, 「소설과 영화의 서사론적 비교 연구-이미지와 서술」, 『현대문학의 연구』 제22집, 한국문학연구학회, 2004.2, pp.525-560: 이효석의 소설 『화분』에서 가지고 있는 서사구조 속에서 이미지를 분석함으로써 소설과 영화의 경계선 넘나들기는 상황이 역전되어 문학이 영화로부터 자양분을 섭취하는 일도 빈번하게 일어난다는 것이다.

구수경, 「소설과 영화의 서사기법 비교 연구-이범선의 『오발탄』과 유현목 감독의 영화 『오발탄』을 중심으로」, 『어문연구』 제61권, 어문연구학회, 2009.9, pp.293-315.

13 김원, 「소설에서 영화로의 이동」, 『국어국문학지』 제30권, 문창어문학회, 1993, pp.353-371.

송현호, 「영상매체의 발전과 소설의 변화」, 『현대소설연구』 제11호, 1999.12, pp.29-44.

장일구, 「영화 기법과 소설 기법의 함수-몇 가지 국면에 대한 시론」, 『한국문학이론과 비평』 제9집, 한국문학이론과 비평학회, 2000.12, pp.21-51.

김상아, 「소설 『가족시네마』와 영화 『가족시네마』 비교연구」, 서울대학교 대학원 석사학위논문, 2002.

연남경, 「김경욱소설의 영화적 상상력」, 『이화어문논집』 제22집, 이화어문학회, 2004, pp.191-210.

김효정, 「소설과 영화의 서사론적 비교연구」, 『논문집』 제23집, 대구미래대학, 2005.2.25, pp.81-96.

14 더들리 앤드루(Dudley Andrew), 김시무 외 옮김, 『영화이론의 개념들』, 시각과 언어, 1998: 각색의 유형을 첫째, 차용(Borrowing)과 둘째, 교차(Intersecting)와 셋째, 변형(Transgormation)으로 하위 항목화 하고 있다.

루이스 자네티(Louis Giannetti), 김진해 옮김, 앞의 책, pp.400-402: '원작에 대한 충실도'를 기준으로 각색텍스트를 구분하고 세 가지로 유형화하고 있다. 하나는 '대략적(loose) 각색'은 하나의 아이디어, 상황 혹은 한 인물을 문학 작품에서 택하여 원작과는 독립적으로 영화를 전개시켜 나간다. 다른 하나는 '충실한(faithful) 각색'에 대해서 말 그대로 가능한 원작의 정신에 접근하여, 원천으로 삼은 문학작품을 영화의 입장에서 충실하게 재현하려 하는 것이라고 규정하는데, 끝으로 '축자적(literal) 각색'에 대해서는 희곡을 원작으로 삼는 경우로 한정한다.

볼프강 가스트(Gast, Wolfgang), 조길예 옮김, 『영화(Film und Literature)』, 문학과지성사, 1999, pp.135-140: 헬무트 크로이쳐의 제안을 바탕으로 해서 문학작품을 영화

대어 원작소설을 기준으로 변형정도 차이에 따라 '각색(adaptation)'으로 분류한 연구[15]들이 있다. 또한 소설에서 영화로 각색될 경우 변용의 이유 중 매개변수는 다양하게 작용한다. 세부적으로는 네 층위로 분류될 수 있다.

[1] 감독의 재해석

소설과 각색영화는 "감독이나 제작자의 미학적 욕망"[16]에 의해 이질적인 작품이 된다. 그 사이의 매개변수를 세부적으로 분류해보면, 하나는 감독과, 다른 하나는 시나리오 작가로 볼 수 있다.

로 전환시키는 유형을 네 가지로 구분하고 있다. 첫째, 문학작품의 원자재적 사용이다. 원전의 모티프만을 따올 뿐 인물구성이나 플롯은 독자적으로 만든 영화가 해당된다. 둘째, 도해(圖解)로서의 전환이다. 가장 흔히 사용되는 전환유형이며 흔히 문학의 영상화로 표현되는 것이 이 경우에 해당된다. 셋째, 해석적 변형으로서의 전환이다. 단지 내용차원이 영상으로 바꾸는 데 그치지 않고 원전이 갖는 내용과 형식의 관계 기호 및 텍스트 체계를 영화라는 매체가 지닌 예술양식적 코드로 전이시킴으로써 새로운 작품을 만들어내는 것이다. 넷째, 기록전환이다. 이는 연극공연을 녹화한 영화의 경우를 말한다.

15 임승용, 「소설의 시나리오 각색 연구-『오발탄』을 중심으로」, 연세대학교 대학원 국어국문학전공 석사학위논문, 1997.
    김명석, 「김승옥의 소설 『무진기행』과 『안개』 비교연구」, 『현대소설연구』 제23집, 한국현대소설학회, 2004, pp.416-439.
    장혜련, 「『무진기행』 각색 연구」, 고려대학교 대학원 국어국문학전공 석사학위논문, 2006.
    전지은, 「이청준 소설의 매체 변용양상 연구-『서편제』『축제』『벌레이야기』를 중심으로」, 한양대학교 대학원 국어국문학전공 석사학위논문, 2008.
    이수현, 「『꽃잎』에 나타난 영상미학과 각색의 원리」, 『문학과 영상』, 2009년 봄호, 문학과 영상학회, 2009.4.30, pp.167-190.
16 이형식·정연재·김명희 공저, 「이론과 실제」, 『문학텍스트에서 영화텍스트로』, 동인, 2004, p.17.

하나, 감독의 재해석에 의해 소설의 서사가 각색영화에서 변화되고 있음에 대한 연구[17]들이 있다. 오영미의 「소설과 만난 영화-이문열 소설, 박종원 감독 『우리들의 일그러진 영웅』」에서 이문열의 『우리들의 일그러진 영웅』에서 일그러진 영웅인 엄석대의 몰락을 통하여 '권력의 허상'을 그리고 있다면, 박종원 감독의 『우리들의 일그러진 영웅』은 엄석대가 여전히 건재하

---

17 구수경, 「소설과 영화의 서사기법 비교연구-이범선의 『오발탄』과 유현목 감독의 영화 『오발탄』을 중심으로」, 『어문연구』 제61권, 어문연구학회, 2009.9, pp.293-315.
송희복 「이청준 소설의 영화화와 그 의미」, 『두류국어교육』 제5집, 2004.4, pp.91-106.
방현석, 「원작소설과 영화의 차이는 어디서 비롯되는가」, 『불교문예』 제13권 3호 통권 38호, 불교문예출판부, 2007년 가을호, pp.60-65.
윤정헌, 「소설의 영화화 방식에 대한 대비고찰-『오발탄』과 『하얀전쟁』을 중심으로」, 『한국문예비평연구』 제17호, 한국문예비평연구회, 2005, pp.135-161.
김숙경, 「1980년대 한국 문예영화 연구-『나그네는 길에서도 쉬지 않는다』와 『안개마을』 중심으로」, 중앙대학교 대학원 연극영화학전공 석사학위논문, 1992.
오영미, 「소설과 만난 영화-이문열 소설, 박종원 감독 『우리들의 일그러진 영웅』」, 『문학과 만난 영화』, 월인, 2007, pp.124-129.
한류리, 「소설의 영상적 수용에 관한 연구-『우리들의 일그러진 영웅』과 『봄봄』을 중심」, 수원대학교 교육대학원 국어교육전공 석사학위논문, 2006.
이수현, 「원작 소설과 각색 영화의 비교연구-이문열 소설의 영화화를 중심으로」, 고려대학교 대학원 국어국문학전공 석사학위논문, 2006.
홍성표, 「소설원작 시나리오의 극문학적 특성 연구」, 경기대학교 대학원 문예창작학과 희곡전공 석사학위논문, 2005.
오영미, 「소설과 만난 영화-구효서 소설 『낯선 여름』, 홍상수 감독 『돼지가 우물에 빠진 날』」, 『문학과 만난 영화』, 월인, 2007, pp.130-137.
조해옥, 「치유불가능한 광기의 지대-영화 『꽃잎』과 소설 『저기 소리없이 한 점 꽃잎이 지고』」, 『영화 속의 혹은 영화 곁의 문학』, 모아드림, 2003, pp.192-208.
이덕화, 「『저기 소리없이 한 점 꽃잎이 지고』와 영화 『꽃잎』의 비교연구」, 『현대문학의 연구』 제53집, 한국문학연구학회, 2008.6.3, pp.209-234.
이수현, 앞의 논문.
허만욱, 「소설 『벌레이야기』와 영화 『밀양』의 모티프 변환 연구-작가의식과 메시지를 중심으로」, 『한국문예비평연구』 제26집, 2008.8.30, pp.453-475.
박지은, 「소설과 영화 『오래된 정원』의 서사 비교연구」, 인하대학교 교육대학원 국어교육전공 석사학위논문, 2008.

다는 사실을 암시함으로 삶의 이면에 존재하는 권력은 여전히 몰락하지 않았음을 환기시킨다. 또한 '자유와 합리'를 상징하던 김 선생을 권력에 편승한 국회의원으로 변형함으로써 현대의 또 다른 '일그러진 영웅'을 그리고 있다. 같은 맥락선상의 연구로 한류리의 「소설의 영상적 수용에 관한 연구-『우리들의 일그러진 영웅』과 『봄봄』을 중심으로」와 홍성표의 「소설원작 시나리오의 극문학적 특성연구」와 이수현의 「원작소설과 각색영화의 비교연구-이문열 소설의 영화화를 중심으로」에서 동일하게 결말의 변용 원인을 감독의 재해석으로 분석하고 있다. 또한 조해옥의 「치유 불가능한 광기의 지대-영화 『꽃잎』과 소설 『저기 소리없이 한 점 꽃잎이 지고』」에서 최윤의 『저기 소리없이 한 점 꽃잎이 지고』는 죄의식에서 빠져 몸부림치는 인간의 내면을 섬세하게 그림으로써 천진난만한 소녀를 근원적으로 파괴시켜버린 폭력적인 시대를 우회적으로 비판한다면, 장선우 감독의 『꽃잎』에는 모순과 역설이 지배하는 전도된 현실을 직접적으로 비판하는 씬(Scene)들이 곳곳에 배치되어 있다. 즉, 광주 민주화 운동에 대한 다큐멘터리 영상을 삽입하여 '그날'의 폭력성을 환기시키려는 감독의 의도가 있다. 또한 공사장에 인부들의 보이스 인 나레이션(Voice in Narration)으로 처리된 삼청교육대와 금남로의 학살소식과 국기 하강식에서 소녀가 홀로 군중 속에 걸어가는 씬(Scene)은 권력에 폭압성을 부각시키는 감독의 주제 의식에서 비롯된 것이다. 동일한 맥락의 연구로 이덕화의 「『저기 소리없이 한 점 꽃잎이 지고』와 영화 『꽃잎』의 비교연구」와 이수현은 「『꽃잎』에 나타난 영상미학과 각색의 원리」가 있다.

허만욱의 「소설 『벌레이야기』와 영화 『밀양』의 모티프 변환 연구-작가 의식과 메시지를 중심으로」에서 이청준의 『벌레이야기』의 아이를 잃은 어머니는 주님의 섭리와 인간의 존엄 사이에 방황하다가 이를 거부하고 자살을 선택하지만, 이창동 감독의 『밀양』의 신애는 고통을 속으로 삼키며 새 삶을 살아가리라는 것을 암시하는 결말은 극단적 비극의 결말을 지양한 감독의 의도로 파악하고 있다.

둘, 소설가이자 시나리오 작가, 즉 각색자[18]에 의해 서사가 변용된다는 관점의 연구이다. 김승옥 감독은 이미 1960년대 후반부터 『안개』와 『장군의 수염』을 각색한데 이어 『감자』를 직접연출하기까지 한다. 김승옥이 직접 영화계에 뛰어든 1960년대 후반은 소설의 영화로 전환이 활발히 이루어지던 시기이다. 각색자가 서사변용에 주는 영향력과 그 의미에 주목한 연구[19]로 김명석의 「김승옥의 소설 『무진기행』과 『안개』 비교 연구」에서 1970년대 시나리오 각색자로서의 활동과 이력을 언급하고 있다. 이는 김승옥이 작가로서만이 아니라 시나리오 각색자로서 또는 감독으로서의 전반적인 활동을 제시하기 때문에 이는 김승옥의 각색 작업에 대한 본격적인 논의의 장이라는 점에서 의의가 있다. 이를 토대로 장혜련의 「『무진기행』 각색연구」에서 김승옥의 『무진기행』에서 원작으로 하여 1966년 각색된 시나리오 『안개』, 1974년 각색된 『황홀』, 1986년 각색된 『무진 흐린 뒤 안개』를 각색의 유형을 분류하고 서사변용양상을 통시적으로 분석하고 있다. 각색

---

18 김명석, 「김승옥의 소설 『무진기행』과 『안개』 비교연구」, 『현대소설연구』 제23집, 한국현대소설학회, 2004, pp.416-439: 김승옥이 각색자로서 참여한 영화의 목록은 다음과 같다. 안개(1967), 장군의 수염(1967), 감자(1967), 충녀(1972), 황홀(1973), 내일은 진실(1975), 영자의 전성시대(1975), 여자들만 사는 거리(1976), 겨울여자(1977), 야행(1977), 태양을 훔친 여자(1979), 갑자기 불꽃처럼(1979), 강변부인(1980), 도시로 간 처녀들(1981), 무진 흐린 뒤 안개(1986)이다.

19 백문임, 「70년대 문화지형과 김승옥의 각색작업」, 『현대소설연구』 제29호, 한국현대소설학회, 2006, pp.55-80.
김명석, 위의 논문.
장혜련, 「『무진기행』 각색 연구」, 고려대학교 대학원 국어국문전공 석사학위논문, 2006.

작업의 초기에는 원작의 충실한 재현을 목적에 두고 있었으나, 후반으로 거듭될수록 창작 시나리오를 시도하고 하인숙과 '윤'의 남녀관계의 선정성이 부각되어 멜로 드라마적 요소가 강화되는 경향이 있다. 이는 1970년대 변화된 '문예영화'의 패러다임은 대중소설의 각색을 통해 상업적인 성공을 목표로 하는 것이었으며, 김승옥의 각색태도 또한 이에 맞춰 변화하게 된 것이라고 분석하고 있다.

(2) 소통방식

영화는 "집단적 군중으로서의 관중을 위해 예술을 생산하려 한 최초의 기도"[20]처럼, 소설과 달리 영화는 소통방식이 집단적이고 대중적인 예술이므로 곧 대중이 소비자이면서 창작자라는 이중의 특성 때문에 대중이 고려다는 것이다. 즉 소설에서 영화로의 전환은 대중과 소통할 수 있다는 의미에서 소통공간의 확장으로서의 의미를 갖는다는 점에서 전제를 두고 있는 연구[21]가 있다. 그러나 수용자 측면에 대한 논의의 성격이 다른 양상을 보인다.

하나, 대중들의 기호에 맞게 멜로성의 강화에 관한 연구[22]들이다. 이 연

---

20 아놀드 하우저(Arnold hauser), 백낙청·염무웅 옮김, 「영화의 시대」, 『문학과 예술의 사회사 4』, 창작과 비평사, 1999, p.314.

21 김중철, 「소설의 영상화과정에 관한 연구-유흥종의 『불새』와 이문열의 『익명의 섬』을 중심으로」, 한양대학교 국어국문학전공 박사학위논문, 2000.
한류리, 앞의 논문.
이수현, 앞의 논문.
조미숙, 「소설의 영화화 연구: 최윤 『저기 소리없이 한 점 꽃잎이 지고』와 장선우의 『꽃잎』을 중심으로」, 『인문과학논총』 제43집, 건국대학교 인문과학연구, 2005.12.30, pp.161-177.

22 김종수, 「소설 『단종애사』와 영화 『단종애사』의 비교연구」, 『현대문학이론연구』 제

31권, 현대문학이론학회, 2007, pp.273-292: 1963년의 이규웅 감독의『단종애사』는 단종과 수양의 왕권을 둘러싼 대립구도보다는, 수양이 단종과 중전 송씨의 사랑을 가로막는 악인으로 변용시켜, 탈정치적인 주제로 변환시킨다. 즉 왕조사의 비극적인 사건을 개인 원한의 문제로 치환시켜 멜로드라마적 갈등구도로 변형된다는 것이다.

박유희, 「1960년대 문예영화에 나타난 매체전환의 구조와 의미-『오발탄』과『사랑손님과 어머니』를 중심으로-」, 『현대소설연구』 제32호, 현대소설연구학회, 2006.12, pp. 167-191.

김중철, 「매체의 전이와 이야기의 변형-『갯마을』을 중심으로」, 『대중서사 연구』 제12호, 대중서사학회, 2004.12, pp.257-280.

백문임, 「멜로드라마와 한(恨)의 미학-『갯마을』과『월하의 공동묘지』를 중심으로」, 『민족문학사연구』 제29호, 민족문학사학회 민족문학사연구소, 2005.12, pp.242-269.

장혜련, 「『무진기행』 각색 연구」, 고려대학교 대학원 국어국문학전공 석사학위논문, 2006.

임훈아, 「소설의 영화화과정에서 따른 멜로드라마적 요소 연구」, 연세대학교 대학원 국문학전공 석사학위논문, 1993.

서동훈, 「소설의 영상화에 따른 서술방식 변모양상 연구-『영자의 전성시대』를 중심으로」, 『대중서사연구』 제10호, 대중서사학회, 2003.12, pp.194-219.

권혁웅 「돼지와 함께 춤을!-영화『돼지가 우물에 빠진 날』과 소설『낯선 여름』」, 『영화 속의 혹은 영화 곁의 문학』, 모아드림, 2003, pp.105-121.

이해년, 「『무궁화꽃이 피었습니다』-탈민식민주의와 영웅적 주인공」, 『영화 속 문학이야기』, 동인, 2002, pp.61-99.

홍성표, 「소설 원작시나리오의 극문학적 특성 연구」, 경기대학교 대학원 문예창작학과 희곡전공 석사학위논문, 2005: 이청준의 『서편제』에서는 송화는 사내의 누이가 소리꾼을 만나 낳은 아이로 설정한 반면 임권택 감독의『서편제』는 남녀 간의 사랑의 개연성을 부여하고자 송화를 유봉이가 소리꾼으로 만들기 위해 주워 키우는 아이로 변용시키고 있다.

박지은, 앞의 논문.

이선영, 「최인호 장편소설의 영화화 과정연구-『별들의 고향』『도시의 사냥꾼』」, 서울대학교 대학원 현대문학전공 석사학위논문, 2002.

안선영, 「최인호 소설과 각색 시나리오의 관계 연구」, 홍익대학교 일반대학원 현대문학전공 석사학위논문, 2006.

안남영, 「『벙어리 삼룡이』『물레방아』『뽕』-나도향 문학과 영화화」, 『영화 속 문학이야기』, 동인, 2002, pp.33-60.

권희돈, 「소설『서편제』와 영화『서편제』의 비교연구」, 『새국어교육』 통권 71호, 한국국어교육학회, 2005.12, pp.483-497.

이덕화, 「『저기 소리없이 한 점 꽃잎이 지고』와 영화『꽃잎』의 비교연구」, 앞의 논문.

구의 틀은 영화의 수용자인 대중들은 선정성과 통속성 혹은 멜로성을 요구한다고 보고 있다. 서동훈의 「소설의 영상화에 따른 서술방식 변모양상 연구-『영자의 전성시대』를 중심으로」에서 조선작의 『영자의 전성시대』는 도시하층민의 삶을 대변한다면, 김호선 감독의 『영자의 전성시대』에서 영자는 창녀이지만 다른 남자와 결혼해서 가정을 꾸린다는 결말의 첨가는 연애소설의 순정적 여성인물의 전형으로, 속죄 받고자 하는 순진무구한 인물로 변형시켰다.

둘, 대중성을 선정성과 혹은 흥미위주의 통속성만 이해하기엔 그 요구가 너무 다양함을 인지하게 된다. '대중'으로 불리는 수용자들은 이야기의 관습을 추수하고 기대하지만, 한편으로는 새로움을 갈망한다. 이러한 이중성은 이야기의 구조 안에서 '고정'과 '역동'을 만들어내는 본질적인 힘으로 작용하며 '무엇을 이야기 하는가'보다 '어떻게 이야기 하는가'에 중심을 둔 연구[23]들이다. 박유희는 「장르 문법의 강화와 '콘텐츠'로서의 소설-2000년 이후, 소설의 영화화 동향」에서 박상연의 『DMZ』는 제3국을 선택했던 인민군 포로의 아들이 중립국 감독위 소속으로 아버지의 나라에 파견되어 휴전선에서 발생한 총기난사사건을 수사하는 과정으로 지그베르사미 소령의 시각으로 서술이 진행되며 그의 내면서술과 아버지 이연우의 일기장 내용이 이야기의 주된 흐름을 형성한다. 반면에 박찬욱 감독의 『공동경비구역 JSA』는 미스터리장르로 출발하여 강력한 의문점을 제기하여 몰입을 유도하는 동시에 이야기의 방향을 집약적으로 제시한다. 또한 선명한 인물구도 속에서 갈등을 선명하게 함으로써 다양한 인물의 갈등을 읽어

---

23   박유희, 「장르문법의 강화와 '콘텐츠'로서의 소설-2000년 이후, 소설의 영화화 동향」, 『리토피아』 제6권 제3호 통권 23호, 2006.8.20, pp.71-88.

낼 수 있다. 또한 이만교의 『결혼은 미친 짓이다』는 장면 중심적 구성이나 빠른 전개는 영화와 닮아있고, 유하 감독의 『결혼은 미친 짓이다』는 17개의 장으로 이루어진 원작의 구성을 해체하여 기승전결 구성에 맞게 7개의 장(맞선·데이트·결혼식·선택·신혼여행·주말부부·파국)으로 단순화한다. 원작의 1인칭 서술은 보이스 인 나레이션(Voice in Narration)으로 처리하여 주인공의 이중적 심리를 드러내는 것으로 전환시킨다. 또한 김영하의 「거울에 대한 명상」에서는 동성애를 날카로운 반전으로 사용하였고 「사진관 살인 사건」에서 제3자를 범인으로 결론지으면서 무거움을 피해가고 있다. 그러나 변혁 감독의 『주홍글씨』는 동성애를 집착으로 형상화시키고 결과적으로 치정에 의한 친족 살해로 이끌어갔다. 그리고 주인공들은 죄악을 감당하지 못해 트렁크 안에서 피범벅이 되어 응징 당하게 함으로서 기독교적인 원죄의식을 향해 정면 돌진하는 서사구조가 변화되어 있다.

[3] 사회적 담론

소설과 각색영화로 매체전환은 시대적 상황에 따라 서사가 변용이 되기도 하고, 원작소설 발표와 영화 제작의 간격 사이에 발생되는 사회담론의 변화가 서사변용으로 보는 연구[24]들이다. 김종수의 「소설 『단종애사』

---

24 김중철, 「소설의 영상화가 갖는 시대 반영성-『사랑손님과 어머니』를 중심으로」, 『현대소설연구』 제21호, 한국현대소설학회, 2004.3, pp.231-247: 주요섭의 『사랑손님과 어머니』에서 1930년대의 시어머니의 견고한 전통과 윤리적 질서에 복종하고 순응하는 전통적인 여인으로, 반면에 신상옥 감독의 『사랑손님과 어머니』는 손님이 떠나면서 둘의 재회를 설정하고, 재혼의 가능성을 제시함으로써 전근대와 근대가 교차하던 1960년대의 시대적 상황이 그녀에 의해 재현되고 있다.
오영미, 「소설과 만난 영화-이문열 소설, 박종원 감독 『우리들의 일그러진 영웅』」, 앞의 논문.
한명환, 「소설과 각색 영화-영화 『꿈』 『서편제』 『우리들의 일그러진 영웅』을 중심으로」, 『시와 문화』 통권 제10호, 2009년 여름호, pp.148-163.

와 영화『단종애사』의 비교연구」는 이광수의『단종애사』(1928)가 발표되던『동아일보』를 비롯해 국내 신문학에서 역사담물(歷史譚物)이 역사소설의 유행을 주도한 작품으로 단종의 출생부터 죽음까지를 다룬 일대기 형식으로 인물의 대립구도(수양의 활약과 정인지·한명회 등 수양추종세력이 펼치는 악행의 활약상과 잔혹하게 처형되는 사육신)는 윤리적 이분법으로 형성되었다. 1956년 전창근 감독의『단종애사』는 반인륜적인 형태를 일삼는 강자(수양)의 폭력에 희생될 수밖에 없는 단종의 운명은 극복될 수 없는 것이며, 심약하게 묘사됨으로써 수용자들에게 감정이입을 강화시킨다. 이는 비극적인 삶을 살다가 역사적 인물을 동정함으로써 1950년대 사회적 맥락에서 전쟁의 상처로 위안받았다는 점은 현실 도피적 심리를 반영하게 된다. 1963년의 이규웅 감독의『단종애사』는 인물의 대립구도는 사랑의 성취(단종과 중전 송씨)와 방해(수양)라는 멜로 드라마적 갈등구도로 변형된다. 탈정치적인 주제로 변환되는 필연적 이유 중 하나는 당시의 사극영화는 국가권력의 중앙집권적 검열을 피해가고, 다른 하나는 대중들의 익숙한 멜로적 서사관습을 수용했다는 점이다. 조해옥의「치유 불가능한 광기의 지대-영화『꽃잎』과 소설『저기 소리없이 한 점 꽃잎이 지고』」와 이채원의「소설과 영화의 매체 전이 양상에 대한 수사학적 연구」에서 최윤의

조해옥, 앞의 글.

조미숙,「소설의 영화화 연구: 최윤『저기 소리없이 한 점 꽃잎이 지고』와 장선우의『꽃잎』을 중심으로」,『인문과학논총』제43집, 건국대학교 인문과학연구, 2005.12.30, pp.161-177.

이채원,「소설과 영화의 표현양식 연구: 소설『저기 소리없이 한 점 꽃잎이 지고』와 영화『꽃잎』을 중심으로」,『문학과 영상』제8권, 문학과 영상학회, 2007, pp.223-245.

박영화,「소설의 영화화를 통해 본 텍스트변용의 문화사회학적 고찰-『감자』의 영화를 중심으로」, 경일대학교 산업대학원 교육콘텐츠전공 석사학위논문, 2009.

김종수, 앞의 논문.

장혜련, 앞의 논문.

『저기 소리없이 한 점 꽃잎이 지고』(1988)가 발표되었던 시기는 한국의 현대사를 표면적으로 말할 수 없는 사회적 분위기였으나, 장선우 감독의 『꽃잎』(1995)은 정치적 영향력에서 자유로워진 시기에 발표되었다는 점에서 직접적 표현이 가능했으며, 동시에 망각의 시대가 서사의 주요 변인으로 보고 있다.

[4] 매체의 외부 변수

소설을 각색영화로 전환할 경우 매체(Media variables)의 외부 변수가 서사변용으로 작용하게 된다. 즉 단편·장편소설을 영화화될 경우 영상매체의 특징에 의해 불가피하게 변형이 요구되게 된다. 단편소설을 영화[25]할

---

25 박유희, 「1960년대 문예영화에 나타난 매체전환의 구조와 의미-『오발탄』과 『사랑손님과 어머니』를 중심으로」, 『현대소설연구』 제32호, 한국현대소설학회, 2006.12, pp.167-193.

김남석, 「1960년대 후반 문예영화 시나리오 회상기법 연구-『안개』·『역마』·『독짓는 늙은이』를 중심으로」, 『민족문화연구』 제38권, 고려대학교 민족문화연구원 한국문학연구소, 2003, pp.1-32: 최하원 감독의 『독짓는 늙은이』의 회상장면은 과거 사연을 전달하기 주변사람들(일꾼·아들·아내)을 나레이터로 삼아 송영감의 최후와 죽음 이후의 삶을 증언하도록 이야기를 확장시킨다.

김중철, 「매체의 전이와 이야기의 변형-『갯마을』을 중심으로」, 앞의 논문: 김수용 감독의 『갯마을』에서 새로운 사건(바다에서 죽은 남편 성구의 혼백 구하기·칠성네의 자살·상수와의 채석장 생활·산골 원두막에서의 사건)들을 첨가한다.

임훈아, 앞의 논문: 황석영의 『삼포 가는 길』은 산업화의 과정에서 사회로부터 소외당하고 삶의 기반으로부터 밀려난 하층민의 고향 찾기의 과정을 겨울을 배경으로 10장 가량밖에 되지 않는 이 짧은 소설로 3인칭 시점으로 3명으로 등장인물과 사건과 갈등의 기복이 없는 다소 간단한 플롯(Plot)을 중심으로 이루어져 있다. 이만희 감독 『삼포 가는 길』은 영달과 백화의 멜로성이 첨가된다. 또한 조선작의 『영자의 전성시대』에서 영자가 사창가를 탈출한 후 주인여자에게 돈을 받으러 갔다가 불에 타죽는 것으로 끝나는 반면, 조선작의 『영자의 전성시대』는 주위의 반대와 자신에 대한 열등감으로 창수를 떠나 자살을 기도하다가, 실패하고 절름발이 남편을 만나 새롭게 가정을 꾸리고 양복점 주인이 된 창수와 세월이 흘러 해후하는 것으로 대폭 수정된다.

윤정헌, 「소설의 영화화 방식에 대한 대비고찰-『오발탄』과 『하얀전쟁』을 중심으로」,

경우, 이야기의 확장을 볼 수 있으며, 한정된 분량을 사건의 확대와 새로운 등장인물의 창조함으로써 빈약한 플롯(Plot)이 보강된다. 역으로 장편소설을 영화[26]할 경우, 사건의 축소와 삭제를 요구되는데 주로, 보조인물의 변형·삭제와 등장인물의 변형적 재창조가 요구된다. 그 이유로는 장편의 방대한 분량을 2시간 남짓한 러닝타임(Running time)에 효과적으로 담아내야 하는 외부적, 즉 매체적 조건에 충족시켜야 하기 때문에 발생되는 것에 주목한 연구들이다.

앞의 논문: 유현목 감독의 『오발탄』은 원작에 없는 보조인물(명숙이 애인: 경식과 명숙의 친구이자 영호의 애인으로 여배우를 꿈꾸는 미리·영호의 과거의 여인으로 비극적 최후를 맞는 설희)들이 다수 등장하여 원작과는 상이한 새로운 서사패턴을 창조하고, 영호와 관련된 인물로서 영호의 행동권역을 확장 심화시키고 새로운 사건들을 파생시키기 위한 하나의 의도적 장치이다.

김숙경, 「1980년대 한국 문예영화 연구-『나그네는 길에서도 쉬지 않는다』와 『안개마을』 중심으로」, 중앙대학교 대학원 연극영화학전공 석사학위논문, 1992: 임권택 감독이 『안개마을』에서는 새로운 인물(색주집의 '산월'·동만·동만의 아내)을 등장시켜 몇 가지의 사건을 첨가하는 변형을 가져온다.

26 윤정헌, 위의 논문: 안정효의 『하얀 전쟁』에서 언급되고 있는 한기주의 '아내와의 오랜 전쟁'이나 '월남여인 하와이와의 로맨스'는 삭제하거나 극도로 축약하고 오히려 원작에 없는 변진수 애인을 설정하여 로맨스를 추가시킨다.

이해년, 「『무궁화꽃이 피었습니다』-탈민식민주의와 영웅적 주인공-」, 『영화속 문학이야기-문학과 영상학회편』, 동인, 2002, pp.61-99: 김진명의 『무궁화꽃이 피었습니다』에서 비중있게 다루어진 부분들, 즉 플루토늄 추적과정에서 드러나는 이용후 박사(실재로는 이휘소 박사)의 부차적인 행적과 업적·일본의 야쿠자 조직과 우익활동 및 한·일 갈등문제·한반도 주변의 국제정세를 등은 배제시키고 있다.

박유희, 「장르문법의 강화와 '콘텐츠'로서의 소설-2000년 이후 소설의 영화화 동향-」, 『리토피아』 제6권 제3호 통권 23호, 2006.8.20, pp.71-88: 위기철의 『아홉살 인생』은 과거의 변두리를 배경으로 어린 화자가 다양한 인간 군상의 모습을 서술하는 형식으로 주인공의 가족과 친구들을 중심으로 월급 기계 담임선생·골방 철학자·풍뎅이 영감·상이군인 고물장수 등의 그들에 대한 에피소드가 나열되며, 1970년대의 세태소설이다. 그러나 윤인호 감독의 『아홉살 인생』은 여민이와 우림이의 로맨스가 중심에 놓이면서 원작의 세태소설적인 성격은 거의 배제되고 성장소설적인 성격만이 반영된다.

연구 1세대의 연구는 소설과 각색영화의 서사변용의 매개변수를 하나,
감독의 재해석, 둘, 소통방식의 차이, 셋, 사회적 담론의 변화, 넷, 매체 변
수(Media variables)의 외부적 조건으로 분류할 수 있다. 이들의 연구대상
은 소설과 영화의 시나리오를 텍스트로 하고 있고, 연구방법으로는 이야기
단위인 씬(Scene)과 시퀀스(Sequence)를 주요단위로 하고 있기 때문에 결
국 서사를 비교하는 범위에서 크게 벗어나지 않고 있다. 가령 등장인물의
가감과 인물성격의 변화와 사건의 변형과 결말의 변화 등이 주를 이루고
있고, 원론적이고 초보적인 연구에 해당된다. 특히 소설에서 각색영화로의
서사변화의 원인을 매체 변수(Media variables)로 설정하고 있지만, 그 특
성을 외부로 보고 있다는 점이 큰 맹점으로 작용하여 결국 서사비교가 되
고 있기 때문에 연구1세대로 배치하기로 한다. 이 같은 경향의 연구물들은
광범위하게 포진되어 있고, 가장 많은 빈도를 차지하고 있다.

2) 연구 2세대: 미학의 준거

연구 2세대는 소설과 각색영화의 비교분석한 후, 미학적 가치를 더하는
데 그 기준은 '원작의 서사성에 충실한 재현'[27]에 두고 있다. 김태관의 「소

---

27 김태관, 「소설의 영화화과정에 따른 서사학적 요소의 연구-80년대 한국영화 분석을
    통하여」, 동국대학교 대학원 연극영화학과전공 석사학위논문, 1990.
    설연희, 「소설과 영화의 표현양식 비교-이청준 작품『서편제』를 중심으로」, 한양대학
    교 교육대학원 국어교육전공 석사학위논문, 1996.
    윤정헌, 「소설과 영화의 거리-『하얀 전쟁』의 경우」, 『배달말』 제23호, 배달말학회, 1998.
    12, pp.213-233.
    방재석, 「소설과 영화의 관계양상 연구」, 중앙대학교 문예창작학과 박사학위논문, 2003.
    송희복, 앞의 논문.
    이덕화, 「『경마장 가는길』의 메타픽션적 글쓰기와 영상적 이미지」, 『현대소설연구』
    제22호, 한국현대소설학회, 2004.6, pp.53-74.

설의 영화화 과정에 따른 서사학적 요소의 연구-80년대 한국영화분석을 통하여」에서 ① 김성동의 『만다라』· ② 이제하의 『나그네는 길에서도 쉬지 않는다』· ③ 박영환의 『우묵배미의 사랑』의 시나리오를 대상으로 하고 있다. 이는 원작소설과 각색영화를 서사 비교한 첫 사례적 연구라는 데 의의가 있다. 이덕화의 「『경마장 가는 길』의 메타픽션적 글쓰기와 영상적 이미지」에서 하일지의 『경마장 가는 길』은 후기산업주의의 포스트 모더니즘기법을 통해서 식민화된 지식인의 무의식을 드러내고 있지만, 장선우 감독의 『경마장 가늘 길』은 원작의 메타픽션적 글쓰기나 지식인의 주체의식을 드러내지 못하는 한계를 지적한다. 또한 송선령의 「문학과 시각주의-최윤의 『저기 소리없이 한 점 꽃잎이 지고』를 중심으로」에서 최윤의 『저기 소리없이 한 점 꽃잎이 지고』는 광주민주화운동에 대한 원죄의식이나 죄책감을 드러내고 있는 반면, 장선우 감독의 『꽃잎』은 흑백의 다큐멘터리(Documentary: 광주 5·18)와 애니메이션(컬러·환상)의 병치로 지나친 영상의 은유와 상징에 의존한 결과 서사가 통일되지 못한 점을 그 한계로 지적하고 있다. 조정래의 「소설과 영화의 서사론적 비교 연구-이미지와 서술」에서 박상연의 『DMZ』에서는 분단에 대한 다양한 서사가 중심을 이루고 있는 반면, 박찬욱 감독의 『공동경비구역 JSA』는 총격사건의 현장성만이 강조되어 다른 서사들을 사장되고 있음을 결론짓고 있다.

송선령, 앞의 논문.
조정래, 「소설과 영화의 서사론적 비교 연구-이미지와 서술」, 『현대문학의 연구』 제22집, 한국문학연구학회, 2004.2, pp.525-560.
박지은, 앞의 논문.

대부분의 연구는 여전히 소설과 시나리오를 그 대상으로 하고 있고, 이에 더해진 미학적 가치는 한 영역(문자)이 강조되고, 다른 영역(영상)이 평가 절하되어, 문자매체인 소설의 우월성을 강조하게 된다. 물론 소설에 대한 시나리오작가와 감독의 메타적 창조라고 보는 소수의 연구들도 있긴 하다. 그러나 이들 대부분의 연구가 국문학계 연구자들에게 출발되었던 점을 감안한다면, 문자매체의 집착에 따른 불균형적 시각에서 나온 연구결과라 할 수 있다.

3) 연구 3세대: 상호매체성

연구 3세대 연구경향은 플랫(Heinrich F. Plett)[28]의 "다른 매체를 통해 단지 기표만이 바뀌는 것이 아니라 주제·모티프·양식들까지 변화하므로 이런 종류의 상호텍스트성(Intertexturality)은 상호매체성(Intermediality)"[29]으로 이해되어야 함을 인지하게 된다. 이는 작품연구로 이어지고, '상호매체성(Intermediality)'을 검증하기에 적절한 텍스트로는 세 가지 유형으로 분류할 수 있다.

하나, 이청준의 『축제』와 임권택 감독의 『축제』는 '영화와 소설의 상호 협력'[30]으로 이루어졌기 때문에, 즉 '하나의 서사를 문자와 영상의 방식으

---

28 Heinrich. F. Plett, Intertextuauty, Walter de Gruyter, Berlin, 1991, p.20: 플랫은 상호 매체성(Intermediality)의 범주를 (1) 언어기호에서 시각기호로(linguistic-visualsigns) (2) 언어기호에서 청각기호로(linguistic-acoustic signs), (3) 시각기호에서 언어기호로 (visual-linguistic signs) (4) 시각기호에서 청각기호로(visual-acoustic signs), (5) 청각 기호에서 언어기호로(acoustic-linguistic signs) (6) 청각기호에서 시각기호로(acoustic-visual signs) 유형화하고 있다.

29 로버트 리처드슨(Robert Richardson), 이형식 옮김, 앞의 책, pp.23-24.

로 어떻게 형상화'되는가를 검증되는 텍스트가 된다. 이청준의 『축제』와 임권택 감독의 『축제』의 연구[31]인 강호정의 「산 자들의 해원-이청준 원작, 임권택 감독 『축제』」에서 이청준의 『축제』는 매 장마다 감독에게 보내는 편지를 삽입하고, 임권택 감독의 『축제』는 장황한 보이스 인 나레이션 (Voice in Narration)과 자막으로 설명하려 하고, 문자의 영역과 영화의 영역을 넘어서지 않으려는 작가와 감독의 태도가 그 한계로 작용하고 있다.

둘, 소설과 영화가 동시 진행된 김형경의 『외출』과 허진호 감독의 『외출』에 대한 연구[32]가 이에 해당된다. 박유희의 「소설의 외출-『외출』에 나타난 매체 전환의 의미」에 따르면 김형경의 『외출』은 전지적 화자가 인수와 서영의 관점에서 서술하는 방식이며, 반면에 허진호 감독의 『외출』은 클로즈업(Close-up)과 사운드(Sound)를 활용했지만, 인물의 심리변화는

---

30 『축제』의 영화와 소설의 동시작업의 발단은 의외로 간단하다. 이청준의 말에 따르면, '돌아가신 어머니의 장례과정'이 계기가 되어 임권택 감독과 영화 『축제』의 대본이야 기를 하면서부터 시작되었다. 이청준은 이미 여타의 소설을 통하여 죽음이나 제의에 문제에 깊은 관심을 보여 왔다.

31 강호정, 「산 자들의 해원-이청준 원작, 임권택 감독 《축제》」, 『영화 속의 혹은 영화 곁의 문학』, 모아드림, 2003, pp.90-104.
    나상오, 「소설과 영화의 스토리 소통」, 『논문집』 제33집, 2008, pp.149-159.
    전지은, 앞의 논문.
    이채원, 「소설과 영화의 매체전이양상에 대한 수사학적 연구」, 서강대학교 대학원 국 어국문학전공 박사학위논문, 2008.
    정선자, 「스토리텔링 시대의 서사담론 변용양상 고찰-소설 『축제』와 영화 『축제』의 경우」, 중앙대학교 예술대학원 소설전공 석사학위논문, 2009.

32 박유희, 「소설의 외출-『외출』에 나타난 매체전환의 의미」, 『문학과 사회』 제18권 제 4호 통권 72호 겨울호, 문학과 지성사, 2005, pp.306-318.
    오영미, 「동시에 소설과 영화로-김형경 소설, 허진호 감독 『외출』」, 『소설과 만난 영 화』, 월인, 2007, pp.143-149.
    이채원, 앞의 논문.

드러내지 못하고 있음을 그 한계로 지적하고 있다. 이채원의 「소설과 영화의 매체 전이 양상에 대한 수사학적 연구」는 김형경의 『외출』은 인물의 내면 심리를 요약적으로 서술하고 있는 반면, 허진호 감독의 『외출』은 언어적 서술을 자제하면서 거울과 창(窓)을 통한 이중의 화면구성과 클로즈업(Close-up)을 통해 회화적 영상미학을 구축하고 있다.

셋, 소설의 원작자가 영화의 각색자로서 활동한 작품의 비교분석한다면, 매체의 독자성을 검증할 수 있는 좋은 사례의 논의[33]가 될 수 있다. 그 사례로는 김승옥의 소설 『무진기행』을 직접 각색하고 김수용 감독이 영화화한 『안개』와 하일지의 『경마장 가는 길』을 원작자가 직접 시나리오를 각색한 경우이다.

결국 이들 연구의 소득은 소설에서 영화로의 전환은, 즉 소설과 각색영화의 경우 서사라는 공통분모를 지니고 있지만, 중개자인, 즉 매체의 특성으로 인해 상호대체 될 수 없는 각각의 고유성을 지니고 있음을 인식하는 계기가 된다. 이후 연구들을 각색영화의 소설에 대한 종속성에 반론을 제기하고, 두 분야를 독립적 관계[34]로 간주하고, 획기적인 전환으로 비약적

---

[33] 채명식, 「소설과 시나리오의 비교를 통한 『경마장 가는 길』 꼼꼼히 읽기」, 『한국문학연구』 제20권, 1998, pp.229-248.
　　　이덕화, 「『경마장 가는길』의 메타픽션적 글쓰기와 영상적 이미지」, 『현대소설연구』 제22호, 한국현대소설학회, 2004.6, pp.53-74.
　　　김명석, 「김승옥의 소설 『무진기행』과 『안개』 비교연구」, 앞의 논문.
　　　장혜련, 앞의 논문.
　　　윤혜경, 「영화 『안개』와 소설 『무진기행』의 비교연구」, 충남대학교 교육대학원 국어교육전공 석사학위논문, 2009.
[34] 보리스 아이헨바움(Boris Eichenbaum), 「영화양식의 문제」, 유리 띠냐노프(Iurii Tynianov)·보리스 에이헨바움(Boris Eichenbaum)·로만 야콥슨(Roman Jacobson)·유리 로트만

인 발전을 하게 된다. 또한 연구자들은 매체(Media) 자체에 관심을 갖기
시작한다.

미장센(Mise en Scene)의 영화이론을 적극적으로 받아들여 비평방법으
로 활용하기 시작한다. 본고에서는 연구들을 미장센(Mise en Scene)의 기
본적인 구성요소인 프레임(Frame)과 쇼트(Shot) 그리고 비유적 상징물을
곳곳에 혹은 반복적으로 배치함으로써 그들이 이루어내는 서사적 맥락에
어떤 의미로 형성하는가에 주목한 연구 순으로 조직하기로 한다. 그 외에
영화사운드(Sound)가 서사에 기여하는 방식과 아울러, 편집(Editing)의 통
해 서사적 맥락이 어떻게 달라지는가, 시점(Point of View)의 차이에 따른
서사적 효과를 연구 순으로 조직하기로 한다.

[1] 미장센의 서사적 기능

하나, 프레임(Frame)에서 "공간(가운데·위·아래·가장자리)은 각각 상징
적인 내용을 전달"[35]할 수 있다는 점에서 의도적으로 배치된 피사체들의
서사적 기능에 관한 연구[36]들이다. 조정래의 「소설과 영화의 서사론적 비
교 연구-이미지와 서술」에서 유현목 감독의 『오발탄』은 개인의 삶에 중심
을 두고, 공간에 대한 묘사와 프레임(Frame)의 수직·수평배치를 통해 서사

(Iurii M. Lotman), 오종우 옮김, 『영화의 형식과 기호』, 열린책, 2001, p.61.
로버트 리처드슨(Robert Richardson), 이형식 옮김, 앞의 책, 2000, p.23.
이형식·정연재·김명희, 『문학텍스트에서 영화텍스트로』, 동인, 2004, p.25.
루이스 자네티(Louis Giannetti), 김진해 옮김, 앞의 책, p.399.
정규웅, 「문학의 영상표현은 가능한가」, 『문학과 지성』, 1975년 여름호, p.338.
35 루이스 자네티(Louis Giannetti), 김진해 옮김, 앞의 책, 2007, p.62.
36 조정래, 「소설과 영화의 서사론적 비교 연구-이미지와 서술」, 앞의 논문.

를 전달하고자 한다. 하나는 수직에 의한 분할은 영호가 폐쇄적 상황에 갇혀있다는 서사를, 다른 하나는 수평에 의한 분할은 인물들의 심리적 대립 관계를 서사화하고 있다. 다음으로 박찬욱 감독의 『공동경비구역 JSA』는 감각적이며, 판문점 수평분할의 금기의 선 위로 경비병의 팔을 수평으로 이중으로 겹쳐놓고 있다. 감독이 프레임(Frame) 곳곳에 배치한 수평에 의한 분할은, 분단이라는 역사성을 강조하고 있다.

둘, 감독은 피사체와 거리조절을 통해 가까운 클로즈업(Close-Up)에서 익스트림 롱 쇼트(Extreme Long Shot, E.L.S)에 이르기까지 물리적으로 조절하면서 각각의 서사를 이룩해내는데, 그것은 쇼트(Shot)에 따른 서사적 맥락을 분석한 연구[37]들이 이에 해당된다. 최수웅의 「소설과 영화의 창작방법론 비교 분석」과 강민석의 「소설과 영화의 서사구조 비교 연구-이청준의 『벌레이야기』와 이창동의 『밀양』을 중심으로」는 이청준의 『벌레이야기』에서는 관찰자이자 평가자인 남편에 의해 서사가 이루어지고 있는 반면, 이창동 감독의 『밀양』은 클로즈업(Close-up)과 앵글(Angle)의 변화를 극

---

37 임훈아, 앞의 논문.
   이덕화, 「『경마장 가는 길』의 메타픽션적 글쓰기와 영상적 이미지」, 앞의 논문.
   조정래, 앞의 논문.
   김명석, 앞의 논문.
   박유희, 「소설의 외출-『외출』에 나타난 매체 전환의 의미」, 앞의 논문.
   윤혜경, 앞의 논문.
   오영미, 앞의 논문.
   최수웅, 「소설과 영화의 창작방법론 비교 분석」, 『어문연구』 제54호, 어문학연구학회, 2007.8, pp.481-503.
   이채원, 앞의 논문.
   전지은, 앞의 논문.
   강민석, 「소설과 영화의 서사구조 비교 연구-이청준의 『벌레이야기』와 이창동의 『밀양』을 중심으로」, 한양대학교 교육대학원 국어교육전공 석사학위논문, 2008.

도로 자제함으로써 관찰을 유도하고 있는 것으로 본다. 그러나 이견으로는 이채원의 「소설과 영화의 매체 전이 양상에 대한 수사학적 연구」에서 오히려 인물의 뒷모습을 미디엄 쇼트(Medium shot)로 처리한 뒤, 인물의 정면의 클로즈업(Close-up)으로 처리하여 동일화를 차단하는 효과를 역설하고 있다.

셋, 비유적 상징물을 곳곳에 혹은 반복적으로 배치함으로써 그들이 이루어내는 서사적 맥락에 어떤 의미로 형성하는가에 주목한 연구[38]들이 있다. 이채원의 「소설과 영화의 매체 전이 양상에 대한 수사학적 연구」에서 이창동 감독의 『밀양』에서 '햇볕'이라는 환유적인 상징물은 '아버지의 이름'과 '비밀의 햇볕'과 그리고 아들 '준'을 의미한다. 구수경은 「소설과 영화의 서사기법 비교연구-이범선의 『오발탄』과 유현목 감독의 영화 『오발탄』을 중심으로」에서 유현목 감독의 『오발탄』은 가난과 부정부패로 인한 비극적 현실을 고발한다는 리얼리즘에 기반을 두고 있으며, 곳곳에 비유적 상징을 배치해두고 있다. 하나는 경식이 술집의 문 유리를 깨뜨리고(종업원과 시비가 붙는 첫 장면), 영호가 영화감독의 의도(상이군인의 신체적 불구를 상업적으로 이용)에 분노하며 영화사의 출입문 유리를 주먹으로 깨뜨리거나,

---

38 최현경, 「소설의 영상화에 관한 연구-영화 『서편제』와 TV문학관 『소리의 빛』을 중심으로」, 중앙대학교 신문방송대학원 연극영화전공 석사학위논문, 1999.
    이해년, 앞의 논문.
    조해옥, 앞의 논문.
    송희복, 앞의 논문.
    이덕화, 앞의 논문.
    최수웅, 앞의 논문.
    이채원, 앞의 논문.
    구수경, 앞의 논문.

(경식의 자격지심 때문에 명숙이만 현실의 재물이 되었다면서) 술 사발을 땅에 팽개쳐 산산조각 내는 행동들은 부조리한 현실에 대한 분노와 저항을 깨뜨리는 행위의 반복으로 가시화하고 있다. 다른 하나는 복선의 적절한 활용으로 오설희의 죽음은 그녀가 살고 있는 4층의 옥탑방으로 올라가는 44개의 계단, 그녀가 아르바이트를 하는 지하 4층의 공간 등 4(死)라는 숫자의 상징을 통해 간접적으로 암시된다.

(2) 사운드의 서사적 기능

영화에 활용된 사운드(Sound)의 서사적 기능에 주목한 논의[39]들이다. 조정래의 「소설과 영화의 서사론적 비교 연구-이미지와 서술」에서 유현목 감독의 『오발탄』에서 철호가 퇴근하여 해방촌집으로 가는 씬(Sence)에 활용된 사운드의 서사적 역할을 분석하고 있다. 하나는 재즈는 서구문물의 유입에 의한 사회의 혼란을 상징적으로 표현하고 있으며, 다른 하나는 '찬송가'는 무기력한 외래종교 상징적으로 드러내고 있다. 구수경은 「소설과 영화의 서사기법 비교 연구-이범선의 『오발탄』과 유현목 감독의 『오발탄』을 중심으로」에서 유현목 감독의 『오발탄』의 주요 씬(Sence)마다 사이렌·기차소리·차단 경보음·자동차의 경적 등 거칠고 불안한 음향을 반복적으

---

39 김숙경, 「1980년대 한국문예영화 연구-『나그네는 길에서도 쉬지 않는다』와 『안개마을』 중심으로」, 중앙대학교 대학원 연극영화학전공 석사학위논문, 1992.
조해옥, 앞의 글.
조정래, 「소설과 영화의 서사론적 비교연구-이미지와 서술」, 앞의 논문.
조미숙, 앞의 논문.
김명석, 앞의 논문.
홍성표, 앞의 논문.
이현주, 「소설의 영화화과정의 서사적 변이양상-이청준의 『서편제』를 중심으로」, 전북대학교 대학원 국어국문학전공 석사학위논문, 2009.2.23.
구수경, 앞의 논문.

로 활용하여 막막하고 절망적인 분위기를 청각적으로 환기시키는 서사적 기능을 한다. 조해옥의 「치유 불가능한 광기의 지대-영화『꽃잎』과 소설 『저기 소리없이 한 점 꽃잎이 지고」」에서 장선우 감독의『꽃잎』에서는 하나는 소녀가 처참한 그날의 상처를 지닌 채 거리를 헤매고 다닐 때, 텔레비전의 조용필의 「창 밖의 여자」는 '그날' '그곳'에 대한 언론이 차단되고 있음을 상징화하고 있다. 다른 하나는 저녁 6시에 맞춰 국기강하식과 애국가가 흘러나오고 모두가 부동자세로 서 있는 사람과, 무의식에 빠져 있는 듯한 표정으로 소녀가 가로질러가는 씬(Sence)은 충성을 강요하는 부정한 국가를 소녀의 행동을 통해 거부되고 부정한다.

[3] 편집의 서사적 기능

편집(Editing)에 대한 논의는 두 형태로 분류할 수 있다. 하나는 교차편집(Cross-cutting)이 일궈내는 서사와 다른 하나는 몽타주(Montage)에 가이뤄내는 서사에 주목한 논의들이다.

전자로는 교차편집(Cross-cutting)이 일궈내는 서사적 맥락에 주목한 연구[40]이다. 조해옥의 「치유 불가능한 광기의 지대-영화『꽃잎』과 소설『저기

---

40 김남석, 「1960년대 후반 문예영화 시나리오 회상기법 연구-『안개』『역마』『독짓는 늙은이』를 중심으로」, 『민족문화연구』 제38권, 고려대학교 민족문화연구원 한국문학연구소, 2003, pp.1-23.
조해옥, 「치유 불가능한 광기의 지대-영화『꽃잎』과 소설『저기 소리없이 한 점 꽃잎이 지고」」, 앞의 논문.
송선령, 앞의 논문.
조미숙, 「소설의 영화화 연구-최윤『저기 소리없이 한 점 꽃잎이 지고』와 장선우의 『꽃잎』을 중심으로-」, 앞의 논문.
이채원, 「소설과 영화의 표현양식 연구-소설『저기 소리없이 한 점 꽃잎이 지고』와 영화『꽃잎』을 중심으로」, 앞의 논문.

소리없이 한 점 꽃잎이 지고』」와 송선령의 「문학과 시각주의-최윤의『저기 소리없이 한 점 꽃잎이 지고』를 중심으로」와 이채원의 「소설과 영화의 표현양식 연구-소설 『저기 소리없이 한 점 꽃잎이 지고』와 영화『꽃잎』을 중심으로」와 이덕화의 「『저기 소리없이 한 점 꽃잎이 지고』와 영화『꽃잎』의 비교연구」들이 있다. 이들 연구들은 최윤의『저기 소리없이 한 점 꽃잎이 지고』는 천진난만한 소녀를 근원적으로 파괴시켜버린 폭력의 시대를 우회적인 비판이라면, 장선우 감독의『꽃잎』은 과거의 광주 5·18의 기록은 다큐멘터리(Documentary)의 흑백으로, 현재 소녀의 모습은 컬러로, 과거와 현재를 교차편집(Cross-cutting)하여, '그날'의 폭력성을 사실적으로 재현하고 있다.

후자로는 고의적으로 연속편집을 위반하며, 쇼트(Shot)와 쇼트(Shot), 시퀀스(Sequence)와 시퀀스(Sequence) 사이에 최대한 상충이 발생하도록 하여 그 상충된 이미지들이 충돌하면 새로운 의미가 발생하는 몽타주(Montage)[41]에 주목한 연구이다. 조현일은 「소설의 영화에 대한 미학적

이덕화, 「『저기 소리없이 한 점 꽃잎이 지고』와 영화『꽃잎』의 비교연구」, 앞의 논문.
전지은, 앞의 논문.
41 이선영, 앞의 논문.
조현일, 「소설의 영화에 대한 미학적 고찰-60년대 문예영화『오발탄』『안개』를 중심으로」, 『현대소설연구』제21호, 한국현대소설학회, 2004, pp.249-273.
김남석, 앞의 논문.
김남석, 「1960-1970년대 문예영화 시나리오 영상 미학 연구」, 고려대학교 대학원 국문학전공 박사학위논문, 2003.
김명석, 「김승옥의 소설『무진기행』과『안개』비교연구」, 앞의 논문.
조정래, 「소설과 영화의 서사론적 비교연구-이미지와 서술」, 앞의 논문.
윤혜경, 「영화『안개』와 소설『무진기행』의 비교연구」, 충남대학교 교육대학원 국어교육전공 석사학위논문, 2006,
박유희, 「1960년대 문예영화에 나타난 매체 전환의 구조와 의미-『오발탄』과『사랑손

고찰-60년대 문예영화『오발탄』『안개』를 중심으로」에서 김수용 감독의 『안개』는 과거와 현재를 병치·충돌시키는 몽타주(Montage)가 주된 편집 원리가 되고 있음을 밝히고 있다. 이수현은 「『꽃잎』에 나타난 영상미학과 각색의 원리」에서 최윤의『저기 소리없이 꽃잎이 한 점 지고』와 장선우 감독의『꽃잎』은 5·18 광주민중항쟁이라는 역사적 사실을 배경으로 인간내면에 잠재된 폭력과 개인의 실존문제를 다루고 있다는 점에서 근본적인 주제는 동일하다. 특히 장선우 감독의『꽃잎』은 독일의 한 방송국 기자가 찍은 광주기록필름으로 시작되고 머리에 손을 얹고 바닥에 엎드린 청년들, 탱크 위에서 웃음 짓는 진압부대원들의 얼굴, 질질 끌려가는 시체들, 뿌연 연기를 뿜어내는 방역차, 삼엄하게 도청을 지키고 서 있는 공수대원들, 바닥의 핏자국을 닦아내는 청소부의 모습의 기록은 직접적으로 5·18을 드러낸다. 이후 광주항쟁의 기록물과 '그날'을 재현한 몽타주(Montage)는 소녀의 회상을 통해 반복적으로 표현된다.

[4] 시점의 서사적 기능

소설과 달리 영화의 경우 초점화자(서술주체)와 초점화 대상(서사주체)가 변한다. "영화에서는 서술자가 드러나지 않는다. 서술자가 없고 마치 인물들이 모든 것을 전달하는 것처럼 보인다. 그러나 영화에서 서술된 사건이나 인물은 항상 시점에 의한 묘사의 산물이다. 즉 관객은 카메라가 이끄는 대로 시점에 따라 조정된 인물이나 사건을 보게 되는 것"[42]이다. 즉

님과 어머니』를 중심으로」, 앞의 논문.
최수웅, 앞의 논문.
전지은, 앞의 논문.
이수현, 앞의 논문.
구수경, 앞의 논문.

소설에서 영화로 매체전환 시 감독이 의도적으로 '카메라의 눈'을 통제하
는데, 시점의 변화를 통해 얻어지는 서사적 맥락에 관한 연구[43]이다. 이수
현은 「『꽃잎』에 나타난 영상미학과 각색의 원리」에서 최윤의 『저기 소리

42 로버트 리처드슨(Robert D. Richardson), 이형식 옮김, 앞의 책, p.79.
43 김태관, 앞의 논문: 이제하의 『나그네는 길에서도 쉬지 않는다』는 서술자가 인물의
    존재영역의 밖에 위치하는 3인칭의 서술을 취하고 있으며, 시점은 내부시점을 일관되
    게 유지하고 있다. 그러나 이장호 감독의 『나그네는 길에서도 쉬지 않는다』는 내부시
    점이 파괴되고, 감독이 직접 개입하는 현상이 나타나고 있다.
    임훈아, 앞의 논문.
    김중철, 「소설과 영화의 서사전달 방식 비교-이문열의 「우리들의 일그러진 영웅」을 중
    심으로」, 앞의 논문: 이문열의 『우리들의 일그러진 영웅』은 1인칭 고백적 소설로 화
    자인 '나'인 성년의 한병태이며 이는 다시 세 명의 자아로 분리된다. 외적 조망이 다
    소 혼재되어 있지만 전체적으로 내적조망이 우세하기 때문에 수용자가 인물의 인지
    범위 안에서만 사건을 파악하게 된다. 그러나 박종원 감독의 『우리들의 일그러진 영
    웅』은 외적조망이 지배적이므로 수용자는 한병태가 인지하지 못하는 외부의 광경과
    한병태의 무기력한 모습까지 함께 관찰하게 된다.
    신숙경, 「소설과 영화의 서술방식 연구-『하얀전쟁』『서편제』 분석을 통하여」, 홍익대
    학교 교육대학원 국어교육전공 석사학위논문, 1998.
    이길성, 「소설 『무진기행』과 영화 『안개』」, 『영상예술연구』 제1호, 영상예술학회, 2001.5,
    p.149.
    최명숙, 「소설과 영화의 시점 비교 연구」, 충남대학교 대학원 현대문학전공 박사학위
    논문, 2001.
    조해옥, 앞의 논문.
    권혁웅, 앞의 논문.
    송선령, 앞의 논문.
    황영미, 『다원화 시대의 영화 읽기』, 예림기획, 2004.
    박유희, 「소설의 외출-『외출』에 나타난 매체전환의 의미」, 앞의 논문.
    _____, 「1960년대 문예영화에 나타난 매체전환의 구조와 의미-『오발탄』과 『사랑손님
    과 어머니』를 중심으로」, 앞의 논문.
    박정미, 「소설과 영화의 이야기와 담론 비교연구-소설 『낯선 여름』과 영화 『돼지가 우
    물에 빠진 날』을 중심으로」, 한국교원대학교 대학원 국어교육전공 석사학위논문, 2005.
    윤혜경, 앞의 논문.
    김진영, 「소설 『축제』와 영화 『축제』 비교연구-서사담론으로서의 시점이론」, 연세대
    학교 비교문학협동과정 비교문학전공 석사학위논문, 2008.
    이수현, 앞의 논문.

없이 한 점 꽃잎이 지고』는 시·공간이 교차하면서 소녀(나)의 독백과 남자의 시점, 우리의 시점으로 다양한 인물군이 혼용하고 있다. 장선우 감독의 『꽃잎』에서도 소녀오빠의 친구들이 소녀의 행방을 찾는 과정에서 소녀와 소녀오빠의 친구들이 각각 나레이터(Narrator)로 등장한다. 소녀를 통해 광주항쟁의 상처가 얼마나 큰 것인가를 보여줌으로써, 방관자의 입장에 있던 자들의 죄의식을 건드리는 서사적 효과를 거둔다. 박유희의 「1960년대 문예영화에 나타난 매체 전환의 구조와 의미-『오발탄』과『사랑손님과 어머니』를 중심으로」에서 주요섭의『사랑손님과 어머니』는 1인칭 서술을, 신상옥 감독의『사랑손님과 어머니』는 소녀의 나레이션(Narration)으로 전환되는데, 이를 통해 구현된 서사적 맥락은 소녀가 알고 있는 표면적 사실과, 카메라가 비추는 진실사이의 균열을 드러내어 비밀스러운 사랑이 폭로되고 있는 것으로 흥미를 유발시킨다는 점이다. 최명숙의 「소설과 영화의 시점 비교 연구」에서 수잔 랜서(S. S. Lanser)의 시점의 이론(Point of View in Prose Fiction)'에 기대어 분석하고 있다. 김승옥의『무진기행』의 1인칭 주인공시점이, 김수용 감독의 『안개』는 1인칭 독백체의 나레이션(Narration)의 고백을 통해 '과거의 나'와 '현재의 나'가 병치되고, '참된 자아와 현실적 자아'의 대립구도를 이루어낸다. 김태관의 「소설의 영화화 과정에 따른 서사학적 요소의 연구-80년대 한국영화 분석을 통하여」는 F. K. 슈탄젤(F. K. Stanzel)의 중개성 이론에 의거하여 분석하고 있다. 박영한의『우묵배미의 사랑』은 그(나리네), 그의 아내(공례) 배일도, 세 사람이 이동해가며 1인칭으로 진술되고 있는데 반하여 장선우 감독『우묵배미의 사랑』은 배일도의 시점만을 채택하여 전체를 회상형식으로 재구성된다. 시점변화가 서사적 맥락에 어떤 영향을 주는가에 대한 연구는 임훈아의 「소설의 영화화 과정에서 따른 멜로드라마적 요소 연구」에서 해명된다. 장선우 감독의『우묵배미의 사랑』에서는 주인공 배일도의 애정행각을 객관적 시각으로 평가해 낼 수 있는 나리아빠의 시점을 제거되고, 배일도의 1인칭 시점만을 부각시킨다. 그 결과 배일도와 공례의 외도가 세인의 관점이라면 비난받을 수 있지만, 시점의 변화로 인해 이들의 욕망을 부각시키는 서사적 효과를 읽어낸다.

기존의 연구물을 검토해 본 결과 오류라고 하는 지점들이 발견된다. 하나, 동일한 작품임에도 불구하고 상이한 이론을 잣대로 분석하는 경우가 발생한다. 가령, 김승옥의 소설『무진기행』을 김수영 감독의『안개』의 모두 과거와 현재가 혼재되어 있다. 이를 김수영 감독의『안개』에서 '현재의 나'가 '과거의 나'를 회상하는 씬(Secne)을 조현일은 「소설의 영화에 대한 미학적 고찰-60년대 문예영화『오발탄』『안개』를 중심으로」와 김명석은 「김승옥의 소설『무진기행』과『안개』비교연구」와 윤혜경의 「김승옥의『안개』와 소설『무진기행』의 비교 연구」들은 몽타주(Motage)로 분석하고 있다. 그러나 김남석은 「1960-1970년대 문예영화 시나리오 영상 미학 연구」와 「김승옥의 소설『무진기행』과『안개』비교 연구」에서 이를 교차기법(Cross cutting)으로 분석한다. 또한 최수웅의 「소설과 영화의 창작방법론 비교 분석」과 이채원의 「소설과 영화의 매체 전이 양상에 대한 수사학적 연구」는 이창동 감독의『밀양(密陽, Secret sunshine)』의 쇼트(Shot)분석에서 정반대의 이견이 발견된다. 둘, 조현일은 김수영 감독의『안개』에서 활용된 몽타주(Motage)를 통해 얻게 되는 서사적 맥락을 읽어내지 못했다면, 김남석에 이르러 '현실의 처지를 부끄러워하는 오늘날의 윤'과, '초라하지만 부끄럼을 알았던 지난날의 윤'을 대비시켜 부끄러움의 서사를 구현해내고 있다.

물론 연구 3세대는 연구 1세대의 원론적인 서사비교에서 벗어나, 문자매체와 영상매체의 독자성에 대한 몰인식을 극복하고 있다는 점과, 미장센(Mise en Scene)의 영화이론을 적극적으로 받아들여 분석하였다는 점에서 어느 정도의 성과를 이루고 있다. 그러나 미장센(Mise en Scene)과 그리고 사운드(Sound)와 편집(Editing)의 이론들을 체계화시키지 못하고, 부분적으로 적용하는 것에만 급급하고, 이들을 일궈낸 서사적 맥락까지 읽어내지 못한다는 점을 현 연구의 한계로 지적된다.

2. 텍스트 선정과 비평방법론

소설과 영화 모두 공간적 배경은 "주인공과 그를 에워싼 세계와 맺게 되는 기본적인 관계"[44]로 표현된다. 즉 "언어적 서사물이 시간적으로 서사내용을 표현하는 데 있어, 영상적인 서사물보다 편리한 반면, 후자는 공간적이 관계들을 보여주는 데 더 많은 이점"[45]을 가지고 있다. 이와 같은 매체적 특성이 두드러지는 텍스트는 이청준의 『벌레이야기』와 이창동 감독의 『밀양(密陽, Secret sunshine)』이 해당된다. 본고에 소설과 영화의 변별점을 집중적으로 해명하기 위해 적합한 텍스트라 사료된다.

소설가이면서 영화감독인 이창동 감독은 이청준의 『벌레이야기』를 1988

---

44 R. 보르네르(Roland Bourneuf)·R. 아울레뜨(Real Ouellet), 김화영 옮김, 『현대소설론』, 문화사상사, 1986, p.183.
45 시모어 채트먼(Seymour Chatman), 한용환 옮김, 『이야기와 담론(Story and Dicourse: narrative structure in fiction and film)』, 푸른세상, 1990, p.27.

년 문학계간지 『외국문학』에서 처음 접하고, 직접 시나리오로 각색한 뒤, 2007년 『밀양(密陽, Secret sunshine)』으로 완성한다. 이창동은 『벌레이야기』의 모티브를 제공받았을 뿐, 직접 시나리오를 각색하면서 인물과 공간적 배경을 주관화하여 주제를 변형시키고 있다. 또한 소설가이자 시나리오 작가이자 감독까지 겸하고 있다는 점에서 문자매체와 영상매체의 각각의 매체가 표현할 수 있는 서사가 다름을 너무나도 잘 알고 있을 것이다. 이런 점에서 『밀양(密陽, Secret sunshine)』은 감독의 창작의도가 뚜렷이 반영된 작품이라 할 수 있다.

이청준의 『벌레이야기』는 서술주체는 유괴된 아이를 둔 아내의 심리를 남편인 '나'의 증언을 통해 과거의 시간을 재구성한다. 반면에, 이창동 감독의 『밀양(密陽, Secret sunshine)』은 프레임(Frame) 그리고 쇼트(Shot)와 앵글(Angle)의 허용과 통제를 통해 미장센(Mise en Scene)을 형성하여 공간적 배경을 상징화하고, 이를 통해 서사를 전개시킨다. 즉 오프닝(Opening)의 '하늘'과 엔딩(Ending)의 '지상'으로의 공간을 이동시켜 소설과는 이질적인 주제를 파생시키고 있다.

소설에서 영화로 변용은 소설의 텍스트가 시나리오로 전환되고, 다시 영상으로 제작됨을 의미하며, 세 단계의 변화를 거치게 된다. 소설과 시나리오만을 텍스트로 할 경우, 서사비교인 원론적인 서사비교연구에 머물게 되므로, 완성된 영화자체를 그 대상으로 할 것이다. 그 이유에는 시나리오에는 심의본과 촬영본이 있고, 영상은 촬영본과 편집본이 있고, 시나리오와 영상은 일련의 과정을 거쳐 역동적으로 변화하기 때문이다. 그러므로 본고에서 촬영 후 편집된 영상에 시나리오를 끼워넣는 조정과정을 거친 결과물로 할 것이다.

재차 강조하자면 본고에서 간과하지 말아야할 것은 매체자체의 특성에
매달리는 것이 아니라, 의도적으로 활용된 미장센(Mise en Scene)과 사운
드(Sound), 그리고 편집(Editing) 등 각각의 요소들이 결과적으로 구현해내
는 서사적 부피와 맥락을 읽어내는 것이 이 글의 목적이 될 것이다.

II

이청준의 『벌레이야기』와
이창동 감독의 『밀양』

이청준의 『벌레이야기』와 이창동 감독의 『밀양(密陽, Secret sunshine)』
은 모두 비유적 표현 때문에, 작품을 바라보는 관점이 다양할 수밖에 없다.
우선 작가서문과 인터뷰를 통해 본 『벌레이야기』의 다양한 시선을 소략하
고자 한다. 다음으로 『밀양(密陽, Secret sunshine)』 역시 감독의 인터뷰를
통해 창작 의도를 소략하고자 한다. 끝으로 『벌레이야기』와 『밀양(密陽,
Secret sunshine)』의 서사구조와 시놉시스(Syn·op·sis)를 소략하고, 동일
한 서사라인과 변용된 부분. 그리고 결말을 변화를 소략하고자 한다.

우선, 이청준의 『벌레이야기』를 보는 시선은 세 층위로 축약될 수 있다.
하나, 소설을 쓰기 얼마 전 서울의 한 동네에서 발생한 어린이 유괴살해사
건이 소재임을 「작가 서문」(2007년 4월)에서 밝히고 있다.

    졸작 『벌레이야기』는 실제사건을 소재로 쓴 작품이다. 작품을 쓰기 얼마
    전 서울의 한 동네에서 어린이 유괴살해 사건이 있었다. 범인은 결국 붙잡
    히고, 재판을 거쳐 사형수로 집행을 기다리는 신세가 됐지만, 아이를 잃은
    부모의 슬픔과 고통은 굳이 이를 바 없는 일이었다. 그런데 범인이 형 집행

전 마지막 남긴 말이 '나는 하나님의 품에 안겨 평화로운 마음으로 떠나가며, 그 자비가 희생자와 가족에게도 베풀어지기를 빌겠다'는 요지였다. 그것은 내게 그 참혹한 사건보다 더 충격이었다. 그 말이 어린 희생자나 그 부모에게 무슨 위로나 위안이 될 수 있을까. 그것이 진정 그들을 위한 마음이었을까. 그에게 과연 그럴 권리가 있을까. 하나님 또한 그를 정말 용서했고, 그럴 권리가 있을까! 그 섭리자의 사랑 앞에 사람은 무엇인가. 인간의 존엄과 권리란 무엇인가! 이 소설은 사람의 편에서 나름대로 그것을 생각하고 사람의 이름으로 그 의문을 되새겨본 기록이다.[46]

사람은 자기 존엄성이 지켜질 때 한 우주의 주인일 수 있고, 우주자체일 수도 있다. 그러나 그 주체적 존엄성이 짓밟힐 때 한갓 벌레처럼 무력하고 하찮은 존재로 전락할 수밖에 없는 인간은 절대자 앞에 무엇을 할 수 있고 주장할 수 있는가. 아마도 그 같은 절망적 자각은 미물 같은 인간이 절대자 앞에 드러내 보일 수 있는 마지막 증거로서 그의 삶 자체를 끝장냄으로써 자신이 속한 섭리의 세계를 함께 부수고 싶은 한계적 욕망에 이를 수도 있지 않을까.[47]

유괴사건의 범인이 사형집행 전 '나는 하나님의 품에 안겨 평화로운 마음으로 떠나가며, 그 자비가 희생자와 가족에게도 베풀어지기를 빌겠다'고 남긴 말에 큰 충격을 받았으며, 그가 남긴 유언대로라면 '섭리자의 사랑 앞에 사람은 무엇인가. 인간의 존엄과 권리'에 대한 기록으로 읽을 수 있다. 결국 '벌레'는 신 앞에 미물에 지나지 않는 인간을 의미하며, 인간의 권리에 대한 본질적 질문을 던지고 있는 것이다.

둘, 1985년에 소설을 집필한 후, 2007년 5월 9일자 『경향신문』과 인터

---

46 이청준, 『벌레이야기』, 열림원, 2007, p.5.
47 이청준, 위의 책, p.5.

뷰에서 당시 5·18 광주민주화항쟁을 '유괴와 살인'이라는 소재와 연결시켜 가해자와 피해자의 입장을 다룬 이야기라고 밝힌 바 있다.

> 광주사태 직후 당시 정치상황이 너무 폭압적이어서 폭력 앞에서 인간은 무엇인지를 생각해 봤다. 그런데 가해자와 피해자가 있을 때 피해자는 용서할 마음이 없는데 가해자가 먼저 용서를 이야기하는 상황이 벌어졌다. 그럴 때 피해자의 마음은 어떨지 그런 절망감을 그린 거다.[48]

그 당시 5·18 광주민중항쟁을 놓고 정치권의 논의 중, 피해자는 그대로 있는데 '화해'를 이야기하는 정치권과 그 즈음 신문에 났던 이윤상군 유괴범의 최후 발언, 이 두 사건 상황이 소재가 되었다는 것이다. 즉 1980년대 정치적 상황과 연계하여 볼 때 용서하려 해도 용서받을 당사자가 용서받을 준비가 되어 있지 않는 5·18 광주민중항쟁 유족의 억울한 항변으로도 볼 수 있다.

1985년에 집필 당시 서문에서 밝혔듯이 '인간의 권리'가 집필의도였다면, 2007년에 『경향신문』과 인터뷰에서 밝힌 집필의도와는 간극이 생긴다. 작가의 집필의도에 간극이 생긴 이유는 집필당시(1988년)에는 5·18 광주민주화항쟁과 관련된 작품이라고 언급하기에는 민감했을 것으로 사료된다. 개인과 개인의 '유괴와 살인사건'은 개인과 국가라는 5·18 광주민중항쟁으로 확장될 수 있고, 가해자와 피해자의 사이에서 '인간의 권리', 즉 '용서할 권리'로 연결될 수 있는 여지가 충분하다.

---

48 한윤정, 「이청준 "희망 보탠 영상, 소설보다 현실감"」, 『경향신문』, 2007.5.9.

셋, 유괴당한 아이의 어미와 유괴범과 그리고 하나님이라는 종교적 알레고리로 보는 관점이다. 즉 "부조리한 현실과 그에 대한 해결책이 따로 없는 상황, 그리고 그러한 현실을 바라보고만 있는 침묵의 신에 대하여 저항하며, 은혜니 섭리니 사랑이니 하는 추상적 관념으로 감싸져 있는 기독교의 교리나 계율에 대하여 보내는 작가의 도전"[49]으로 보는 시각이다.

이창동 감독은 『밀양(密陽, Secret sunshine)』의 생산자이지만, 『벌레이야기』의 독자이자 수신자에 의해 다시읽기가 됨을 『씨네21』의 인터뷰를 통해 알 수 있다.

청문회 열기가 한창이던 1988년 『외국문학』이란 계간지에서 이청준 선생의 『벌레이야기』라는 소설을 읽었다. 소설을 읽으면서 즉각적인 느낌은 '이게 광주이야기구나'란 것이었다. 청문회에서는 광주학살의 원인과 가해자를 따지고 있었지만, 정치적으로는 이제 화해하자는 공론화 작업이 동시에 이뤄지고 있었다. 『벌레이야기』에는 광주에 광한 내용이 암시조차 없었는데도 나는 광주에 관한 이야기로 읽었다. 그 소설이 독자에게 이렇게 묻는 것 같았다. 피해자가 용서하기 전에 누가 용서할 수 있느냐? 라고. 그리고 가해자가 참회한다는 것이 얼마나 진실한 것이냐, 그리고 그것을 누가 알 것이냐. 다른 한편으로는 이청준 소설의 큰 미덕인데, 그 이야기를 넘어서는, 초월적인 것을 느꼈다. 어찌 보면 되게 관념적인 이야기인데 그게 늘 내 마음 속에 있었던 것 같다.[50]

광주청문회가 한창이던 1988년 『벌레이야기』를 처음 접했으며, 표면적으로는 '유괴범에 대한 용서'의 이야기지만, '1980년 5월 광주 이야기'로

---

49 임영천, 『한국현대문학과 기독교』, 태학사, 1995, p.406.
50 문석, 「이창동 감독, 영화평론가 허문영 대담」, 『씨네21』 602호, 2007.7.2, p.72.

읽었다고 밝히고 있다. 즉 "광주항쟁으로 상처받은 이들이 아직 용서할 상황이 아닌데, 가해자 집단이 먼저 화해를 내세우는 역설적 상황에 대한 작가의 통렬한 비판"[51]으로 읽어낸 것이다.

다음으로 이창동 감독의 『밀양(密陽, Secret sunshine)』을 작품분석하기에 앞서 인터뷰를 통해 창작의도를 소략하고자 한다.

하나, 『벌레이야기』와 『밀양(密陽, Secret sunshine)』도 동일하게 전면에 기독교가 표면적으로 드러내기 때문에 반종교적인 측면이 있다는 사실을 피해갈 수는 없었을 것이다. 그러나 인터뷰에서 밝힌 것처럼 '아이를 잃고 절망에 빠진 한 여인의 인간적 존재감에 대한 고민스런 삶'에 중점을 두고 있다.

예컨대 구원은 '여기'서 찾아야 한다는 것, 현실이 아름답거나 유의미해보여서가 아니가 아무것도 없고 누추하게 느껴지는 가운데 살아가야 할 이유가 있을 거라는 것. 만약 하나님이 있다면 신의 뜻이 거기 있을 거라는 게 내가 하고 싶은 이야기였어요.[52]

나는 종교에 대한 영화가 아닌 인간에 대한 영화를 만들었다. '밀양'을 통해 눈에 보이지 않는 것을 믿는 사람들의 이야기를 하고 싶었다.[53]

51 주진숙, 「한국 현대사회에 대한 성찰적 기획으로서 이창동의 영화들」, 『한국의 영화 감독 7인을 말하다-한국, 이탈리아비평가들의 시선』, 본북스, 2008, pp.15-16.
52 김혜리, 「끈질긴 이야기꾼의 도돌이표 영화감독 이창동」, 『씨네21』, 씨네21, 2007.3.19.
53 홍성록, 「칸영화제, 이창동, 종교 아닌 인간 다룬 영화」, 『연합뉴스』, 2007.5.24.

인간의 기본적인 가치체계와 의미체계를 송두리째 무너뜨리는 아이를 잃은 어미의 트라우마(Trauma)에 대해 이야기하고 있다. 그 '구원'은 '여기'에서 찾아야 한다는 것, 현실이 아름답거나 유의미해보여서가 아니라 아무 것도 없고 누추하게 느껴지는 가운데 살아가야 할 이유'가 있을 거라는 믿음을 미장센(Mise en Scene)으로 실현해내고 있다.

둘, 『밀양(密陽, Secret sunshine)』의 비유적 표현은 이중의 의미를 지닌다. 한편으로는 경상남도 밀양시의 지역을 의미하기도 하지만, 다른 한편으로는 '비밀스런 햇볕'을 의미하기도 한다. 또한 중소도시로서 이 시대의 보통 사람들이 살아가는 삶의 터전인 평범한 도시의 전형성을 지니고 있다.

> 도시의 이름이 중요했어요. '밀양의 밀(密)자는 비밀을 뜻하는 글자지만 원래는 빽빽할 밀 자'이기도 하거든. "햇볕이 참 좋은 곳"이라는 의미일 텐데, 비밀의 햇볕이라고 우리 나름대로 의미화한 것이죠. (중략) 그저 대도시를 복제한 듯 도시화되고 적당히 세속화된 가운데 원래 자기가 지녔던 고요한 그 무엇, 품위라 해도 좋고 아름다움이라도 해도 좋은 것이 숨어버린 곳이죠. 그래서 '왜 살아야 할까?'라는 질문을 떠올리게 해요. 그런데 나는 그 전형적인 도시에 그럼에도 살아야 하는 이유가 숨어 있을 거라고 생각한 거죠. (중략) 영화에서도 '종찬'의 대사 중 이런 말이 나와요. "(여기) 다른 데 하고 똑같아요."[54]

살아야 할 '여기'가 이상향은 아니지만, 유괴사건을 겪은 이후 절망과 고통은 해결되지 않는다. 그러나 적당히 세속적이고 허위적인 종찬이라는 인물은 늘 곁에서 그림자처럼 그녀를 바라보는 '비밀스런 햇빛'이 되어

54 김혜리, 앞의 책, 2007.3.19.

그곳 '여기'에 있었던 것이다. 이는 『벌레이야기』를 『밀양(密陽, Secret sunshine)』으로 매체전환 시, 소설은 "모티브를 제공한 것일 뿐 새로운 감동은 영화의 방식대로 전개"[55]된 것임을 확인시켜주는 부분이다.

끝으로 이청준의 『벌레이야기』와 이창동 감독의 『밀양(密陽, Secret sunshine)』을 비교분석하면서 소략하기로 한다. 하나, 서사구조와 시놉시스(Syn·op·sis)를 소략하고, 둘, 동일한 부분과 변용된 부분을, 셋, 결말을 변용을 통해 상이한 주제를 소략하고자 한다.

하나, 이청준의 『벌레이야기』의 서사구조와 이창동 감독의 『밀양(密陽, Secret sunshine)』의 시놉시스(Syn·op·sis)를 소략하고자 한다. 전자로 이청준[56]의 『벌레이야기』의 서사는 '아내'는 약국을 경영하고 있으며, 내성적

---

55 서영희, 「인터뷰─호암상 수상한 '밀양' 원작자 이청준 "예술장르끼리 서로 부축해야…"」, 『국민일보』, 2007.6.3.

56 이청준(李淸俊, 1939년 8월 9일-2008년 7월 31일)은 1939년 8월 9일 장흥군 대덕면 진목리에서 태어난다. 1944년 세 살 막내를 홍역으로 잃고, 맏형이 폐결핵으로 세상을 떠났으며 1946년에는 부친의 사망으로 연이은 죽음을 경험하게 된다. 1954년 대덕동국민학교 졸업하고 광주의 서중학교에 입학하고, 1957년 광주제일고등학교에 1960년 서울대학교 문리대 독문과에 입학하게 된다. 사회적으로는 4·19와 5·16을 있었으며, 이 시기에 작품으로 『쓰여지지 않은 자서전』과 『조율사』가 있다. 대학교 4학년 1965년에는 『사상계』에 신인문학상에 『퇴원』이 당선된다. 이를 계기로 1966년 졸업과 동시에 사상계에 입사이후 단편 『임부』, 『줄』, 『무서운 토요일』, 『굴레』 등을 발표한다. 이 해 『병신과 머저리』로 제12회 동인문학상을 수상하게 된다. 1969년 단편소설 『매잡이』로 대한민국 문화예술상 신인상을 수상한다. 이 외 『굴레』(1966), 『석화촌』(1968), 『침몰선』(1968)(세대-2월호)이 있다. 1970년대에 들어서면서 매우 활발하게 전개되어 『소문의 벽』(1971), 『조율사』(1972), 『들어보면 아시겠지만』(1972), 『떠도는 말들』(1973), 『이어도』(1974), 『낮은 목소리로』(1974), 『가면의 꿈』(1975), 『자서전들 쓰십시다』(1976), 『서편제』(1976), 『당신들의 천국』(1976), 『예언자』(1977), 『불을 머금은 항아리』(1977), 『남도 사람』(1978), 『잔인한 도시』(1978)로 제2회 이상문학상 수상을 하게 된다. 『춤추는 사제』(1979), 『흐르지 않는 강』(1979), 『살아있

이고 장애를 가진 늦둥이 알암이가 있다. 알암이는 초등학교 4학년이 될 무렵 특별활동으로 주산반에 들어갔고, 흥미를 보이던 아이는 학원에 다니던 중 유괴를 당한다. 아내는 알암이의 무사귀환을 위해 절간에 공양을 하기도 하고, 교회를 찾아가 헌금도 아끼질 않았다. 그러던 중 김집사의 권유로 기독교신앙에 의지해 아이의 귀환을 기원하던 중 실종된 지 두 달 스무날 째가 되던 7월 22일 저녁 무렵 주산학원 주변의 재개발사업 건물철거 작업 중, 지하실바닥에서 시신이 발견된다. 범인은 주산학원원장으로 밝혀지고 '원망과 분노와 복수'의 집념으로 견디다가 '아이를 위한 영혼'을 위해 범인을 '용서' 하겠노라하면서 면회를 간다. 그 후 절망감에 빠지고, 그리고 범인의 사형이 집행되던 날, 유언이 라디오에서 흘러나오고, 이틀 후

는 늪』(1979) 등이 있다. 1971년 『지성』의 창간에 참가하여 이 해 9월 중 단편 총 20편이 수록된 첫 창작집 『별을 보여 드립니다』(일지사)를 출간하였으며, 『발아』(월간문학), 『소문의 벽』(문학과지성), 『등산기』(문학과 지성), 『목포행』(월간중앙), 『문단속 좀 해 주세요』(현대문학), 『미친 사과나무』(한국일보), 『괴상한 버릇』(여성동아) 등을 발표한다. 1976년에는 고향방문을 계기로 『서편제』, 『눈길』 등을 집필하게 된다. 1980년대에는 『낮은데로 임하소서』(1981) 『시간의 문』(1982), 『비화밀교』(1985)로 1986년 대한민국상을 수상하게 된다. 『아리아리 강강』(1988), 그리고 『자유의 문』(1988) 등이 있다. 1990년 『자유의 문』으로 이산문학상을 수상하기도 한다. 이후 2년간 한양대학교 교수를 역임하였다. 『따뜻한 강』(나남), 『섬』(현대문학)을 간행하였다. 『흰옷』(1994), 『날개의 집』(1998), 『떠돌이개 깽깽이』(2001), 『선생님의 밥그릇』(2002), 『숭어도둑』(2003), 『아름다운 흉터』(2004), 『학으로 나는 서편제』(2004), 『머물고 간자리 우리 뒷모습』(2005) 등 여러 편의 소설집이 있다. 2000년대에 들어서 장편소설 『낮은데로 임하소서』(2000)를 출간하고 『이청준 문학전집』(2003)을 발간하였다. 수필집으로는 『작가의 작은 손』(1978)을 비롯해, 희곡 『제3의 신』(1982) 등이 있다. 또한 판소리를 동화로 풀어쓴 『토끼야, 용궁에 벼슬 가자』, 『심청이는 빽이 든든하다』, 『춘향이를 누가 말려』, 『놀부는 선생이 많다』, 『옹고집이 기가막혀』를 포함한 많은 작품들이 있다. 이 외의 수상경력으로는 1994년에는 제2회 대산문학상을 수상하였고, 1998년에는 21세기문학상 수상하고, 2004에는 제36회 대한민국문화예술상과 2007년에는 제1회 제비꽃 서민소설상과 제17회 호암상예술상을 수상하기도 한다. 2006년 여름 폐암 판정을 받고 2008년 7월 31일 향년 68세로 운명을 달리했다. 사후 금관문화훈장이 추서되었다.

에 아내는 약을 마시고 자살한다.

후자로, 이창동 감독[57]의 『밀양(密陽, Secret sunshine)』의 시놉시스(Syn
·op·sis)는 신애는 남편을 교통사고로 잃고, 남편의 고향인 밀양으로 내려와
피아노를 운영하며, 아들 '준'과 생활한다. 남편의 고향임을 강조하며, 정

---

57 이창동(李滄東, 1954-)은 1983년 「전리」가 『동아일보』 신춘문예 중편소설부문에
당선되어 등단하였으며, 그 후 1987년 『운명에 관하여』로 이상문학상 추천우수상을
수상하였으며, 1992년 『녹천에는 똥이 많다』로 한국일보 문학상을 수상한다. 1993년
에 박광수 감독의 『그 섬에 가고 싶다』의 시나리오와 조감독을 맡으면서 영화계에
입문한다.
1996년 『아름다운 청년 전태일』로 백상예술대상 시나리오상을 수상하였으며, 1996
년에는 명계남, 문성근, 여균동 등과 함께 이스트필름을 설립하고, 1997년 『초록물고
기』로 영화감독으로 데뷔한다. 이 작품은 백상예술대상 작품상, 청룡영화제 최우수작
품상을 수상하였으며 밴쿠버영화제에서 용호상을 수상하고 20여 개의 해외영화제에
초청되기도 한다. 1999년 『박하사탕』은 제4회 부산국제영화제의 개막작품으로 첫 소
개되었다. 카를로비바리영화제에서 심사위원 특별상을 수상하며, 청룡영화제에서 최
우수작품상·감독상을 백상예술대상에서 작품상·신인감독상·각본상을 대종상에서
최우수작품상·감독상·각본상을 밴쿠버영화제 용호상 등을 수상하게 된다. 2002년
에는 『오아시스』로 제59회 베네치아국제영화제 감독상을 수상하며, 제39회(2003)
백상예술대상 영화감독상, 제10회(2002) 이천 춘사대상영화제 감독상을 받았다.
2007년 『밀양(密陽, Secret sunshine)』으로 제60회 칸영화제에서 여우주연상을 수상
하게 된다. 제6회(2007) 대한민국 영화대상 최우수작품상과 감독상, 제1회(2007) 아
시아 태평양 스크린 어워드 최우수 작품상, 제10회(2007) 디렉터스 컷 시상식 올해의
감독상, 제2회(2008) 아시아 필름 어워드 최우수작품상과 감독상, 제44회(2008) 백
상예술대상 영화감독상을 받았다. 2010년 『시』로 제63회 칸영화제 각본상을 제47회
대종상영화제 최우수작품상·각본상을 제30회 한국영화평론가협회상·최우수작품상·
각본상을 수상한다. 또한 제8회 대한민국 영화대상 각본상·감독상을 수상하고, 제4회
아시아 태평양 스크린 어워드 감독상을 수상한다. 2011년에는 아시아필름 어워드 각
본상·감독상을 제25회 프리부르 국제영화제 대상·비평가상을, 제47회 백상예술대상
영화부문 감독상을 수상하게 된다.
직접 시나리오작업과 감독에는 『그 섬에 가고 싶다』(1993), 『아름다운 청년 전태일』
(1995), 『초록물고기』(1997), 『박하사탕』(2000), 『오아시스』(2002), 『밀양(密陽, Secret
sunshine)』(2007), 『시』(2010), 『버닝』(2018) 등이 있다. 『두 번째 사랑』(2007), 『여
행자』(2008), 『도희야』(2014) 등을 제작하였다.

착하려고 무던히도 애쓸 무렵, 아들 '준'은 웅변학원장에게 유괴당한 뒤 시신으로 발견된다. 장례를 치르고 생리통 때문에 약국에 찾은 후 김 집사의 권유와 우연히 〈상처받은 영혼을 위한 기도회〉의 현수막을 보고 부흥회를 찾은 뒤 열성적으로 신앙생활을 하게 된다. 더군다나 하느님의 사랑으로 용서하겠다고 면회를 간다. '주님께서 용서해 주셔서 요즘은 행복하게 살고 있다'는 범인의 말에 신애는 충격을 받고, 원망과 분노에 몸서리친다. 그 후 부흥회를 방해하는가 하면, 김 집사의 남편 김 장로를 유혹하기도 하고, 자신을 위한 철야기도장소에 돌을 던지기도 하고, 결국 자살을 시도하지만 미수에 그친다. 그 후 정신병원에서 입원과 퇴원을 거치고, 밀양의 자신의 집. 오래된 한옥의 좁다란 마당 한 구석에 반만 자른 채 남겨뒀던 머리를 스스로 자르려는 순간에 거울을 잡아주는 종찬이 있다. 작은 마당에 가느다랗게 비치는 햇볕과 갈라진 시멘트 바닥에는 물이 고여 있고, 그 옆에는 잡초가 자라고 있다.

둘, 『벌레이야기』와 『밀양(密陽, Secret sunshine)』의 동일한 서사라인과 변별성을 소략하기로 한다. 전자로 동일한 서사라인은 유괴범에게 아들을 잃은 어미의 슬픔과 절망에서 벗어나 종교의 힘에 의해 유괴범을 용서하려고 했으나, 가해자인 유괴범은 사형집행을 앞두고 있었으나, 교도소에서 주님을 만나 모든 죄과를 참회하고 주님의 용서와 사랑 속에 평화를 누리고 있다.

후자로 각각의 변별성은 첫째, 『벌레이야기』의 시간적 구성은 알암이가 실종된 날인 지난해 5월 초부터 아내가 약을 마셔버린 다음해 2월 7일까지, 남편 '나'의 증언의 형식으로 시간의 혼재를 보이고 있다. 반면에 『밀양(密陽, Secret sunshine)』은 신애가 밀양에 도착하는 시점부터 순차적으로 서사가 진행되며, 공간적 배경을 변화시키는 미장센(Mise en Scene)의 통제 혹은 조절을 통해 진행시키고 있다. 둘째, 서술구조와 등장인물로는 『벌레이야기』는 갈등과 사건의 중심에 있는 서술자의 아내의 심리와 행동을 서술하고 관찰하는 남편인 '나'의 서술을 통해 서사가 진행되는 반면에 『밀양(密陽, Secret sunshine)』에는 남편은 교통사고로 사망했으며, 남편의 고향에 내려와 아들 '준'과 함께 피아노 학원을 운영한다. 그 이외 새로 추가된 인물들은 이후에 분석하되 추가된 인물들의 서사적 기능에 주목하기로 한다. 각각의 인물의 변용은 다음과 같다.

작품명	이청준의 『벌레이야기』	이창동 감독의 『밀양(密陽, Secret sunshine)』
인물	아내-알암이(아들)	신애(피아노 학원 운영)-준(아들)
	나(남편)	종찬-그 외 어머니와 친구들
	주산학원장 김도섭	웅변학원 원장 박도섭-딸 정아
	김 집사(이불집)	강 장로(남편) 김 집사(아내)-약국운영
		민기(신애동생)
		신애 시가댁 사람들(시어머니·시누이)
		밀양사람들. 양장점 아줌마
		목사 부흥회 사람들·형사반장·형사1·형사2

셋, 결말을 변화시켜 주제를 굴절시킨다. 『벌레이야기』는 '용서할 권리마저 신에게 박탈당한 절망감에 사로잡힌 아내의 자살'로 끝을 맺는다. 아내가 자살을 함으로 '인간의 권리'가 짓밟힐 때 인간이 무력해지고 하찮은 '벌레'로 전락할 수밖에 없음을 보여주고 있다. 반면 『밀양(密陽, Secret sunshine)』의 신애는 과거의 삶을 뒤로 하고, 새로운 삶의 기대와 희망으로 밀양을 찾지만, '유괴와 아이의 죽음'으로 인해 절망의 공간이 되고 만다. 스스로 목숨을 끊으려 하지만, 그래도 삶으로 지속되리라는 열린 결말로 변화되어 있다.

III

미장센의
분석이론

'미장센(Mise-en-Scene(meez on sen)'으로 발음되며, 두 번째 음절은 비음화 됨)은 프랑스 연극용어로서, '무대 위에 배치한다'는 뜻이었다. 이 말은 "무대라는 주어진 공간 안에서 연극제작에 필요한 모든 시각적 요소를 배치"[58]함을 의미한다. 초기에는 "연극에서 '연출'과 '무대장치'를 혼합한 의미로서, 연출가에 의해 사건을 무대화하기 위해 한 장면에 배치되는 등장인물들과 그 배경까지 아우르는 개념"[59]으로 연극에 한정된 개념이었다. 그러나 현대에는 영화에까지 확장되어 "카메라에 담아내는 화면 구성, 배경 설정, 조명, 의상, 색채, 그리고 등장인물의 행위"[60]까지 포함한 개념으로 사용된다.

미장센(Mise en Scene) 개념규정에 대해 영화이론가들은 동의하고 있지만, 구성요소를 범주화하는 방식은 상이하게 나타난다. 루이스 자네티

---

58 루이스 자네티(Louis Giannetti), 김진해 옮김, 『영화의 이해(Understanding Movies)』, 현암사, 1999, p.58.
59 허만욱, 『문학, 그 영화화의 만남』, 보고사, 2008, pp.178-179.
60 허만욱, 위의 책, pp.178-179.

(Louis Giannetti)는 『영화의 이해(Understanding Movies)』[61]에서 연극이론을 기본으로 요소를 영화로 확장시켜 ① 행동의 무대화, ② 물리적인 세팅과 무대장치, ③ 이 재료들이 프레임화되는 방식, ④ 이들이 촬영되는 방식 등을 제시한다. 앙드레 고드로(Andre Gaudreault)·프랑수아 조스트(Francois Jost)는 『영화서술학(Le Recit Cinematographique)』[62]에서 "장면화의 대상이 되는 요소는 ① 세팅 ② 의상과 분장 ③ 조명 ④ 피사체의 조형과 움직임"으로 본다. 수잔 헤이워드(Edythe Marrenner)는 『영화사전(이론과 비평)』[63]에서 '첫째, 세팅·의상·조명과 둘째, 프레임 내에서의 움직임'으로 규정한다. 허만욱은 『문학, 그 영화화의 만남』[64]에서 '① 시간 ② 공간 ③ 움직임 ④ 선과 구도 ⑤ 의상과 분장 ⑥ 색채와 조명'을 그 구성요소로 보고 있다. 문학과 영상서사연구회[65]는 '① 행동의 무대화 ② 물리적인 세팅과 무대장치 ③ 이 재료들이 프레임화 되는 방식 ④ 이들이 촬영되는 방식'을 말한다.

소설에도 언어적 규칙이 있듯이, 영화에도 영화적 규칙이 있다. 소설의 언어적 규칙은 각각의 단어를 기본으로 그 의미들의 집합인 구절 또는 문장, 다시 그 총체인 문단이 모여 하나의 서사인 이야기를 이루게 된다. 영화의 영화적 규칙은 프레임(Frame)과 쇼트(Shot), 그리고 씬(Scene)이 모여 시퀀스(Sequence)로 구성하게 된다.

---

61 루이스 자네티(Louis Giannetti), 김진해 옮김, 앞의 책, 1999, p.58.
    허만욱, 앞의 책, pp.178-179.

62 앙드레 고드로(Andre Gaudreault)·프랑수아 조스트(Francois Jost), 송지연 옮김, 『영화서술학(Le Recit Cinematographique)』, 동문선, 2001, pp.86-87.

63 수잔 헤이워드(Edythe Marrenner), 이영기 옮김, 『영화사전-이론과 비평』, 한나래, 1997, p.127.

64 허만욱, 위의 책, pp.178-179.

65 문학과 영상서사연구회, 『영화? 영화!-문학의 시각으로 본 영화』, 글누림, 2006.

첫째, 영화의 최소 의미소는 프레임(Frame)이라고 불리는 낱장의 사진이다. 35mm 영화 카메라는 보통 1초에 24장의 정사진, 즉 프레임(Frame)을 연속 촬영하여 연결시켜 보여준다. 이러한 정사진들은 눈의 착시현상에 의하여 마치 움직이는 것처럼 보이게 된다.

둘째, 쇼트(Shot)는 촬영을 시작해서 끝날 때까지의 한 번의 길이로 가장 기본적인 영상의 단위이다. 여러 프레임이 하나의 연속적인 움직임을 만들게 되면 이 시각적 요소로서의 최소 의미단위를 쇼트(Shot)라고 부른다. 즉 카메라가 작동하기 시작해서 멈출 때까지 한 번의 조작으로 기록된 움직임의 지속을 의미하며 이들 쇼트(Shot)가 모여 이야기를 구성하게 된다. 일반적으로 액션영화 경우는 긴박한 사건의 연속을 다루기 때문에 쇼트(Shot)가 매우 짧고, 멜로영화의 경우는 심리묘사와 감정선을 표현하기 위해 쇼트(Shot)의 길이가 긴 편이다.

셋째, 씬(Scene)은 시·공간적 연속성을 갖는 쇼트(Shot)들의 집합체이다. 따라서 주로 장면 전환이 없이 행위의 연속성이 유지되며 장소나 시간에 의해 구분돼 촬영장소가 달라지면, 씬(Scene) 번호가 달라지고, 동일한 장소라 해도 시간이 많이 경과한 경우에는 씬(Scene) 번호가 달라진다. 일반적으로는 같은 시간, 같은 장소에서 하나의 사건이 마무리되는 장면을 씬(Scene)이라고 한다. 보통의 경우 여러 개의 쇼트(Shot)가 모여 하나의 씬(Scene)을 이루지만, 때로는 하나의 쇼트(Shot)가 하나의 씬(Scene)을 이룰 때도 있다.

넷째, 일군의 씬(Scene)들의 집합으로 자기 독립적인 의미단위를 형성하는 단계를 시퀀스(Sequence)라고 부른다.

다섯째, 씬(Scene)이 시간과 장소의 제약을 받는 영화적 단위라면, 시퀀스(Sequence)는 이야기의 단락에 따라 정해지는, 좀 더 큰 단위를 지칭한다. 시퀀스(Sequence)는 씬(Scene)의 집합체로 에피소드(Episode), 즉 사건의 단위이며 보통 장편영화의 경우 크게 10여 개에서 20개 정도의 에피소드(Episode)로 구성되어 있다. 즉 장소·시간·액션의 연속성을 통해 하나의 에피소드(Episode)가 시작되고, 끝나는 독립된 구성단위를 시퀀스(Sequence)라 한다. 전통적으로 페이드 인(Fade in)으로 시작되어 페이드 아웃(Fade out)으로 끝나며 개별 서사의 시작과 끝을 알린다.

1. 프레임

영화의 최소 의미소인 프레임(Frame)은 미장센(Mise-en-Scene)을 구성하는 기본적인 사각형의 시각적 경계로 영화의 '화면 영역'을 규정한다. 화가나 사진작가와는 달리, 영화감독은 "가로 세로의 비율이 언제나 일정한, 동일 크기의 프레임(Frame)에 맞추어 내용물을 배치"[66]해야 한다. 프레임(Frame)은 영상화되는 화면의 틀을 의미할 수도 있고, 영상내의 여러 틀을 의미할 수도 있다. 가령 프레임(Frame) 내부의 문, 또는 창문과 같은 틀이 프레임 안의 또 다른 프레임 역할을 하기도 한다.

---

66   루이스 자네티(Louis Giannetti), 김진해 옮김, 앞의 책, p.59.

1) 프레임의 내부

프레임(Frame) 내부의 구조는 상징적인 의미를 나타낼 수 있다. 프레임 (Frame)의 각 부분(위·아래·가운데·가장자리 등)은 "각각 상징적인 목적성"[67]을 띠기 때문에, 감독은 서사맥락에 따라 의도적으로 피사체를 프레임 내부의 특정 위치에 배치시킨다. 이런 이유로 형식적 특징이 실질적 서사에 관여되는지 알 수 있다. 이는 인물의 특별한 상징성과 또는 각각의 인물과의 관계 또는, 프레임 내부에서의 다른 피사체들과의 관계 등 서사적 필요에 의해 배치된다.

프레임(Frame)의 윗부분은 신적인 존재나 권위적인 인물이나 장엄함을 나타내는 사물을 배치한다. 그러므로 주로 힘·지배·권위·열정, 그리고 신성성·존경을 상징하게 된다. 역으로 윗부분의 피사체에 의해 아래에 있는 피사체들이 통제되는 것처럼 보이기 때문에, 무기력함·나약함·그리고 굴종·굴복 등을 상징하게 된다. 각각의 인물들을 위·아래에 배치할 경우 "위의 인물은 아래 인물에게 위협적인 존재"[68]가 되며, 이들의 상하관계 또는 주종관계로 설정된다.

프레임(Frame)의 중앙은 "가장 강력한 시각적 효과"[69]를 지니기 때문에 중요한 피사체가 배치된다. 그 이유는 일반적으로 "시각적 정보가 화면 중앙에 놓이길 기대"[70]하기 때문이다. 또한 형식적으로 볼 때, "주변의 시각

67   루이스 자네티(Louis Giannetti), 김진해 옮김, 앞의 책, p.62.
68   루이스 자네티(Louis Giannetti), 김진해 옮김, 위의 책, p.62.
69   루이스 자네티(Louis Giannetti), 김진해 옮김, 위의 책, p.62.
70   루이스 자네티(Louis Giannetti), 김진해 옮김, 위의 책, p.62.

적 요소로 주의가 분산되지 않고 그 소재에 집중할 수 있는 가장 객관적인 프레임"[71]이기 때문에 사실주의 감독들이 선호하기도 한다.

프레임(The Frame)의 좌·우는 중앙에 비해 일반적으로 피사체의 중요도가 떨어지기 때문에 피사체의 소외나 고립을 표현하고자 할 때 배치한다. 일반적으로 "왼쪽은 가볍고 밝은 느낌을 주며, 오른쪽은 무겁고 어두운 느낌"[72]을 주는데 그 이유는 보통의 경우 왼쪽에서 오른쪽으로 시선을 옮기는 경향을 있고, 시선의 종착점인 오른쪽으로 귀결되기 때문이다. 때로는 두 인물을 좌·우에 각각 배치할 경우, 대립과 단절을 암시하는 경우가 많다. 또한 프레임(The Frame) 중앙에 위치해 있던 인물이 주변으로 이동하는 경우, 그 인물의 중요도가 감소되었음을 의미한다. 또 "가장자리에 놓인 대상물과 사람은 실제로 프레임을 벗어나려는 듯이 어둠"[73]을 상징되고, "미지의 것, 보이지 않는 것, 두려운 것 등 빛의 결핍"[74]으로 망각·죽음·소멸 등으로 확장될 가능성이 많다.

2) 프레임의 외부

"프레임(Frame) 밖의 공간도 의미를 지니고 있고, 그래서 제5의 공간"[75]이라고도 한다. 닫힌 문 너머와 같이 보이지 않는 세트의 뒷부분이나 카메

---

71 루이스 자네티(Louis Giannetti), 김진해 옮김, 앞의 책, p.62.
72 허만욱, 앞의 책, pp.180-182.
73 루이스 자네티(Louis Giannetti), 김진해 옮김, 위의 책, p.66.
74 루이스 자네티(Louis Giannetti), 김진해 옮김, 위의 책, p.66.
75 스티븐 디 캐츠(Steven D. Katz), 김학순·최병근 옮김, 『영화 연출론: 개념에서 스크린까지의 시각화(Film directing shot by shot: visualizing from concept to screen)』, 시공아트, 2006, pp.186-187.

라 뒤, 혹은 카메라 바로 앞의 공간 등이 여기에 해당한다. 일반적으로 "보이지 않은 부분을 생생한 상상력으로 스스로 채우는 경향"[76]을 갖고 있기 때문에 감독들이 의도적으로 공간을 보여주지 않음으로써, 불안감과 호기심을 자극하기도 한다. 그러나 이전에 프레임(Frame) 앞이나 뒤에 그 공간이 제시되었을 것이고, 관객의 상상과 추론을 거쳐, 구체적인 의미를 가지게 된다. 때로는 중요한 시각적 요소를 완전히 프레임(The Frame) 바깥에 놓는 배치하기도 한다. 프레임 외부에 인물을 배치할 수도 있는데, 이는 "어둠, 신비 혹은 죽음"[77]과 관련된다.

2. 쇼트의 서사

연극이 무대 위의 사람을 있는 그대로 보여준다면, 영화감독은 영화 속의 인물들을 확대 또는 축소하거나 흔들리게 하는 등 그 거리감을 조작하여 보여준다. 모든 매체는 어떤 식으로든 조작이 따르기 마련이지만, 미적 거리(Aesthetic Distance)는 특히 영화매체에서 적절하게 쓸 수 있는 용어이다. 왜냐하면 "소설가나 시인과 달리, 영화감독은 실제로 화면을 통해 물리적인 깊이를 창조"[78]할 수 있기 때문이다. 미적거리(Aesthetic Distance)란 "예술작품이 관람객에게 끼치는 영향의 정도"[79]를 뜻한다. 부연하자면, 가까운 클로즈업(Close-Up)에서 익스트림 롱 쇼트(Extreme Long Shot,

---

76   루이스 자네티(Louis Giannetti), 김진해 옮김, 앞의 책, p.67.
77   루이스 자네티(Louis Giannetti), 김진해 옮김, 위의 책, p.66.
78   스티븐 디 캐츠(Steven D. Katz), 김학순·최병근 옮김, 앞의 책, pp.271-272.
79   스티븐 디 캐츠(Steven D. Katz), 김학순·최병근 옮김, 위의 책, pp.271-272.

E.L.S)에 이르기까지, 피사체와 거리조절을 통해 각각 다른 의미를 부여할 수 있기 때문이다.

루이스 자네티(Louis Giannetti)는 『영화의 이해(Understanding Movies)』[80]에서 영화의 다양한 쇼트(Shot)를 구분하는 데 있어 ① 익스트림 롱 쇼트(Extreme Long Shot), ② 롱 쇼트(Long Shot), ③ 풀 쇼트(Full Shot), ④ 미디엄 쇼트(Medium Shot), ⑤ 클로즈업(Close-Up), ⑥ 익스트림 클로즈업(Extreme Close-Up) 등 여섯 가지의 기본 범주를 제시하고 롱 쇼트(Long Shot)나 익스트림 롱 쇼트(Extreme Long Shot)의 변형으로 ⑦ 딥 포커스 쇼트(Deep-focus Shot)를 제시한다. 스티븐 디 캐츠(Steven D. Katz)는 『영화연출론-개념에서 스크린까지의 시각화(Film directing shot by shot: visualizing from concept to screen)』[81]에서 쇼트의 크기(Shot Size)에 따라 ① 클로즈업(Close-Up) ② 미디엄 쇼트(Medium Shot) ③ 풀 쇼트(Full Shot) 등 세 가지로 분류하고 있다. 황인선·황인규는 『프로영상제작』[82]에서 카메라의 쇼트를 관점(Point of view)에 따라 출연자의 관점에서 피사체를 보여주는 주관적 쇼트(Subjective Shot)와 시청자의 관점에서 피사체를 보는 객관적 쇼트(Objective Shot)로 분류하고 인물을 중심으로 ① 풀 쇼트(Full Shot), ② 풀 피겨(Full figure), ③ 니 쇼트(Knee Shot), ④ 웨이스트 쇼트(Waist Shot), ⑤ 바스트 쇼트(Bust Shot), ⑥ 업 쇼트(Up Shot), ⑦ 클로즈업 쇼트(Close-Up Shot), ⑧ 빅 클로즈업 쇼트(Big Close-Up Shot)로 항목화하고 있다. 박치형은 『ENG & 캠코더』[83]에서 화면의

80   루이스 자네티(Louis Giannetti), 김진해 옮김, 앞의 책, pp.20-22.
81   스티븐 디 캐츠(Steven D. Katz), 김학순·최병근 옮김, 앞의 책, p.133.
82   황인선·황인규, 『프로영상제작』, 미진사, 1998.

크기를 풍경이나 정물의 경우와 인물이 포함된 경우로 나누고 있는데, 일 반적인 풍경이나 정물의 경우 화면의 크기를 ① 롱 쇼트(Long Shot) ② 미 디엄 쇼트(Medium Shot) ③ 업 쇼트(Up Shot)로 나누고 인물을 중심으로 한 화면의 크기를 ① 빅 클로즈업(Big Close-Up Shot), ② 클로즈업 쇼트 (Close-Up Shot), ③ 업 쇼트(Up Shot), ④ 바스트 쇼트(Bust Shot), ⑤ 웨 이스트 쇼트(Waist Shot), ⑥ 니 쇼트(Knee Shot), ⑦ 풀 쇼트(Full Shot), ⑧ 롱 쇼트(Long Shot)로 세분화하고 있다.

각각의 영화이론에 따르면 피사체와 카메라의 거리를 기준으로 분류하 고 있다. 피사체까지의 거리에 대한 기준은 다시 피사체의 종류에 따라 두 가지로 분류된다. 피사체가 인물과 풍경의 경우와 인물만을 대상으로 할 경우에 따라 다르다. 그러나 이들 모두 피사체와의 거리에 따라 파생되는 서사적 효과에 대해서는 암묵적으로 동의하고 있다. 피사체인 인물과 풍경 을 이원화시키면 다소 중첩되고 혼란스러워질 수 있는 여지가 있기 때문에 인물과 풍경을 동시에 피사체로 간주하고, 세부적인 것은 인물만을 피사체 로 간주하고 분류하기로 한다.

1) 피사체가 인물과 풍경일 경우

(1) 익스트림 롱 쇼트

번역하면 '극단적으로 먼 쇼트'로 E.L.S로 약칭된다. 익스트림 롱 쇼트 (Extreme Long Shot)는 넓은 지역을 아주 먼 거리에서 촬영하는 쇼트(Shot) 로, 부감대 위나 건물의 꼭대기, 산정과 같은 높은 곳에서 촬영하거나 항공

---

83 박치형, 『ENG&캠코더』, 커뮤니케이션북스, 2005.

촬영과 결합하기도 하고, 팬(Pens)보다는 극단적인 와이드 앵글의 고정된 쇼트(Shot)가 적합한 파노라마(Panorama) 쇼트이다. 영화의 시퀀스(Sequence) 중에 넓은 범위의 사건이나 공간적 배경을 제시할 경우에 사용한다. 이런 이유에서 구축 쇼트(Establishing Shot) 또는 설정 쇼트(Stablishing Shot)라고 한다. 또한 익스트림 롱 쇼트(Extreme Lone Shot)는 특정한 분위기를 전달하거나 상징적 이미지를 제시하기도 한다. 때로는 고립되어 있는 인물을 표현할 때도 사용된다.

(2) 롱 쇼트

롱 쇼트(Long Shot)는 일반적으로 "연극에서 관객과 무대 사이의 거리"[84]에 해당하는 쇼트로 피사체로부터 카메라가 멀리 떨어지거나 광각렌즈를 사용해서 얻어지는 원경(遠景)을 뜻하며 L.S로 약칭된다. 연기 범위 전체를 잡는 쇼트(Shot)로 상황이 벌어지는 공간적 배경과 시간적 배경, 그리고 분위기와 피사체의 위치 등의 정보를 제공하게 된다. 이 때 인물과 공간과의 관계를 제시되기 때문에 마스터 쇼트(Master Shot)라 일컫는다. 배경의 요소를 최대한 활용함으로써 프레임의 범위를 확대시키고, 각각의 피사체를 비교적 객관적인 시점에서 조망할 수 있다.

무대와 관객 사이에 해당하는 롱 쇼트(Long Shot)의 거리감은 '연극적 분위기'를 강조하는 감독들이 선호한다. 그 이유는 "익스트림 롱 쇼트(Extreme Long Shot)에서 할 수 없는 세부묘사와, 클로즈업(Close-Up)에서 할 수 없는 주위정황에 대한 설명이 가능한 절충 쇼트"[85]이기 때문이다. 이러한

---

84 루이스 자네티(Louis Giannetti), 김진해 옮김, 앞의 책, pp.20-22.
85 허만욱, 앞의 책, p.195.

롱 쇼트(Long Shot)에는 극단적인 편집이나 카메라 앵글(Angle)은 배제되기 때문에 사건을 전체적인 시각에서 객관적으로 전달할 수 있기 때문에 사실주의 계열의 감독들이 선호한다.

[3] 풀 쇼트

풀 쇼트(Full Shot)는 롱 쇼트(Long Shot)의 변형으로, F.S로 약칭된다. "롱 쇼트(Long Shot)의 범주 내에서 피사체에 가장 근접"[86]한 쇼트로 배경보다는 피사체에 집중하며, 인물을 위주로 하는 경우 풀 피겨 쇼트(Full Figure Shot)라고도 한다. 롱 쇼트(Long Shot)의 범주 안에서 피사체에 가장 근접한 쇼트(Shot)로, 피사체가 인물의 경우 인물의 경우 머리와 발, 몸 전체를 담아내는 쇼트(Shot)이다. 이런 이유로 "배우로 하여금 신체언어를 사용하게 한다는 점"[87]이 특징적이다. 또한 인물이 프레임의 전체를 차지하므로, 인물의 파악이 용이하고 동작을 안정적으로 보여주기 때문에 몸 전체의 움직임과 더불어 표정의 섬세한 표현까지 포착이 가능하다. 풀 쇼트(Full Shot)는 춤추는 장면이라든가 전신의 움직임을 표현하고자 할 때 주로 사용되며, 때로는 공간의 분위기라든가 각각의 인물들의 관계를 표현하고자 할 때 사용된다.

[4] 미디엄 쇼트

미디엄 쇼트(Medium Shot)는 롱 쇼트(Long Shot)와 클로즈업(Close-Up)의 중간에 해당하는 쇼트로 M.S로 약칭된다. 사람의 경우 무릎이나 허벅지, 혹은 허리 위에서 얼굴까지를 담아내기 때문에 인물의 움직임이나 표

---

86   허만욱, 앞의 책, p.195.
87   스티븐 디 캐츠(Steven D. Katz), 김학순·최병근 옮김, 앞의 책, p.141.

정변화를 포착하기에 적절하다. 또한 이야기 전달에 적합한 쇼트(Shot)로 대화·좌담회·게임쇼 등에 활용된다. 클로즈업(Close-Up)과 익스트림 클로즈업(Extreme Long Shot, E.L.S)이 사용되기 이전에 미디엄 쇼트(Medium Shot, M.S)는 보편적으로 대화에서 활용되던 쇼트이다. 또는 클로즈업(Close-Up)과 롱 쇼트(Long Shot)를 이어주는 역할을 하기도 한다.

[5] 클로즈업 또는 클로우즈 쇼트

클로즈업(Close-Up)은 접사(接寫)·대사(大寫)라고도 하며, 망원렌즈를 사용하거나 카메라를 피사체에 아주 가깝게 접근시켜 촬영한다. 비교적 작은 피사체의 크기를 확대하여 얼굴이나 작은 사물 등을 화면 가득히 찍는 쇼트이며, 배경을 보여준다 해도 극히 일부만을 보여준다. 클로즈업(Close-Up)은 피사체를 확대함으로써 그 중요성이 강조되고, 거리공간을 없애 관객의 주의를 집중시킨다. 이를 통해 관객으로 하여금 "인물들의 표정이나 제스처에 주목"[88]하게 하여 주관적인 감정을 전달하거나, 때때로 "상징적인 의미"[89]를 갖는다. 때문에 클로즈업(Close-Up)은 '주관적'이고 '감정적'으로 관객에게 직접 호소하는 쇼트(Shot)이다. 단일 쇼트(Shot)로는 사건의 배경이나 맥락을 설명하기 어렵기 때문에, 클로즈업(Close-Up)을 사용하기 전 감독은 또 다른 쇼트(Shot)나 보이스 인 나레이션(Voice in Narration) 등으로 이전 상황에 대해 충분히 설명되어진다.

[6] 익스트림 클로즈업·빅 클로즈업 쇼트

익스트림 클로즈업(Extreme Close-Up, E.C.U) 또는 빅 클로즈업(Big

---

[88] 문학과 영상서사연구회, 앞의 책, p.40.
[89] 루이스 자네티(Louis Giannetti), 김진해 옮김, 앞의 책, pp.20-22.

Close-Up, B.C)이라고 부르며, 클로즈업(Close-Up)의 변형이다. 카메라와 피사체 사이의 거리가 극단적으로 가까워 미세한 특정 피사체나 사람의 얼굴 대신 눈·코·입·귀 등 특정 신체부위를 극단적으로 확대해 촬영하는 쇼트이다. 익스트림 클로즈업 쇼트(Extreme Close-Up)는 클로즈업(Close-Up)과 마찬가지로 감독이 의도적으로 "과학적인 목적 및 극적인 효과"[90]를 위해 활용한다. 특히 눈과 입이 익스트림 클로즈업(Extreme Close-Up, E.C)의 효과를 잘 표현해준다. 가령 눈의 경우 윙크·웃음·분노의 눈빛·응시·눈물·곁눈질·노려보기와, 입의 경우 씰룩거리는 입·굳게 다문 입술 등은 사건의 복선역할을 하기도 한다. 또한 연속적 익스트림 클로즈업(Extreme Close-Up, E.C.U)은 관객을 지속적으로 집중시키기 때문에, 극도의 긴장감을 불러일으킨다.

2] 피사체가 인물일 경우

피사체가 인물일 경우의 구분은 프레임의 하단선(下端線)이 피사체인 인물의 어느 부위에 놓이느냐에 따라 달라진다. 인물을 담는 가장 큰 화면은 머리끝부터 발끝까지의 전신을 담는 풀 쇼트(Full Shot)로 신체와 의상에서 나오는 감정표현에 적합하다. 니 쇼트(Knee Shot, K.S)는 인물의 무릎 위를 찍는 쇼트로 웨이스트 쇼트(Waist Shot)나 바스트 쇼트(Bust Shot, B.S)보다 헤드룸(Head room: 인물머리 위의 공간)이 많다. 웨이스트 쇼트(Waist Shot, W.S)는 인물이 서있는 경우 허리 위를, 앉아 있는 경우 의자 손잡이 부분 위를 찍는 쇼트로 상반신의 움직임을 중심으로 하는 쇼트이다. 가슴 이상의 화면을 바스트 쇼트(Bust Shot, B.S)라고 하고, 모든 인물

---

90   허만욱, 앞의 책, p.197.

촬영의 기본이 되는 쇼트이다. 인물의 미세한 표정·감정 등을 세밀하게 표현 할 수 있다. 버스트 쇼트(Bust Shot)보다 좀 더 접근하여 어깨선 위를 찍은 쇼트를 업 쇼트(Up Shot, U.S)라고 한다.

[1] 인물의 수에 따른 피사체의 분류

피사체를 등장인물의 수로 구분할 때 1인 촬영을 싱글 쇼트(Single Shot), 2인 촬영을 투 쇼트(Two Shot), 3인 촬영을 쓰리 쇼트(Three Shot), 4인 이상을 포 쇼트(Four Shot), 5인 이상을 파이브 쇼트(Five Shot)라고 하며 4-5인 이상의 인물을 한 화면에 담는 장면이 전형적인 그룹 쇼트(Group Shot)이다.

투 쇼트(Two Shot)의 변형으로 오버 더 숄더 쇼트(Over the Shoulder Shot)가 있다. 인물을 나란히 세워놓은 미디엄 쇼트(Medium Shot)의 단조로움을 피하기 위한 방법으로 두 사람을 엇비슷하게 세워 놓고 촬영하는 기법이다. 두 인물이 마주보는 경우와, 두 인물의 시선이 일치하는 경우가 있다. 또한 "카메라를 응시하고 있는 인물의 표정을 통해 두 사람의 관계"[91]가 설정된다.

그 외에 줌(Zoom)쇼트는 카메라는 고정된 상태에서 렌즈만 줌 인(Zoom in)·줌 아웃(Zoom out)을 반복하면서 실행된다. 이는 피사체와 카메라의 거리라기보다는 렌즈의 거리이동에 따른 쇼트라고 볼 수 있다. "줌 인(Zoom in)은 어느 특정 부분을 클로즈업(Close-Up)시킴으로써 집중감과

91 허만욱, 앞의 책, p.196.

긴장감을 유발"[92]시키고, "줌 아웃(Zoom out)은 구도의 일부에서 전체를 보여주고자 할 때, 어떤 상황이나 위치관계를 보여줄 때 사용"[93]한다.

3. 앵글의 서사

영화에서 앵글(The Angle)은 '각도·각 기울기·시선의 각도를 의미하고 피사체를 촬영할 때 유지되는 각도를 의미하며, 문학의 시점과 같은 역할'[94]을 한다. 즉 피사체에 대한 감독의 태도·표현방식·논평이라고 할 수 있으며, 소설에 적용한다면 형용사와 같은 역할이라 할 수 있다. 감독에 의해 선택된 앵글(Angle)은 공간적 배경을 만드는 기본적이면서도 초보적인 역할에서부터, 주제를 표현하는 적극적인 역할까지도 수행한다.

루이스 자네티(Louis Giannetti)는 『영화의 이해(Understanding Movies)』[95]에서 영화의 앵글을 다섯 가지로 분류하는데 ① 버즈 아이 뷰(Bird's-Eye view), ② 하이 앵글(High Angle), ③ 아이 레벨 쇼트,(Eye-level Angle), ④ 로우 앵글(Low Angle), ⑤ 사각 앵글(Oblique Angle)이 바로 그것이다. 쇼트(Shot)의 분류와 마찬가지로 앵글(Angle)의 분류 역시 절대적이지 않다.

92 문학과 영상서사연구회, 앞의 책, p.46.
93 문학과 영상서사연구회, 위의 책, p.46.
94 문학과 영상서사연구회, 위의 책, p.42.
95 루이스 자네티(Louis Giannetti), 김진해 옮김, 앞의 책, pp.22-26.

아이 레벨 앵글(Eye-level Angle·수평각(水平角)·평각(平角))을 기준으로 위로는 부감(俯瞰)앵글로 아래로는 앙각(仰角)앵글로 분류된다. 전자는 버즈 아이 뷰(Bird's eye view)는 극부감(極俯瞰)앵글로, 하이 앵글(High Angle)은 약부감(弱俯瞰)앵글로 분류된다. 후자는 로우 앵글(Low Angle)은 앙각(仰角)앵글로 분류할 수 있다. 그리고 이외에 사각 앵글(Oblique Angle)이 있다. 사실주의적인 경향을 가진 감독들은 극단적인 앵글(Angle)의 사용을 배제하고, 아이 레벨 앵글(Eye-level Angle)을 주로 사용한다. 반면에 표현주의적 경향을 가진 감독들은 극단적인 앵글인 버즈 아이 뷰 앵글(Bird's eye view Angle)·극부감(極俯瞰)을 보편적으로 사용한다.

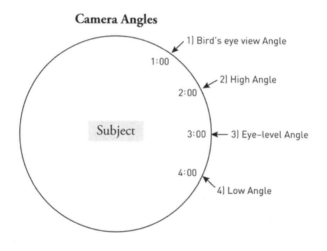

1) 버즈 아이 뷰(극부감·조감)

버즈 아이 뷰(Bird's Eye View·극부감(極俯瞰)·조감(鳥瞰))는 머리 위에서 바로 바라보는 비일상적인 앵글이기 때문에 가장 낯설고 추상적인 앵글이다. 극부감(極俯瞰)은 '구부릴 부(俯)', '굽어볼 감(瞰)'으로 '높은 곳에서 내려다 봄'으로 해석될 수 있으며, 그 굽어보는 정도가 '극진하다'는 것이다. 이를 조감(鳥瞰)이라고도 하는데, '새 조(鳥)', '굽어볼 감(瞰)'으로 '새가 구부려 봄'으로 해석될 수 있다. 카메라는 지배적인 위치에서 피사체인 인물들을 내려다보는 각도 때문에, 그 인물들은 조롱당하는 것처럼 보인다. 역으로 인물이 카메라를 응시하게 되면 마치 신에게 애원하는 것처럼 보인다. 또 "전능한 신과 같이 장면 위를 날며 돌아다니는"[96] 시선이므로 인물의 운명·숙명 등의 주제와 결합된다. 따라서 "인물이 다른 인물들에 의해 포위된 장면이나, 어떤 공간 속에서의 고립, 그리고 살인의 위험"[97] 등을 드러내는 데 효과적이다.

2) 하이 앵글(약부감·부각)

하이 앵글(High Angle·약부감(弱俯瞰)·부각(俯角))은 각도가 버즈 아이 뷰(Bird's eye view)에 비해 다소 완만한 앵글(Angle)이다. 하이 앵글(High Angle)은 피사체를 향해 카메라를 아래로 숙여 촬영하는 앵글로 미학적, 기술적, 심리적인 목적으로 사용된다. 약부감(弱俯瞰)은 '구부릴 부(俯)', '굽어볼 감(瞰)'으로 '높은 곳에서 내려다 봄'으로 해석 될 수 있으며, 그 굽어보는 정도가 약하다는 것이다. 하이 앵글(High Angle)의 카메라는 "크레인에 설치되거나 혹은 높게 튀어 나온 장소에 설치"[98]되는 경우가 많다. 피사체에서 볼 때 하이 앵글(High Angle)은 "사물의 높이를 감소시키고, 동작의 속도를 늦추므로 넓게 찍히고 율동감을 표현하기에 좋지만, 속도감

---

96   루이스 자네티(Louis Giannetti), 김진해 옮김, 앞의 책, p.24.
97   문학과 영상서사연구회, 앞의 책, p.42.
98   루이스 자네티(Louis Giannetti), 김진해 옮김, 위의 책, p.24.

이 잘 전달되지 않고 동작이 상대적으로 작게 보이는 반면 지루함을 나타
내는 데는 효과적"[99]이다. 즉 "피사체의 중요성이 감소되며 위에서 찍힌 인
물은 아무런 해도 끼치지 않을 것 같고 사소하게 보"[100]인다. 따라서 피사
체의 의기소침한 모습·주눅든 모습·무기력함·억눌림·왜소함·나약함·초라
함·보잘 것 없음을 표현할 때 활용된다. 즉 주변 환경에 위축되어 권위를
잃은 모습을 자연스럽게 표현할 수 있으며, 이를 통해 자기비하의 감정까
지도 표현할 수 있다.

3) 아이 레벨 앵글(수평각·평각)

아이 레벨 앵글(Eye-level Angle·수평각(水平角)·평각(平角))은 "카메
라가 사람의 눈높이에서 수평적으로 피사체를 촬영"[101]하는 것을 말한다.
수평각(水平角)은 '각의 두 변이 다 수평면에 있는 각'을 의미한다. 이는
우리가 일상생활에서 늘 사물을 쳐다보는 눈높이기 때문에, 대상에 대한
보편적인 시선과 같은 위치이다. 때문에 실제로 눈앞에서 펼쳐지는 듯한
착각을 불러일으키고, 피사체에 대한 특별한 왜곡이나 조작없이 있는 그대
로 표현되는 앵글(Angle)이기도 하다. 특히 일본의 오즈 야스지로(小津安
二浪, Yasujiro Ozu)의 작품에서 카메라는 "바닥 위 120센티미터 높이에
설치되는데, 이는 실제 관찰자가 앉아서 일본식으로 사건을 보는 높이"[102]
이며, 이를 '다다미쇼트'[103]라 한다.

---

99 허만욱, 앞의 책, p.203.
100 루이스 자네티(Louis Giannetti), 김진해 옮김, 앞의 책, pp.24-25.
101 허만욱, 위의 책, p.204.
102 루이스 자네티(Louis Giannetti), 김진해 옮김, 위의 책, p.25.
103 루이스 자네티(Louis Giannetti), 김진해 옮김, 위의 책, p.25.

카메라의 앵글(Angle)을 극단적으로 사용하지 않았고, 인물들을 있는 그대로 다루며, 단지 중립적인 관찰자의 역할만을 수행하게 된다. 더군다나 감독의 논평이 개입되지 않기 때문에, 관객은 인물들과 사건들에 대해 스스로 판단해야 하기에, 적극적이고 능동적인 해석을 유도하는 앵글(Angle)이기도 하다. 다른 앵글(Angle)들과 달리 감독의 논평이 드러나지 않고, 객관성과 중립성을 부여하기 때문에 사실주의(Realism)적 경향을 가진 감독들이 주로 사용한다.

4) 로우 앵글(앙각)

카메라가 피사체의 아래에서 위를 향하도록 촬영하는 로우 앵글(Low Angle·Frog's eye view·앙각(仰角))이라고 한다. 하이 앵글(High Angle)과는 반대 효과를 낳는데, 기본적으로 피사체가 강조된다. 앙각(仰角)은 '올려볼 앙(仰)', '각도 각(角)'으로 해석할 수 있다. "피사체의 높이는 증대되고, 따라서 수직성을 나타내는 데 유용"[104]하기 때문에, 가령 '하늘'이 프레임(Frame)의 많은 비율을 차지하게 되면 명쾌·명랑·발랄·활발·희망 등의 밝고 전진적인 이미지를 줄 수 있다. 또한 피사체가 높이가 강조되고 확대되면서 더 큰 힘·강함과 권위·웅장함·경외심·존경심이 표현되고, 두려움이나 공포감·흥분 등도 표현된다. 특히 전투장면·폭력장면 등에서 로우 앵글(Low Angle)은 "움직임에 속도와 크기를 배가"[105]되어 혼란·불안 등이 잘 포착된다.

---

104 루이스 자네티(Louis Giannetti), 김진해 옮김, 앞의 책, p.25.
105 허만욱, 앞의 책, p.205.

5) 사각(경사)

사각 앵글(Oblique Angle·경사(傾瀉))은 "카메라를 옆으로 비스듬히 기울이는 것"[106]을 말한다. 'Oblique'은 '(선이) 비스듬히'로 해석할 수 있다. 앵글(Angle) 속 인물은 한쪽으로 넘어갈 듯이 보일 것이며, 심리적으로 불안과 긴장감이 표현된다. 폭력 장면에서는 사각 앵글(Oblique Angle)이 "시각적 불안감을 포착하는 데 효과적"[107]일 수 있다. 또한 비스듬한 각도가 환각적이고 비현실적인 심리를 표현하기 때문에 술 취한 사람의 시점 쇼트(Point-of-view Shot)·액션·비행기 추락사고·폭풍·화재·폭동·조난·지진 등의 혼란스러운 상황에 주로 활용된다.

---

106 루이스 자네티(Louis Giannetti), 김진해 옮김, 앞의 책, p.25.
107 루이스 자네티(Louis Giannetti), 김진해 옮김, 위의 책, p.26.

IV

로우 앵글의 '푸른 하늘'과
'햇볕'의 환상적 공간

이청준의 『벌레이야기』에서 '나'를 통해 실현되고 있는 시간성이, 이창동 감독의 『밀양(密陽, Secret sunshine)』에서는 공간성으로 재편한다. 즉 밀양은 평범한 사람들이 살아가는 일상적인 공간이기도 하지만, 환상과 현실의 이중적 속성을 지니고 있다. 목격자이자 서술자인 남편, '나'를 교통사고로 사망한 것으로 처리하여, '나'의 이야기, 즉 '증언하는 이야기'인 외부 이야기는 생략된다. 남편의 고향인 '밀양(密陽, Secret sunshine)'으로 아들 '준'과 신애는 새로운 삶의 기대하고 내려온다. 감독은 '푸른 하늘'과 '햇볕'을 프레임(Frame)에 반복적으로 노출시켜 공간적 배경을 특수화시킨다.

오프닝(Opening) 「S#1. 도로(외부/낮)」의 "구름이 드문드문 있는 푸른 하늘에서부터 시작한다. 카메라가 눈에 띄지 않게 천천히 물러나면, 누군가의 시점으로 차 안에서 바라보는 하늘"임을 알게 된다. 약간의 로우 앵글(Low Angle·Frog's eye view·앙각(仰角))이다.

S#1. 도로(외부/낮)

화면은 구름이 드문드문 있는 푸른 하늘에서부터 시작한다. 카메라가 눈에 띄지 않게 천천히 물러나면, 누군가의 시점으로 차 안에서 바라보는 하늘임을 알게 된다. 약간 앙각. (중략)

신　애(O.S): 여기가 어딘지 모르겠어요. 아까 밀양 5키로라고 쓰인 표지판을 지나오긴 했는데…

밀양시 외곽의 어느 한적한 국도변. 승용차 한 대가 길가에 멈춰져 있고, 신애(33세)가 차에서 내려 전화를 하고 있다. 통화 내용으로 봐서 차가 고장이 나서 카센타에 전화하고 있는 듯하다. (중략)

신　애: 어디서 왔냐구요? 글쎄요, 어디서 왔나?
　　　[스스로도 우습다는 듯 소리내어 웃는다.] 잘 안 봤어요. 잠깐만요…….

그녀가 팔을 요란하게 흔든다. 달려오던 트럭 한 대가 그녀를 지나치는가 싶더니, 저만치 가서 선다. 달려가는 신애. 트럭기사가 신애의 핸드폰으로 통화하면서 그녀 대신 위치를 설명해주고 있다. 신애는 기사의 심한 경상도 사투리가 재미있다는 표정이다.

기　사: 여, 여가 어데고 카마,
　　　밀양서 다리 건너가 청도로 빠지는 20번 도로로 들어왔고 한 8키로 지점쯤 되겠네예. 차가 비상 깜빡이 키고 있으께 네…… 금방 보입니다. [신애에게 전화기를 건넨다.]
신　애: 감사합니다. [출발하는 트럭을 보며 다시 통화한다] 위치 아셨어요? 빨리 와 주세요…….
　　　[후략][108]

---

108 이창동, 「S#1. 도로(외부/낮)」, 『밀양(각본/각색: 이창동)』, 파인하우스필름, 2007.

하나, '구름이 드문드문 있는 푸른 하늘'은 클로즈업(Close-Up)으로 강한 인상을 주고, 청명하고 그로부터 발생된 '햇빛'은 찬란하기까지 하다. 그런 '푸른 하늘'을 로우 앵글(Low Angle)화 하여, 피사체인 하늘의 "높이는 증대되고, 따라서 수직"[109]적으로 다가와 신성함과 존경의 대상이 된다.

둘, 프레임(Frame)에서 '푸른 하늘'의 '찬란한 햇볕'을 '카메라가 눈에 띄지 않게 천천히 물러나면, 누군가의 시점으로 차 안에서 바라보는 하늘'에게 프레임(Frame)의 전체를 할애한다. 신애의 시점으로 본 '푸른 하늘'은 희망적이고 명쾌함을 준다.

밀양시 외곽 한적한 국도변에 승용차 한 대가 길가에 멈춰져 있고, 차가 고장이 나 카센터에 전화를 한다. 「S#3. 도로(외부/낮)」위 '고장 난 차의 본넷트를 열어놓고 손을 보고 운전석으로 와서 시동을 걸어보지만 시동이 걸리지 않'고 결국 신애의 차는 견인되어 밀양으로 들어오게 된다. 「S#4. 차 안(외부/낮)」에서 청명한 '푸른 하늘'이 밀양의 표지판과 결합하며 시선은 그대로 물러난다. 서사가 진행되는 특수한 공간인 '밀양'을 달리 인(Dolly in)과 롱 쇼트(Long Shot)를 결합하여 객관적으로 제시하고, 그 위에 보이스 인 나레이션(Voice in Narration)과 非디제시스사운드(Non-Diegetic sound)를 덧입혀 그 특성을 확정시켜 주관화를 시도한다.

---

109 루이스 자네티(Louis Giannetti), 김진해 옮김, 『영화의 이해(Understanding Movies)』, 현암사, 1999, p.25.

S#4. 차 안(외부/낮)

신애와 준이 운전을 하는 종찬의 옆자리에 앉아 있다. 종찬이 어딘가에 수다스럽게 전화 통화를 하는 동안, 신애는 곁에 앉은 준에게 손가락 장난을 하고 있다. 뒤 차창으로 견인 되고 있는 신애의 차가 보인다.

종 찬: 헹님, 저 종찬입니다. 어뎅교? ……헹님, 제가예, 밖에 일 나와가 있는데, 여기 손님이, 서울서 오신 여자분인데 밀양에서 집을 구하신다 카네. 가게 달린 집……. 가게는 피아노 학원! 밀양에서 피아노 학원 해보실 생각인 모양인데 헹님이 잘 좀 소개해 주시면 좋겠네예. 예? (소리내어 웃으며) 헤헤이, 와 이랍니꺼. 예. 그라입시더. (전화를 끊고 나서 신애를 돌아보며) 이 양반, 부동산중개소 사장인데 내 말이라 카마 꼼짝 못합니더.

신 애: 아저씨, 밀양이 어떤 곳이예요?

종 찬: 밀양이 어떤 곳이냐고예? 밀양이 어떤 곳이냐? (그 질문이 그를 약간 당황하게 한 것 같다. 마치 밀양이 어떤 곳인지 한번도 생각해보지 않은 듯이.) 뭐라 카겠노…… 경기는 엉망이고예, 그 다음에…… 한나라당 도시고, 그 다음에…… 부산하고 가깝고, 말씨도 부산말씨고. 좀 급하고, 말씨가. 인구는 15만 정도였다가 요새는 한 10만으로 줄었고…….

신 애: (말없이 창밖을 보다가) 아저씨, 밀양이란 이름이 무슨 뜻인지 아세요?

종 찬: 뜻요? (모른다) 우리가 뭐 뜻 보고 삽니꺼? 그냥 사는 거지.

신 애: 한자로 비밀 밀(密), 볕 양(陽). 비밀의 햇볕. 뜻 좋죠?

종 찬: 비밀의 햇볕……. 좋네예. (괜히 킬킬거리며 웃는다.)

그는 말없이 앞을 보며 운전을 계속한다. 그러나 자신의 옆에 앉은 이 낯선 여인이 왠지 흥미를 끄는 눈치다. 그는 고개를 돌려 신애를 한번 돌아보고 싶은 충동을 참고 있다. 마침내 그가 고개를 돌려 신애를 쳐다본다. 그러다가 신애와 눈이 마주치고 말았다.

종 찬: (혼잣말처럼)……오늘 바람 마이 부네.

지저분한 차창 너머 멀리 들판 사이로 저물어가는 햇볕 속의 밀양 시가지가 흔들리며 다가오고 있다. 그 위로 타이틀 〈밀양(Secret Sunshine)〉이 떠오른다. F.O.[110]

하나, 종찬의 차에 동승한 '신애와 준'의 시선에서 '푸른 하늘'과 '찬란한 햇볕' 그리고 '밀양이라는 이정표'를 달리 인(Dolly in)과 롱 쇼트(Long Shot)로 프레임(Frame)으로 수용시킨다. 이를 통해 공간적 배경이 객관적으로 제시하고, 신애와 그녀의 아들 '준', 그리고 종찬이 중심인물이라는 기초적 정보를 제시된다.

둘, 롱 쇼트(Long Shot, L.S)와 달리 아웃(Dolly out)을 결합시켜, 공간적 배경의 객관적 정보를 제시했다면, 두 가지 방법으로 상징화한다. 하나는 밀양이라는 공간적 배경을 특수화시키기 위해 '청명하고 뭉게구름이 있는 푸른 하늘'과 '찬란한 햇볕'의 미장센(Mise en Scene)으로 노출시킨다. 이는 밀양이 희망적이고 명쾌한 공간임을 상징하고, 신애의 새로운 삶에 대한 기대와 설레임의 정서를 동시에 드러낸다. 다른 하나는 보이스 인 나레이션(Voice in Narration)이다. '밀양서 다리 건너 청도로 가는 20번 도로의 8km 지점'의 「S#2. 개울(외부)」에서 신애는 고장난 차를 수리하기 위해 오는 기사를 기다린다. '가을 햇볕이 내리쬐는 주위의 풍경은 별난 것이 없지만, 그런대로 평화로운 공간'에 신애는 '햇볕을 (감탄하듯) 좋'아 한다. 신애와 '준' 그리고 카센터 종찬이 함께 동승한 「S#4. 차 안(외부/낮)」에서 신애의 '밀양은 어떤 곳이에요?'라는 질문에 종찬은 '경제가 안 좋고 한나라당 도시이고 부산이랑 가깝고 인구 많이 줄'고 있다는 사변적이고 객관적 정보만을 제공한다. 그러나 신애는 '한자로 비밀 밀(密), 볕 양(陽) 비밀의 햇볕. 뜻 좋죠?'라고 자의적으로 의미를 부여한다.

---

110 이창동, 「S#4. 차 안(외부/낮)」, 『밀양(각본/각색: 이창동)』, 파인하우스필름, 2007.

셋, 아르헨티나 음악가 '크리스띠안 바쏘(Christian Basso)'가 작곡한 크리오요(Criollo 이방인[111])는 오프닝(Opening)에서 두 가지 기능을 한다. 하나는 물리적 기능으로 밀양으로 진입하고 차츰 페이드 아웃(Fade-Out)되면서 영화의 시작을 알린다. 다른 하나는 "등장인물의 내부 심리 상태를 표현"[112]하는 미키마우징(Mickey Mousing)으로 '가슴 두근거리는 박자의 리듬감'은 밀양에서의 새로운 삶을 설계하는 기대와 설레임의 신애의 정서를 더해주고 있다.

---

111 이창동 감독의 『밀양(密陽, Secret sunshine)』의 아리헨티나 음악가 '크리스띠안 바쏘(Christian Basso)'가 작곡한 크리오요(Criollo)는 오프닝(Opening)과 엔딩(Endding)에 사용되기도 하고, '신애의 벨소리'와 '종찬 테마'로 쓰인다. 이창동 감독은 2001년 부에노스아이레스 국제영화제에 심사위원으로 참석했을 때, 한 스탭에게 음반을 선물받았는데, 바로 여러 장의 음악앨범 활동과 영화 광고 음악 작업을 해온 크리스띠안 바쏘의 솔로 1집인 '프로파니아(Profania)'였다. 『밀양(密陽, Secret sunshine)』을 촬영하며 고민하던 중 그중 한 곡에서 영감을 얻는데 그 곡이 바로 '크리오요(Criollo 이방인)'이다. 크리스띠안 바쏘는 100여 곡의 음악작업 끝에 본인의 오리지널곡과 신곡작업까지 총 3편의 음악으로 『밀양』에 합류했다.
112 이철웅, 『영화와 음악: 영화연출과 제작』, 이정선음악사, 1998, pp.107-108.

에피소드와 인물,
그리고 공간적 배경의 플롯

이청준의 『벌레이야기』에서 알암이는 한쪽 다리에 장애가 있으며, 내성적이지만 성적은 상급에 속하는 정도의 아이이다.

지난해 5월 초. 어느 날 알암이가 학교에서 돌아올 시각이 훨씬 지나도록 귀가를 안 했다. 달포 전에 갓 초등학교 4학년을 올라선 녀석은 학교에서 돌아오는 길로 곧장 다시 동네 상가에 있는 주산학원을 나가야 했다. 우리가 부러 시킨 일이 아니라 녀석이 좋아서 쫓아다니는 곳이었다.[113]

친구를 가까이 사귀거나, 어떤 한 과목에 특별히 취미를 붙여가는 낌새가 전혀 없었다. 특별한 취미는 없었어도 학과목 성적만은 또 전체적으로 고루 상급에 속할 만큼 제 할 일은 제대로 하고 다니는 녀석이었다.[114]

하지만 그 모든 사람들의 노력에도 알암이는 여전히 감감무소식이었다. 1주일이 지나고 2주일이 지나가도 어떤 실마리 하나 잡혀오지 않았다. 제 발로 가출을 해나간 아이라면 그만 지쳐서 돌아올 때가 됐는데도 녀석에게

113 이청준, 『벌레이야기』, 열람원, 2007, p.9.
114 이청준, 위의 책, p.11.

선 끝내 종무소식이었다. 자의로 집을 나간 아이이기가 어려웠다. 배짱이 그만큼 큰 아이도 아니었다. 어떤 식의 유괴나 납치의 가능성이 점점 더 짙어갔다. 주위에 특별히 원한 같을 걸 살만한 사람은 없었다. 하지만 금품 따위를 요구하기 위한 납치엔 원한의 유무가 상관될 리 없었다.[115]

이청준의 『벌레이야기』에서 범행동기로 "약국이 제법 잘되는 편이었고, 그것이 동네에 알려져 있는 것이 표적거리가 될 수"[116] 있음을 제시할 뿐이다. 이에 반해 이창동 감독의 『밀양(密陽, Secret sunshine)』은 '준'의 유괴 사건으로 수렴하기 위해 세 가지 측면에서 플롯(Plot)을 구성하고 있다. 하나, 일련의 다섯 개의 에피소드(Episode)가 점층적으로 반복·확장된다. 둘, 신애는 남편의 외도에도 불구하고, 남편의 고향 '밀양'에 내려와 살아내기 위해, 불편한 진실을 외면하고, 스스로가 만들어 놓은 허위에 갇힌 가장의 인물이다. 셋, 주민들의 이중적 행동을 쇼트(Shot)로 조절하여, 공간적 배경의 특성을 제시한다.

1. 다섯 개의 에피소드의 사건으로 확장

신애와 '준'의 관계를 보여주는 다섯 개의 에피소드(Episode)를 반복하고 확장시켜, '실종과 유괴'라는 사건으로 수렴시킨다. 더불어 공간적 배경인 '밀양'으로 상징되는 '푸른 하늘'과 '햇볕'에 대한 '준'의 정서적 반응을 앵글(Angle)로 표현한다.

---

115 이청준, 앞의 책, p.20.
116 이청준, 위의 책, p.20.

에피소드 하나, 「S#1. 도로(외부/낮)」 신애가 돌아보면, 아이는 그 자리에 그대로 웅크린 자세로 있다가 갑자기 스르르 땅에 드러눕는다.

S#1. 도로(외부/낮)

화면은 구름이 드문드문 있는 푸른 하늘에서부터 시작한다. 카메라가 눈에 띄지 않게 천천히 물러나면, 누군가의 시점으로 차 안에서 바라보는 하늘임을 알게 된다. 약간 앙각.
승용차의 전면 유리창으로 보이는 준의 얼굴. 머리를 예쁘게 염색한 일곱 살 남짓한 남자 아이. 따분해 하고 약간 지쳐 보인다. 그 얼굴 위로 구름이 흩어진 푸른 하늘이 반사되어 있다. 아이는 눈살을 찌푸린 채 약간 화가 난 것처럼 하늘을 쳐다보고 있다. 아까부터 신애의 전화하는 소리 들린다. (중략)

신 애(O.S): [중략] 일곱 살 난 아이의 엄마치고는 아주 앳된 느낌을 주는 얼굴이다. 어떻게 보면 그녀 자신이 고집 세고 철없는 어린아이 같기도 하고, 한편으로는 이미 세상살이의 어려움을 다 터득한 듯한 느낌을 주기도 하는, 묘하게도 이중적인 인상을 가졌다. [중략]

그녀는 자기 차를 향해 걸어간다.

신 애: [차창을 두드리며] 준! 차 안에만 있지 말고 내려서 맑은 공기 좀 쐐!

준은 왠지 심통이 난 것처럼 꼼짝도 않는다. 차문을 열고 아이를 안아 내리는 신애. 아이는 내리기 싫다는 듯 공처럼 몸을 웅크리고 다리를 달랑 들고 있다.

신 애: [장난스럽게 위협한다] 떨어뜨린다…….

아랑곳하지 않는 아이. 그녀는 아이의 심술에 화가 나지만 참는 눈치다.
아이를 그대로 땅 위에 내려놓고 몇 걸음 걷다가 돌아보면, 아이는 여전히 다리를 웅크린 자세로 그 자리에 있다. 길 아래쪽으로 내려가는 척하면서 신애는 아이의 관심을 끌려는 듯 일부러 호들갑스럽게 소리를 지른다.

신 애: 어마! 이게 뭐야?

아이는 들은 척도 않는다. 신애가 돌아보면,
아이는 그 자리에 그대로 웅크린 자세로 있다가 갑자기 스르르 땅에 드러눕는다.
신애가 다가와 아이를 내려다본다.
아이는 죽은 척 눈을 감고 누워 있다.
신애가 쪼그리고 앉아 아이를 간지럽힌다. 반응이 없다.
죽은 척하는 아이의 연기는 완벽하다.
장난스럽게 웃으며 간지럼을 태우던 신애가 갑자기 신경질적으로 소리친다.

신 애: 야! 일어나! 일어나아!

그제야 아이가 몸을 일으키며 엄마를 쳐다본다.

신 애: 이게 뭐야? 옷에 흙 다 묻었잖아!

장난치며 웃는 것이나 갑자기 화를 내는 것이나 약간 도가 지나친 듯이 보인다.
그런데도 아이는 엄마의 그런 모습에 익숙한 것 같다.[117]

하나, 신애와의 분리현상이다. 고장 난 차를 뒤로 하고 카센터 수리기사
를 기다리고 있는 동안 신애는 '준'에게 '맑은 공기 좀 쐬!'라고 한다. 이를
거부하자 신애는 '아이를 안아 내'려 땅위에 내려놓는데 여전히 '웅크린 자
세로 있다가 갑자기 스르르 땅에 드러'눕는다. '죽은 척' 하는 '아이의 연기
는 완벽'하기까지 하다.

둘, 오프닝(Opening)의 밀양은 '푸른 하늘'을 로우 앵글(Low Angle)과
클로즈 업(Close-Up)으로 결합시켜, 희망적이고 명쾌함으로 상징화시킨다.
이에 대한 '준'의 정서적 반응은 하이 앵글(High Angle)과 클로즈 업(Close-
Up)을 활용한다. '청명한 푸른 하늘의 햇볕은 맑게 빛나고 있는 하늘'을
쳐다보고 있는 '준'은 따분해 하고 약간 지쳐 보'이기도 하는데 '눈살을 찌

---

117 이창동, 「S#1. 도로(외부/낮)」, 『밀양(각본/각색: 이창동)』, 파인하우스필름, 2007.

푸린 채 약간 화가 난 것'처럼 보이는 표정을 클로즈 업(Close-Up)함으로써 거부의 정서가 드러난다.

에피소드 둘, 「S#2. 개울(외부/낮)」에서 「S#1. 도로(외부/낮)」의 청명하고 '푸른 하늘'에 발생근거를 두고 있는 '햇볕'으로 구체적 사물로 대체되고 강조된다. 개울가에서 신애는 고장난 차를 수리하기 위해 오는 기사를 기다린다. '가을 햇볕이 내리쬐는 주위의 풍경은 별난 것이 없지만, 그런대로 평화'로운 공간에서 신애는 직접적으로 '햇볕······(감탄하듯) 좋다'라고 언급한다.

S#2. 개울(외부/낮)

도로 아래의 작은 개울가. 신애와 아이가 나란히 앉아 있다. 마치 나들이라도 나온 것 같다. 가을 햇볕이 내리쬐는 주위의 풍경은 별난 것이 없지만, 그런대로 평화롭긴 하다.

신 애: (감탄하듯) 좋다······ 그지?
준 : 뭐가 좋아?
신 애: (잠깐 말이 막히다가)······햇볕.
준 : ······.
신 애: 준, 여긴 아빠 고향이야. 아빠가 늘 밀양에 가서 살고 싶다고 했잖아. 기억나지?
준 : 아빠 없아.
신 애: 아빠가 없어도, 우리가 있잖아.

아빠 생각이 나서인지 아이는 말이 없다. 신애는 갑자기 아이를 와락 끌어안고 아이의 뺨에 자신의 뺨을 갖다 댄다. 아이가 엄마를 뿌리치려하자, 그녀는 더욱 얼굴을 붙이며 장난스럽게 말한다.

신 애: 어, 붙었다! 안 떨어진다······!

그러나 아이는 손으로 엄마의 얼굴을 간단히 밀어내버린다.
도로 쪽에서 빵빵 경적소리가 울린다.[118]

하나, '신애는 갑자기 아이를 와락 끌어안고 아이의 뺨에 자신의 뺨을' 갖다 대고 '어, 붙었다! 안 떨어진다···'라고 하자 '준'은 '손으로 엄마의 얼굴을 간단히 밀어내버'리고 만다. '준'은 엄마인 '신애'로부터 지속적으로 분리되고자 하는 행동이 반복된다.

둘, '청도로 빠지는 20번 도로의 8키로 지점'의 '하늘'이며 도로아래의 작은 개울이지만, 여전히 밀양에 해당된다. '여긴 아빠고향이며, 아빠가 가서 살고 싶어했던 곳'이라 이야기하지만, '준'은 아빠의 부재를 단호하게 이야기한다.

에피소드 셋, 신애가 외출 후 「S#17. 신애 집(내부/낮)」에 돌아와 준이가 대답이 없자, 안방과 아이의 방문을 열고 계속 찾는다.

---

118 이창동, 「S#2. 개울(외부/낮)」, 『밀양(각본/각색: 이창동)』, 파인하우스필름, 2007.

S#17. 신애 집(내부/낮)

신 애: 준! 준! 집에 있니? (안방 문을 열고 들여다본 뒤, 아이의 방문을 열어보며 계속 찾는다.)
준! 어디 있어? (화장실 문도 열어보고, 마루 끝으로 나가 마당 쪽도 둘러본다. 그러나 준은
보이지 않는다. 그녀는 낙심한 얼굴로 마루에 놓인 소파에 앉는다.) 준…… 어디 갔니? 준……

그녀의 얼굴은 금방 울음이라도 터질 것처럼 슬픔이 가득하다. 실제로 흐느끼듯 울음소
리를 내기도 한다. 부엌 쪽에 숨어있던 아이가 고개를 내민다. 발끝을 세워 엄마의 뒤로
살금살금 다가온다. 아이의 손이 엄마의 어깨에 막 닿으려는 순간, 갑자기 그녀가 몸을
돌려 소리친다.

신 애: 잡았다!

제풀에 놀라 괴성을 지르며 달아나는 아이. 신애가 깔깔거리며 아이를 잡으려 따라간다.[119]

'준'이 보이지 않자 안방 문을 열고 아이의 방문을 열어보지만, 찾을 수
가 없다. 신애가 '얼굴은 금방 울음이라도 터질 것'처럼 슬픔이 가득 울음
소리를 내자 부엌에서 고개를 내민다. 장난끼 어린 숨바꼭질이다.

에피소드 넷, 웅변학원에 가지 않으려고 「S#24. 피아노 학원 앞(외부/
아침)」에서 도망가는 '준'을 쫓아간다.

119 이창동, 「S#17. 신애집(내부/낮)」, 『밀양(각본/각색: 이창동)』, 파인하우스필름, 2007.

S#24. 피아노 학원 앞(외부/아침)

햇빛이 따뜻한 아침, 웅변학원 봉고차가 피아노 학원 앞에 서 있다. 신애가 준의 손을
잡고 봉고차에 태우려 하는 순간, 준이 달아난다.

신　애: 이리 안 와? 준!

신애, 준이를 쫓아가서 마침내 팔을 잡아 끌고 온다. 손으로 엉덩이를 한 대 때린다. 아
이의 눈에 눈물자국이 있다. 봉고차 안으로 준이를 밀어 넣고 운전석 창으로 내다보는
박도섭에게 다가오는 신애.

신　애: 오늘 발표회 때문에 겁이 나서 저래요.
박도섭: 그래도 잘 할 낍니더, 걱정마이소.
신　애: 저도 이따 갈게요.

신애는 출발하는 봉고차를 향해 손을 흔든다.[120]

　웅변학원에 가지 않으려고 하는 '준'의 팔을 잡아끌고 '손으로 엉덩이를
한 대 때리며 봉고차 안으로 밀어 넣'는다. 이는 「S#26. 웅변학원(내부/낮)」
에서 '준'의 행동으로 연결된다. 웅변의 마무리가 생각이 안 나자, '슬쩍 원
장의 눈치'를 보고, '손 올리고, 오른손!' 하는 코치에 따라 그런대로 웅변
은 성공적으로 마치게 되지만, 다른 시각에서 본다면 '준'에게 원장은 두려

120　이창동, 「S#24. 피아노 학원 앞(외부/아침)」, 『밀양(각본/각색: 이창동)』, 파인하우스
　　필름, 2007.

움과 위압감이 존재이기도 한 것이다.

　에피소드 다섯, 「S#6. 웅변학원(내부/낮)」에서 '영재웅변학원 발표회'가
있다.

S#26. 웅변학원(내부/낮)

긴장된 표정으로 단상에 서 있는 준.
뒤에 '영재웅변학원 발표회'라는 글씨가 붙어 있다.
준이 고개를 숙여 인사하면 박수소리 들린다.

　준 : 제목, 부모님 은혜!
박도섭(O.S): 제목은 말 안해도 돼!
사람들이 웃는다. 학부형들 사이에서 긴장된 표정으로 아들을 쳐다보고 있는 신애.

　준 : [웅변을 시작한다.] 어머니 고맙습니다. 훌륭한 사람이 되라고 언제나 보살펴 주시고 아껴주시
　　　는 부모님 크신 은혜 한없이 감사하고 고맙습니다. 열심히 공부하고 착하게 자라서 이 나라의
　　　훌륭한 사람이 되겠다고 이 어린이는……

아이는 슬쩍 박도섭의 눈치를 본다. 박도섭이 입 모양으로만 '손 올리고, 오른손!' 한다.
아이가 손을 올리며 외친다.

　준 : 힘주어 외칩니다!
박수 소리가 들린다. 신애의 박수소리가 유독 크다. 그녀는 손가락을 입에 넣고 휘파람
을 불며 마치 야구장에서 응원하듯 환호한다. 다른 엄마들이 쳐다본다.[121]

하나, '준'이 엄마인 신애에게 마지막 인사라도 하듯 '부모님의 은혜'라
는 웅변내용을 듣고 매우 기뻐하는 신애를 바스트 쇼트(Bust Shot)으로 처
리한다. 바스트 쇼트(Bust Shot, B.S)는 인물을 가슴 위로 묘사하는 안정
적인 모습을 포착하기에 적절한 쇼트(Shot)로 체스트 쇼트(Chest shot)라
고도 한다.

둘, 신애가 입고 있는 의상에서 '파란색'이 돋보인다. 오프닝(Opening)
「S#1. 도로(외부/낮)」와 「S#4. 차 안(외부/낮)」의 로우 앵글(Low Angle)
화 된 '파란 그리고 청명한 뭉게구름이 피어오르던 하늘'의 그 청명함과 닮
아 있다. 이는 신애가 밀양에서 기대했던 희망적인 삶이 실현되고 있음을
표현하기 위함이다.

일련의 다섯 개의 에피소드(Episode)는 일관성 있게 전체적 내러티브
(Narrative)인 '실종과 유괴'라는 사건으로 수렴되도록 준비하고 있다. 서
사를 거슬러 소급해보면 감독의 의도된 설정을 발견하게 된다. 40대 중
반의 주인부부와 두 남자아이가 있는 사치스럽게 꾸며놓은 「S#29. 아파
트(내부/낮)」에서 신애의 피아노곡 디제시스적 사운드(Diegetic sound)인
『Etudes de Concert No. 3 Un Sospiro - Franz von Liszt(3개의 연주회용
연습곡 중 3번, '탄식'-리스트)』이다. 이는 두 측면에서 서사적 효과를 얻어
낼 수 있으며, 하나, 인물의 내면심리를 대신해주는 라이트모티브(Leitmotiv)
기법이며, 둘, 사건·플롯 암시와 복선의 제시의 기능이다.

---

121 이창동 「S#26. 웅변학원(내부/낮)」, 『밀양(각본/각색: 이창동)』, 파인하우스필름, 2007.

S#29. 아파트(내부/낮)

피아노 연주를 하고 있는 신애. 어느 아파트 거실. 꽤 넓은 평수에 제법 사치스럽게 꾸며놓은 집이다. 40대 중반의 주인부부와 두 남자아이(열 살, 일곱 살 정도), 그리고 종찬이 소파에 앉아서 신애가 연주하는 모습을 보고 있다.
신애는 리스트의 〈탄식(Un Sospiro)〉를 치고 있다. 아마도 어색한 상황에서 갑작스럽게 연주를 하게 된 모양이다. 악보도 없이 나름대로 열심히 치려고 애를 쓰지만, 잘 안 된다. 점점 힘들어 하는 표정. 결국 연주를 멈추고 만다.

신　애: 죄송해요. 너무 오랜 만에 치는 거라……

주인 부부가 박수를 치고 종찬도 박수를 친다. 아이들도 따라 박수를 친다. 신애의 표정은 어색하게 굳어 있다.[122]

하나, 라이트모티브(Leitmotiv)로 "인물의 내면심리를 표현하는 보다 내면적이고 복합적인 기능"[123]이다. 『Etudes de Concert No. 3 Un Sospiro -Franz von Liszt(3개의 연주회용 연습곡 중 3번, '탄식'-리스트)』는 신애가 남편 없이 아들과 밀양에 내려와 부단히도 애를 쓰지만, 늘 언제나 이방인으로써의 홀로 선 자신의 삶에 대한 애처로움과 남편의 외도에 따른 쓸쓸함의 탄식을 표현해주고 있다.

122　이창동, 「S#29. 아파트(내부/낮)」, 『밀양(각본/각색: 이창동)』, 파인하우스필름, 2007.
123　고희은, 「영화 속 현대음악의 역할 가능성 연구」, 중앙대학교 예술대학원 예술경영학과 예술학전공, 2003, pp.15-17.

둘, 사운드는 "앞으로 일어날 사건의 전조로서 암시의 기능을 수행"[124]하고 있다. 신애가 '악보도 없이 나름대로 열심히 치려고 애를 쓰지만, 잘 안 된다. 점점 힘들어 하는 표정. 결국 연주를 멈추'고 마는 설정은 밀양에서의 새로운 삶이 순탄치 않을 것임을 암시적으로 표현해주는 동시에 불안정한 신애의 삶을 예고한다.

이 외에 감독의 의도된 설정을 또 발견할 수 있다. '밀양시 외곽의 어느 한적한 국도변. 「S#1. 도로(외부/낮)」에서 승용차 한 대가 길가에 멈춰져 있고, 신애(33세)가 차에서 내려 전화를 하'고 고장난 차를 수리하지만 결국 '시동이 걸리지 않'는 설정은 새로운 삶에 대한 기대가 어긋날 수 있음을 예고하는 장치가 된다.

2. '척'으로 가장하는 인물

신애는 남편이 교통사고로 사망한 후 아들 '준'과 남편의 고향인 밀양에 내려와 피아노 학원을 개원한다. 신애는 밀양에서 새로운 삶을 구축하기 위해 스스로를 가장하는 방식으로 일관하는데, 그 행동방식은 초보적인 수준에서 출발하지만, 그 범위가 넓어지고 견고해진다.

밀양에 내려오는 날 신애의 고장난 차 수리 때문에 처음 대면한 종찬은 「S#11. 피아노 학원(내부/낮)」에 신애가 '모 피아노 연주 경연대회에서 최

---

124 고희은, 위의 논문, p.13.

우수상'을 수상했다는 액자를 들고 온다.

S#11. 피아노 학원(내부/낮)

전화를 끊더니, 주머니에서 작은 망치와 못을 꺼내 벽에 못질을 시작한다. 그제야 애가
자리에서 일어나 다가온다. 액자에는 이신애의 이름으로 된 상장이 들어있다. 모 피아노
연주 경연대회에서 최우수상을 수상했다는 내용이다.

신 애: [기가 막힌다는 표정으로 종찬을 쳐다보며] 이거 뭐예요?
종 찬: 상장 아입니꺼. 근사하지예?
신 애: 나 이런 거 받은 적 없어요. 가짜를 왜 걸어놔요?
종 찬: 여 촌 아입니꺼. 이런 거 하나 있으면 우선 대접이 달라져예. 두고 보이소.
　　　인자 소문이 짝 나가 애들이 마이 올낍니더.
신 애: 그런다고 가짜를 걸어놔요? 그리고, 애들이 많이 오든지 말든지 김사장님이 신경 쓰실 일
　　　아니잖아요. 제 일은 제가 알아서 할 건데……그렇죠?
종 찬: [말이 막히자, 좀 머쓱하게 웃으며 짐짓 피아노를 치고 있는 아이에게] 영미야!
　　　피아노 재밌재? 선생님 잘 가르치시재?
　　　[어색함을 숨기며 문 쪽으로 걸어간다.]……그라마 수고하이소.
신 애: 사장님! [돌아보는 종찬에게 화를 내서 미안하다는 듯 미소 짓는다.]
　　　신경 써 주셔서 고마워요.
종 찬: [그 한 마디에 기분이 좋아진 것을 숨기지 못하고]
　　　에이……, 신경은요. 서로 돕는 기지예. 상부상조! 그지예?
피아노 학원을 나가는 그의 걸음걸이가 경쾌해 보인다.[125]

---

125 이창동, 「S#11. 피아노 학원(내부/낮)」, 『밀양(각본/각색: 이창동)』, 파인하우스필름,
　　　2007.

신애의 '가짜를 왜 걸어놓느냐'라는 반문에도 불구하고, 종찬은 아랑곳하지 않는다. 신애는 종찬의 행동이 마음에 들지 않지만, 종찬이 걸어준 '거짓상장'을 버리지 않고 학원에 여전히 걸어놓는다. 종찬의 말대로 '여촌 아입니꺼. 이런 거 하나 있으면 우선 대접이 달라져예. 두고 보이소.' '인자 소문이 쫙 나가 애들이 마이' 오리라는 예측과 기대에 신애 또한 암묵적으로 동의하고 있다는 것이 된다. 종찬이 만들어 놓은 거짓상장을 걸어놓은 채 피아노 학원을 운영하고, 그런대로 학원이 유지가 되며 신애의 '가식적 행동'의 첫 출발이 된다.

그 이후 웅변학원을 운영하고 있는 박도섭의 「S#14. 차 안(외부/낮)」에서의 신애는 자신을 가장하는 모습에서는 어색함도 사라진다. 신애는 새로운 공간에 적응하기 위해 스스로 '척'하는 모습으로 끊임없이 스스로를 가장하기 시작한다.

S#14. 차 안(외부/낮)

박도섭: 피아노 학원은 서울이 더 잘 될 낀데요?
신 애: 저 피아노 학원 하러 여기까지 온 거 아니에요. 그냥 밀양이 좋아서 살러온 거예요.
　　　　애 아빠 고향이기도 하고요.

박도섭: (백미러로 신애를 보며) 그런데 준이가 아빠 안 계신다 카던데,
　　　　이런 거 물어봐도 될란지 모르겠는데……
신　애: (아무렇지도 않은 듯이) 어쩌다 세상 떠났냐고요? 교통사고였어요.
박도섭: 아, 예…….
신　애: 얘 아빠가 평소에 늘 밀양에 내려와 살고 싶다고 노래를 불렀었거든요.
　　　　애는 땅에 흙 밟으며 커야 한대요.
박도섭: 예! 그 말은 맞심더!
신　애: 그래서…… 그냥 내려왔어요. 얘 아빠 꿈이었으니까. 그 사람 있었으면 아마 평생 못 내려왔을
　　　　거예요. 말이 그렇지, 직장도 있고……. (웃으며) 여자가 더 용감하잖아요?
박도섭: 맞심더!
신　애: 좋은 땅이 있으면 집 짓고 살 거예요. 그래서 요즘 땅 보러 다녀요.
　　　　원장님도 좋은 땅 혹시 아시면 소개 좀 해주세요.
박도섭: 좋은 땅이요? 한번 알아보지요…… 잠깐만요!¹²⁶

'피아노 학원 하러 여기까지 온 거 아니'라 '애 아빠 고향이기도' 한 밀양
이 '그냥 … 좋아서 살러온' 곳이다. '교통사고'로 사망한 '애 아빠 꿈'인 '밀
양에 내려와 살고 싶'다는 것이다. 피아노 학원을 개원하고 밀양의 「S#7.
양장점(내부/낮)」에 개업인사를 하러 로망스 양장점 주인과 '애 아빠 고향
이 밀양'이라는 점을 강조하고, 그녀의 가장은 더욱 강화된다. 교통사고로
잃은 남편의 부재를 마치 남편의 고향에서 위안을 찾고자 하는 것처럼 보
인다. 「S#11. 피아노 학원(내부/낮)」에서 걸어놓은 '가짜 상장'이 상징이
라도 하듯, '촌'이라 '대접이 달라'진다는 종찬이의 예고처럼 신애는 '좋은
땅이 있으면 집 짓고 살 거예요. 그래서 요즘 땅 보러 다녀요. 원장님도
좋은 땅 혹시 아시면 소개'시켜 달라는 등 자기과시를 한다. 남편의 고향에
내려온 이유를 때로는 강조하고 때로는 가장하고 있다.

화려한 수사들로 쌓아올린 신애의 가식과 위선의 허위의식들이 「S#20.

---

126 이창동, 「S#14. 차 안(외부/낮)」, 『밀양(각본/각색: 이창동)』, 파인하우스필름, 2007.

피아노 학원(내부/저녁)」으로 신애를 찾아 온 동생 민기에 의해 전복되고
그 실체가 드러난다.

S#20. 피아노 학원(내부/저녁)

벽에 걸린 크고 작은 사진 액자들. 주로 신애가 남편과 찍은 사진들이 들어있다. 연애
시절부터 준이와 함께 찍은 사진들까지 다양하다. 벽에 걸린 사진들을 보고 있는 민기.
오누이가 모처럼 함께 술을 마시던 모양으로 학원 안쪽에 단출한 술상이 마련되어 있다.
신애는 벌써 좀 취한 것 같다.

민 기: (상장을 쳐다보며) 이거 뭐야? 최우수상……. 누나 전에 이런 것도 받았었어?
신 애: (당황함을 감추며) 나 피아노 잘 쳤어. 준이 아빠하고 일찍 결혼만 안 했어도 피아노 계속
　　　했을 거야.
민 기: 어이구, 그러니까 누가 일찍 결혼하래?
신 애: 아버진 어떠시니?
민 기: 난리 났지. 야반도주 하듯이 아무도 모르게 냈잖아? 앞으로 평생 아무도 안 만나고 살 작정이었어?
신 애: (웃으며 동생을 쳐다본다.) 그럴라 그랬는데 왜 찾아왔어?

소파 위에 누워 있는 준이는 소리 내어 코를 골고 있다.

민 기: (아이를 돌아보며) 무슨 애가 코를 골고 자?
신 애: 자는 거 아냐. (준에게)하지 마, 준! 엄마가 그러지 말랬지!

준, 코 고는 소리를 그친다.

신 애: 준. 이제 들어가서 자, 늦었어. 외삼춘한테 인사하고.

아이, 민기에게 꾸벅 인사하고 방으로 들어간다.

신 애: (아이의 뒷모습을 보며) 아빠 흉내 내는 거야. 지 아빠가 전에 잘 때 코를 잘 골았거든.

드르렁드르렁…… 지금도 아빠 생각나면 저렇게 코 고는 소리를 낸다.
문득 그녀의 두 눈에 눈물이 주르르 흐른다.

신　애: 나도…… 그 인간 보고 싶어.
민　기: (잠시 말없이 앉아 있다가) 나 솔직히 누나 이해 못하겠어. 매형이 왜 그렇게 보고 싶어?
　　　 그리고, 매형 고향이라고 여기 밀양까지 내려와 사는 건 또 뭐야?
　　　 매형……, 누나 배신하고 딴 여자랑 바람났었잖아.

신애가 눈물이 흐르는 채로 소리 내어 웃으며 동생을 쳐다본다.

신　애: 아냐, 임마. 그거 다 사람들이 잘못 안 거야. 준이아빠는…… 우리 준이랑 나만 사랑했어.
　　　 그런 사람 아니야.
민　기: 아니긴 뭐가 아냐? 제발 인정할 건 좀 인정해라.
신　애: 너 가! 그런 소리 하려면 지금 당장 서울 올라가!
민　기: 지금 어떻게 가? 차 없어.

두 사람 사이에 잠깐 침묵이 흐른다.

신　애: 난 서울이 싫어. 여기가 좋아. 여기가 왜 좋은지 아니? 날 아는 사람이 아무도 없거든.
　　　 나 여기서 새로 시작할 거야.

민기는 말없이 그녀를 보고 있다.[127]

　　하나, 신애의 집에는 여전히 '남편과 찍은 사진'들이 벽에 걸려있다. 신애는 부모의 반대를 무릅쓰고 피아니스트라는 자신의 꿈을 접고, 어린나이에 남편을 만나 사랑을 하고 '야반도주하듯' 결혼을 하게 된다. 그 만큼 신애에게 있어서는 자신의 꿈을 접을 만큼 사랑했던 사람이다. 지금까지도 '아빠 생각이 나면 코 고는 소리'를 내는 '준'을 보며 남편에 대한 기억이라도 나듯 '눈물까지 주르륵 주르륵 흘'린다. 그러나 동생 민기는 조심스럽게 '(잠시 말없이 앉아 있다가) 매형이 왜 그렇게 보고 싶어? 그리고, 매형 고향이라고 여기 밀양까지 내려와 사는 건 또 뭐야? 매형……, 누나 배신하고 딴 여자랑 바람'나지 않았느냐 반문하며 굳이 그런 매형 고향에 내려온

127　이창동, 「S#20. 피아노 학원(내부/저녁)」, 『밀양(각본/각색: 이창동)』, 파인하우스필름,
　　2007.

이유를 이해 못한다. 신애는 눈물이 흐르는 채로 소리 내어 웃으며 '아냐, 엄마. 그거 다 사람들이 잘못 안 거야. 준이아빠는…… 우리 준이랑 나만 사랑했어. 그런 사람 아니'라고 억지를 부리며 완강히 부정한다. 그녀는 자신이 만들어 놓은 허위를 붙들며 살아가고 있는 것이다. 그러나 곧이어 "난 서울이 싫어. 여기가 좋아. 여기가 왜 좋은지 아니? 날 아는 사람이 아무도 없거든. 나 여기서 새로 시작할 거야"라며 자신의 다짐을 직접적으로 드러낸다. 신애의 행동은 양가적이면서도 모순적이다. 표면적으로는 남편의 외도를 완강히 부정하고, '남편이 자신과 아들 준이만을 사랑'했노라 한다. 하지만, 내면적으로는 불편한 진실을 외면하고 회피하고자 스스로가 만든 허위로 자신에게 최면을 건다. 사실상 신애의 이 가장에는 이 세상에 홀로 남겨 누구도 의지할 수 없는 그녀만의 간절함이 배어있다.

둘, 신애의 동생 '민기'는 영화에서 새로 창조된 인물로 그녀의 과거와 허위의식을 집약적으로 제시해주는 새로운 정보자의 역할을 한다. 신애의 과거를 요약적으로 제시해 주는 한편, 그 과거가 얼마나 참혹한 극한 상황이었는지를 제시함으로써 신애의 처해있는 상황의 절박함을 드러낸다.

밀양의 교외에 있는 「S#22. 옻닭집(내부/낮)」에서 신사장과 동생 민기와 종찬과 그리고 식사를 한다. 그리고 회장이라고 하는 사람에게 전화를 건다. 종찬은 '서울서 손님이 와가…… 젊은 분인데예, 중국 쪽에 사업도 하시고, 밀양에 부동산에도 관심이 많은 신애를 소개해' 준다 한다. 종찬이 이렇게 이야기를 하자 동생 민기 '약간 어이없다는 눈으로 종찬을 보'고 신애는 동생에게 '아무 말도 말라는 듯이 동생의 옆구리를 쿡 찌'른다. 신애의 '척'하는 허위의식은 더욱더 견고해지고 그 범위가 확장된다.

유괴전화를 받고 '준'의 실종사건을 접수하러 간 「S#44. 경찰서 수사과 (내부/낮)」의 직원에게 신사장은 '저 여자 분이 땅 보러 다니는 거 아는 사람이 한 둘이 아이라. 소문 다 났어. 좋은 땅 사가 집 짓고 살고 부동산 투자도 관심이 많다고…… 자기 입으로 말하고 다녔는데, 뭐.' 피해자가 '돈도 얼마 없었다'라며 신애의 허위의식을 다시 한번 전복시킨다. 엄마인 신애가 살아내기 위해 실제 '돈이 얼마 없었'음에도 불구하고 남편의 고향에서 좋은 땅을 구입해 집 짓고 살겠다고, 또 부동산 투자에도 관심이 많다고 했던 '척' 하는 허위를 아들 '준'의 유괴의 원인으로 설정된다. 이러한 설정을 통해 얻는 서사적 효과는 비극 위에 더 극한 상황으로 신애를 몰아넣기 위한 또 다른 설정이다.

3. 핸드 헬드의 불안과 풀 쇼트의 공간적 배경의 이율배반성

신애가 남편의 고향인 밀양에 내려와 새로운 삶을 설계하지만, 결국 이상적 공간이 아닌 냉담한 현실적 공간임을 핸드 헬드(Handheld)와 풀 쇼트(Full shot)로 제시되고, 그리고 디제시스적 사운드(Diegetic Sound)로 강화시키고 있다.

1) 핸드 헬드의 불안과 풀 쇼트의 이방인

오프닝(Opening). 밀양으로 진입하는 「S#4. 차 안(외부/낮)」이 페이드 아웃(Fade-out)되면서, '크리스띠안 바쏘(Christian Basso)'가 작곡한 크리오요(Criollo 이방인)이 덧입혀진다. 이후 페이드-인(Fade-In)되면서 「S#5. 양장점(내부/낮)」으로 전환된다.

S#7. 양장점(내부/낮)

어느 양장점에 들어서는 신애와 준.

신 애: 안녕하세요? 요 옆 〈준피아노 학원〉에서 개업인사 왔어요.
양장점여자: (떡을 받으며) 서울서 오셨다고예?
신 애: 벌써 아시네요.
양장점여자: 손바닥만한 동네 아입니꺼, 여가.
 (그녀의 시선은 무심한 듯 하면서도 신애를 유심히 관찰한다.)
신 애: 예……(뭔가 어색해서 묻지도 않은 말을 한다.) 애 아빠 고향이 밀양이에요. (생략)[128]

　하나, 밀양에서의 신애의 첫 모습, 즉 개업인사를 다니는 신애의 뒷모습을 지속적인 핸드 헬드(Hand held)로 포착한다. 신애의 시점쇼트(Point of view shot)로 남편의 고향이지만 신애에게는 타향인 이 곳에서 개업인사를 다니는 뒷모습은, 낯선 곳에서 두려움과 긴장으로 혼합된 설레임을 고스란히 드러낸다.

　둘, 非디제시스적 사운드(Non-Diegetic Sound)인 '크리스띠안 바쏘(Christian Basso)'의 '크리오요(Criollo 이방인)'는 시간적 틈을 메꾸어주는 기술적 기능으로 "'시간적 압축'의 기능"[129]으로 활용된다. 어느덧 시간

---

128 이창동, 「S#7. 양장점(내부/낮)」, 『밀양(각본/각색: 이창동)』, 파인하우스필름, 2007.

이 흐른 뒤 신애가 밀양에서 집을 구하고 피아노 학원을 오픈하고, 시내를 돌며 개원 인사떡을 돌리고 있다.

셋, 신애는 무던히도 밀양에 그리고 그 사람들에 편입되기를 노력한다. 피아노 학원 개원 인사를 하러 갔던 양장점에서도, 신애는 마을 사람들과 자신의 격차를 실감한다. 양장점 여자는 초면임에도 불구하고 이미 신애가 '서울'에서 온 사실을 이미 알고 있다. '손바닥만 한 동네'에서 그들은 단단한 공동체적 연대감을 형성하고 있었으며, 이방인인 신애를 무심하게 혹은 유심하게 살펴본다. 신애는 그곳에 정착하기 위해 '(뭔가 어색해서 묻지도 않은 말을 한다) 애 아빠 고향이 밀양'이라는 점을 강조도 해보고, 인테리어에 대한 충고도 해보았지만, 겉으로는 친절한 양장점 여자는 외지에서 온 신애를 경계하고 방어적인 입장을 고수하고 있다.

부단한 노력에도 불구하고 신애는 여전히 밀양의 공동체에 편입되지 못한다. 「S#25. 미용실(내부/낮)」에 신애가 거울 앞에 앉아 머리를 자르고 있고, 또 다른 거울 속에는 양장점 여인과 친구들이 머리를 하기 위해 대기하고 있다. 미용실을 한 프레임(Frame)으로 처리한 뒤, 풀 숏(Full shot)으로 거리조절 한다.

---

129 이철웅, 『영화와 음악: 영화 연출과 제작』, 이정선음악사, 1998, pp.40-42.

S#25. 미용실(내부/낮)

제법 넓은 미용실. 신애가 캡을 덮어 쓰고 거울 앞에 앉아 있고, 그녀의 뒤쪽에 대기하고 있는 아줌마들이 몇이 잡지를 보며 이야기를 하고 있다. 그중에 씬7의 양장점여자도 보인다.

아 줌 마1: 인테리어 이래 해놓으이 좋아 보이네.

아 줌 마2: 돈 들이노이 좋지 뭐. 인테리어라는 기 다 돈 아이가?

양장점여자: 인테리어 말만 들어도 나는 마 기분 찝찝하대이.
　　　　　　요 밑에 〈준피아노 학원〉인가 새로 생긴 학원 원장 안 있나?

아 줌 마1: 서울서 왔다는 여자?

양장점여자: 그 여자 얼마 전에 난데없이 우리 가게 들어와가 안 카나. 인테리어 바꾸라고.
　　　　　　안 그라마 망한다고.

아 줌 마2: 처음 보는데?

양장점여자: 그래! 처음 보는데!

여자들의 이야기를 들으며 꼼짝없이 앉아 있는 신애.

아 줌 마2: 별일이네. 안 그래도 장사 안 되는데 누구 속에 불 지를 일 있나?

양장점여자: 내가 보이께네 생기기는 멀쩡해도 약간 정상이 아닌 것 같애. 정신이 살짝 간 거 같애.
　　　　　　죽은 남편 고향이라꼬 아 데리고 밀양까지 내리와 산다는 것 좀 이상한 거 아이가, 상식적
　　　　　　으로…….

말을 하다말고 깜짝 놀라 입을 다문다. 거울을 통해 신애와 눈이 마주친 것이다.

신　애: (아무렇지도 않은 듯 상냥하게 웃으며) 안녕하세요?

양장점여자는 할 말을 잃고 보고만 있다.[130]

130　이창동, 「S#25. 미용실(내부/낮)」, 『밀양(각본/각색: 이창동)』, 파인하우스필름, 2007.

한 프레임(Frame)이 좌측은 신애가 거울 앞에서 머리를 자르려고 앉아 있고, 우측은 머리를 하기 위해 양장점 여인과 친구들을 기둥을 중심으로 수직으로 분할되어 있다. 신애가 '캡을 덮어 쓰고 거울 앞에 앉아 있고', 양장점 여인과 아줌마들이 더군다나 신애가 있음에도 불구하고, "그 여자 얼마 전에 난데없이 우리 가게 들어와가 안 카나. 인테리어 바꾸라고. 안 그라마 망한다고", "살짝 정신이 간거 같애"라 한다. 겉으로는 이웃인 양장점 주인은 신애의 인테리어에 대한 충고를 받아들이는 듯하지만, 밀양의 주민들과 함께 있을 때 자신의 속내를 드러낸다. 신애와 밀양의 여인네들을 풀 쇼트(Full shot)로 포착하고 이들을 기둥을 중심으로 수직 분할시켜, 배치하고 있다. 이는 신애를 양장점 주인을 비롯한 밀양의 사람들과는 융화되지 못하는 이방인에 불과함을 서사화하고 있다. 신애를 둘러싼 사건을 통해서 드러나는 밀양은 지속적으로 오해와 어긋남이 발생하는 곳이다. 그녀는 밀양이라는 공간에 있으되 그 어디에도 없는 소속되지 못하는 인물이 되며, 고립되어 가고 있다. 밀양이 남편 고향임을 강조하고 돈이 있다는 것을 과시하는 애처로운 노력에도 불구하고 그녀가 밀양에 정착하는 일은 녹록치 않다.

2) 디제시스적 사운드의 냉담한 현실

신애는 밀양에 정착하고자 무던히도 노력한다. 피아노 학원 주변의 가게 아줌마들 일곱여덟 명이 「S#30. 식당(내부/저녁)」에 모여 조촐하게 입사의식(Intiation)이라도 치르듯 모임을 갖는 저녁이다.

S#30. 식당(내부/저녁)

버섯매운탕집. 피아노 학원 주변의 가게 아줌마들 일고여덟 명이 한 자리에 모였다. 양장점아줌마, 문방구아줌마도 있고, 미용실에서 보았던 아줌마들도 있다.

신   애: 앞으로 많이 가르쳐 주세요. 저 아무 것도 몰라요.
아 줌 마 1: 밀양토박이는 아이라 캐도 준피아노 원장이 밀양사랑은 우리보다 낫다.
          남편도 없는데 남편 고향이라고 내리와 살겠다는 기 어데 쉽나?
양장점여자: 그기 밀양사랑이가? 남편사랑이지!
아 줌 마 2: 남편사랑도 우리보다 낫고!

모두들 웃는다. 젊은 남자가 맥주 몇 병을 탁자에 갖다 놓는다.

종 업 원: 필요한 거 있으면 말씀 하세요.
양장점여자: 오빠! 여기 맥주 마이 갖다놓으소! 오늘 좀 취할란다.
아 줌 마 3: 남자만 보면 오빠라 카네.
양장점여자: 오빠! 카민서 불러주는 기 우리 여자들의 유일한 무기 아이가.
          (깔깔거리며웃는다. 웃음소리가 독특하다.) 알랑가 모를랑가…….

모두들 웃는다.[131]

'버섯매운탕집. 일고여덟 명'과 신애가 한 자리에 모여 식사를 한다. 밀양으로의 편입을 위해 무던히도 애쓰던 그 즈음에 아줌마들은 '우리보다 낫다. 남편도 없는데 남편 고향이라고 내리와 살겠다는 기 어데 쉬'운 일인가 하면서 신애와 남편사이의 사랑을 믿으며, 친밀관계가 어느 정도 유지

131 이창동, 「S#30. 식당(내부/저녁)」, 『밀양(각본/각색: 이창동)』, 파인하우스필름, 2007.

되는 듯하다. 남편은 외도를 했지만, 그 남편을 방패로 삼아 찾은 밀양에서 가족 이외에 모든 사람들은 신애의 가식은 진실로 받아들이는 듯하다.

식사를 마치고 「S#33. 신애 집(내부/밤)」에 돌아왔는데 '준'은 보이지 않고, TV만 켜져 있다.

S#33. 신애 집(내부/밤)

마당 쪽의 외등 불빛이 스며들어올 뿐 컴컴하게 어두운 빈 집. 마당 쪽에서 신애가 들어온다. 유리문을 열고 비치적거리며 신발을 벗으려 애를 쓴다. 술에 좀 취해 있다. 마루 위로 올라와 불을 켠다. 아이의 방으로 가 방문을 연다. 아이가 보이지 않는다.

신 애: 준! 어디 있니?

안방 쪽으로 간다. 그러나 안방도 비어 있다. TV만 켜져 있다.

신 애: 얘가 어디 갔어? 준!

이번에는 화장실의 문을 열어본다.

신 애: 너 어디 숨었어? 빨리 안 나올래? 엄마 화낸다!

그녀는 피아노 학원으로 연결된 문을 연다. 그러나 그곳에도 아이는 없다. 비로소 그녀의 입에서 짧은 비명소리가 새어 나온다. 얼어붙은 듯 잠깐 멍하니 서 있다가 다시 아이의 방과 안방, 화장실의 문을 열어젖히며 정신없이 찾는다. 점점 절망에 사로잡혀 이번에는 마당으로 달려 나간다.

신 애: 준! 어딨어? 준!

물론 마당에도 아이를 찾을 수 없다. 그녀가 어두운 마당에서 어찌할 바를 모른 채 서 있는데, 전화벨이 울린다. 그녀가 정신없이 달려와 수화기를 든다.

신 애: 여보세요! 준? 여보세요! ……그게 무슨 소리예요? 예? ……예. ……예.

그녀는 한참 동안 상대방 말을 듣고만 있다. 그러면서도 정신을 차리려 애쓴다.

신 애: 그런데요…… 저거 뭐야, 우리 준이 좀 바꿔주세요. [결국 그녀의 입에서 울음이 터진다.]
그럼 어떡해요? 애 목소리라도 들어야죠. 감기약 먹고 자고 있다고요? 왜 감기가 걸려요?
……제발 부탁인데요…… 우리 애 무사히 돌려보내 주세요.
하라는 대로…… 뭐든지 다 할게요.
원하시는 게 뭐예요? ……얼마나요? ……그 돈 지금 없는데 어떡해요?
……알았어요. 화내지 마세요. 준비 할게요. ……알았어요. 아무한테도 말 안 할게요.
절대로 안 할게요…… 맹세할게요. 우리 준이만 무사히 보내주세요.
여보세요? 여보세요……?

전화는 끊어졌다. 신애는 얼이 빠진 듯 앉아 있다. TV 소리만 계속 들린다.[132]

밀양의 주민들과 외식을 마치고 돌아온 어두운 빈집. '준'의 방문을 열어보지만 아이가 보이지 않자, 숨바꼭질 한 것이 생각 나 '너 어디 숨었니?' 화를 내보기도 하지만 여전히 찾을 수 없다. 이윽고 전화벨이 울리고, 그 전화는 다름 아닌 유괴전화였던 것이다. '우리 준이 좀 바꿔주세요…… 제발 부탁인데요…… 우리 애 무사히 돌려보내 주세요. 하라는 대로…… 우리 준이만 무사히 보내'달라는 신애의 간청 뒤에 전화는 끊어졌다. '얼이 빠진 듯 앉아 있는' 신애를 옆으로, 켜져 있던 TV 소리만 계속 들린다. 신애는 유괴전화를 받고 당황과 두려움에 떨고 있는 급박한 상황과는 별개로, 세상은 변함없이 돌아가고 있음을 디제시스적 사운드(Diegetic sound)인 TV소리를 통해 그 비극은 배가 시킨다.

---

132 이창동, 「S#33. 신애 집(내부/밤)」, 『밀양(각본/각색: 이창동)』, 파인하우스필름, 2007.

VI

디제시스의
미메시스

서사가 진행되는 내내 감독은 카메라를 통해 응시만 하는 것처럼 보이지만, 오히려 미장센(Mise en scene)에 적극 개입하여 쇼트(Shot)와 앵글(Angle) 을 허용하거나 때론 통제하여, 미메시스(Mimesis)로 서사를 이끌어낸다.

1. 롱 쇼트와 익스트림 롱 쇼트, 그리고 롱 테이크

이청준의 『벌레이야기』는 유괴되고 주검으로 돌아온 아이를 둔 어미의 심리, 즉 추상적이고 관념적인 정서가 남편인 '나'의 관찰에 의존하여 분석 적으로 서술된다.

다름이 아니라 알암이는 한 달이 지나도 여전히 소식이 깜깜이었다. (중 략) 사람들은 이제 알암이의 유괴를 불행스런 미제사건으로 기정사실화 되 고 있는 낌새였다. (중략) 내가 어슴푸레 미리 짐작해 온 대로 일은 마침내 최악의 결과로 판명이 나고 만 것이다. 알암이가 사라진지 꼭 두 달 스무 날 되던 7월 22일 저녁 무렵의 일이었다. 알암이는 이 날 집에서 멀지 않은

그 주산학원 근처의 한 2층 건물 지하실 바닥에서 참혹한 시체로 발견되어 나온 것이다.[133]

그러나 이창동 감독의 『밀양(密陽, Secret sunshine)』은 자식을 잃은 어머니의 고통을 이야기하는 보이스 인 나레이션(Voice in Narration)과, 인물의 감정을 디테일하게 접할 수 있는 클로즈업(Close-Up)을 자제하고 롱 쇼트(Long Shot)와 익스트림 롱 쇼트(Extreme Long Shot)를 결합시키고 롱 테이크(Long take)로 관찰하도록 유도하고 있다.

아들의 유괴사건 이후 시신을 확인하러 가는 「S#49. 차 안(외부/낮)」의 '하늘'이 지속적으로 프레임(Frame) 내부로 수용되고 있지만, 그 이전의 미장센(Mise en scene)과는 많이 달라져 있다. 오프닝(Opening)에서 '밀양'을 상징했던 '푸른 하늘'에서 '햇볕'을 거세시키고, 앵글(Angle)을 달리하여 '하늘'을 대하는 신애의 정서를 표현하다. 더불어 신애의 의상에 색상 변화가 있으며, 이청준의 『벌레이야기』에서 '주산학원 원장'이었던 범인이, 이창동 감독의 『밀양(密陽, Secret sunshine)』에서는 '웅변학원 원장'으로 변환된 이유가 밝혀지게 된다.

S#49. 차 안(외부/낮)

133 이청준, 『벌레이야기』, 열림원, 2007, pp.20-26.

형사1: 그노마가 자기 딸아한테 돈 심부름을 시킨 모양이라요.
　　　딸아는 처음에는 무슨 일인지 몰랐다가 나중에 사건이 소문이 나이께네 눈치를 챈 기지……
신 애: 전화 목소리가…… 그 사람이 아닌 것 같았어요. 경상도 말씨가 아니었어요.
형사2: 서울말 흉내를 낸 거지요. 그 정도는 쉽게 합니다. 직업이 스피친데…….(웅변)[134]

　하나, 카메라는 「S#49. 차 안(외부/낮)」에서 '하늘'을 아래에서 위로 향
하도록 로우 앵글(Low Angle·Frog's eye view·앙각(仰角))을 선택한다.
오프닝(Opening) 「S#1. 도로(외부/낮)」에서 차장 밖으로 프레임(Frame)화
된 하늘은 '청명한 푸른색상과 뭉게구름이 뚜렷이 보이'며 희망적인 명쾌
한 밀양에서의 새로운 삶을 기대한다. 그러나 유괴사건이 일어나고, '준'의
사체를 확인하러 가는 「S#49. 차 안(외부/낮)」에서 본 '하늘'은 비교적 덜
로우 앵글(Low Angle·Frog's eye view·앙각(仰角))로 조절하여, 동일한
공간인 차 안에서 바라본 '하늘'이지만 높이와 수직성이 감소되어 새로운
삶의 희망과 기대가 소멸되고 있음을 서사화하고 있다.

　둘, 오프닝(Opening). 「S#1. 도로(외부/낮)」와 그리고 카센터 차를 기다
리고 있는 「S#2. 개울가(외부/낮)」에서도 '신애와 준'을 맞이해주는 '가을
하늘의 강렬하고도 찬란한 햇볕'이 있다. 그러나 '아들 준의 시신을 확인
하러 가는 본 차장 밖의 푸른 하늘'은 이전의 '푸른 하늘의 그 청명함'과
그리고 가을하늘의 강렬한 '햇볕'의 강도가 삭감된다. 이러한 미장센(Mise

134　이창동, 「S#49. 차 안(내부/낮)」, 『밀양(각본/각색: 이창동)』, 파인하우스필름, 2007.

en scene)의 변화는 아들 '준'의 유괴사건을 통해 신애의 심리가 변화하고 있음을 표현하고자 하는 감독의 의도가 반영된 것이다. 또한 과거의 삶을 뒤로 한 채 새로운 삶에 대한 희망과 기대의 공간이었던 밀양에서, 희망이 거세당하고, 절망과 참담함으로 공간의 의미가 변화되고 있음을 알 수 있다.

셋, 오프닝(Opening) 「S#1. 도로(외부/낮)」의 차 안에 앉아있는 '준'을 카메라를 아래로 숙여 촬영하는 하이 앵글(High Angle)로 처리되었는데, '준'의 사체를 확인하러 가는 「S#49. 차 안(외부/낮)」의 그 자리에 같은 모습으로 '신애'가 있다. 아이의 죽음 앞에 아무것도 할 수 없는 무기력하고 나약한 어미의 모습이 거기에 있다.

넷, 프레이밍(Framing)화 되는 순서가 그 이전과는 다름을 알 수 있다. 가령, 오프닝(Opening) 「S#1. 도로(외부/낮)」에서 '하늘'과 '신애와 준'의 순이었다면, 「S#49. 차 안(외부/낮)」에서 '신애'와 '하늘'로 그 순서가 역전되어 있음을 알 수 있다. 이는 감독이 주제를 구현하기 위한 하나의 설정으로, 프레이밍(Framing)을 순서를 의도적으로 역전시킨 것이라 볼 수 있다.

다섯, 신애의 의상의 색상에 또 다른 변화를 시도한다. 전체의 서사에서 신애가 가장 행복해하던 「S#26. 웅변학원(내부/낮)」에서 '부모님의 은혜'라는 주제로 '준'의 발표를 듣고 있는 환하게 웃는 신애의 의상 오프닝(Opening)에서 밀양으로 진입하는 「S#1. 도로(외부/낮)」의 '청명한 하늘의 파란색'과 꼭 닮아있다. 그러나 감독은 유괴사건 이후 시신을 확인하려

가는 「S#49. 차 안(외부/낮)」의 신애의 의상에서 '파란색'의 색감을 거세시켜 점점 그레이(Gray)에 가깝게 만들어 버린다. 신애에게 남은 유일한 희망이었던 아들 '준'의 유괴와 죽음은 곧 신애에게 있어 그레이(Gray)[135]에 빛이 없듯이, 그 어떤 희망도 없고, 우울한 상황임을 의상이 그 감정을 더하고 있다.

여섯, 이청준의 『벌레이야기』의 범인은 주산학원 원장[136]으로 김도섭이다. 반면에 이창동 감독의 『밀양(密陽, Secret sunshine)』에서 범인은 웅변학원 원장이다. 신애에게 전화한 목소리의 주인공은 '서울 말을 흉내'낼 만큼 잘 훈련된 직업군이 필요했기 때문이라 볼 수 있다.

'준'이 유괴되어 사망하고, 그 사체가 발견되어 신애는 「S#52. 저수지(외부/낮)」로 신원을 확인하러 간다. 전체의 서사에서 가장 절망적인 순간에, 돌연 감독은 다양한 방법으로 쇼트(Shot)를 통제한다. 하나, 사체를 확인하러 내리막길을 가는 신애의 뒤를 핸드 헬드(Hand held)로 뒷모습을 따라갈 뿐이다. 둘, 신애의 절망적인 감정을 직접 대면할 수 있는 그 어떠한 쇼트(Shot)로도 인물을 직접 마주하지 않는다. 셋, 롱 쇼트(Long Shot)와 심지어 익스트림 롱 쇼트(Extreme Long Shot)를 결합시켜 롱 테이크(Long

---

135 이를 색채심리학 빗대어 본다면, "그레이(Gray)·회색(灰色)은 시멘트는 '접착제'라는 뜻을 가진 회랍어 'Cementos'에서 그 이름이 유래"(박영수, 『색채의 상징, 색채의 심리』, 살림, 2003, p.95)된다. "시멘트를 사용하기 시작한 것은 약 7천년 전부터라고 알려져 있으며, 시멘트를 사용한 대표적 건물로 피라미드"(박영수, 『색채의 상징, 색채의 심리』, 살림, 2003, p.95)가 알려져 있다.
136 이청준, 앞의 책, p.37.
     김도섭은 치밀하고 집요한 경찰의 추궁에 못 견뎌 주산학원 원장이란 자가 마침내 자신의 범행을 시인하고 나서는 것이었다.

take)로 응시할 뿐이다.

S#52. 저수지(외부/낮)

멀리 도로 위에서 경찰차가 달려 내려오고 있다. 도로는 약간 내리막길이고 주변은 말라 죽은 나무와 풀들로 황량해 보인다. 카메라의 저만치 앞 도로 한 가운데에서 차가 멈추고 형사들과 신애가 내린다. 카메라 쪽을 향해 도로를 걸어 내려오는 그들을 따라 카메라 물러난다. 신애는 눈앞에 보이는 광경에 놀란 듯 점점 걸음이 뒤쳐지다가 결국 얼어붙은 듯 멈춰 선다. 신애의 눈 앞에 펼쳐진 저수지. 도로의 끝은 저만치 물 속에 잠겨져 있고, 쓸모없어진 도로 표지판까지 약간 기울어진 채 서 있다. 도로 옆에는 이미 경찰차한 대가 미리 와 있다. 그 아래, 물가에 사람들이 모여 있는 모습이 보인다. 물가에 형사두 명, 제복을 입은 경찰관 한 명이 서 있고, 그들 곁에 수갑을 찬 박도섭이 구부정하게 고개를 숙이고 있다가 신애 쪽을 쳐다본다. 형사들이 그들에게 다가가 뭔가를 들여다본다. 카메라, 신애를 따라 그들의 등 뒤로 다가간다. 형사2가 신애를 돌아보고 그녀를 가로막는다. 사람들 틈으로 뭔가 탁하고 검은 물에 반쯤 잠긴 형체가 보인다. 형사2가 신애를 밀어내지만, 그녀는 미친 듯 형사를 뿌리치려 한다. (중략)
아들의 시신이 발견된 곳에 도착한 신애. 신애는 아무런 생각이 없다. 경찰은 신애에게 밖으로 나오라고 한다. 천천히 밖으로 나가는 신애. 다리에 힘이 풀려 내려가면서 미끄러진다. 터벅터벅 걸어가는 신애. 점점 아들의 시체와 가까워진다. 조심스럽게 다가가 아들을 확인한다. 경찰들이 아이의 사체를 확인시키기 위해 신애를 데리고 저수지 근처로 간다. 카메라가 그들의 모습을 멀리서 전체적으로 잡는다. 경찰들이 웅성거린다.

경 찰: 저기 있는데…… 괜찮겠십니꺼?

신애는 말없이 아이가 있는 곳으로 간다.

경 찰: (신애의 팔을 잡으며) 여기 잠깐 서 보이소. 보여드리라.

신애는 천천히 아이가 있는 곳으로 가고 아이의 사체를 확인한다. 주변 경찰들은 숙연해 진다.[137]

하나, 고정된 카메라를 뒤로 하고, 신애와 경찰들은 사체를 확인하기 위해 신애를 데리고 저수지 근처로 간다. 불현 듯 '카메라의 저만치 앞 도로 한 가운데에서 차가 멈추고 형사들과 신애가 내린다.' 준의 시신을 확인하기 위해 '내리막길이고 주변은 말라죽은 나무와 풀들로 황량한 도로를 내려가는 신애의 뒤를 카메라가 핸드 헬드(Hand held)로 따라간다.' 카메라는 '신애를 따라 그들의 등 뒤'에서 긴장과 불안과 그리고 두려움에 떨고 있는 신애의 뒷모습을 고스란히 담아낸다.

둘, 신애의 뒤를 따라가는 응시의 시선은 이윽고 신애와 형사의 뒤에서 멈춰 버린다. 신애는 다리에 힘이 풀려 내려가면서 미끄러지고, 황량한 저수지에 도착하여 '준'의 사체를 확인하는 시점에서는 핸드 헬드(Hand held)의 카메라는 고정되어 있고 더 이상 그녀를 따라가지 않고 멈추어 롱 쇼트(Long Shot, L.S)로 사건이 벌어진 저수지의 건조한 분위기를 연출해낸다. 감독은 가혹한 운명 앞에서 몸부림치고 오열하는 절망적인 신애의 감정을 직접 대면할 수 있는 클로즈 업(Close-Up)이라든가, 미디엄 쇼트(Medium Shot), 그 어떤 쇼트(Shot)로도 신애의 정면을 마주하지 않는다. 그 결과 신애의 격한 감정을 종용하는 미장센(Mise en scene)은 찾아볼 수 없게 만들어 버린다.

셋, '준'의 사체를 확인하는 시점의 핸드 헬드(Hand held)는 멈추고, '눈

---

137 이창동, 「S#52. 저수지(외부/낮)」, 『밀양(각본/각색: 이창동)』, 파인하우스필름, 2007.

앞에 펼쳐진 저수지'와 신애를 롱 쇼트(Long Shot)로 응시하다가 자연스럽게 익스트림 롱 쇼트(Extreme Long Shot)로 조절된다. 그 아래, 물가에 형사 두 명, 제복을 입은 경찰관 한 명이 서 있고, 그들 곁에 수갑을 찬 박도섭이 구부정하게 고개를 숙이고 있다. 준의 사체를 확인하는 신애의 감정이라든가 '구부정하게 서 있는 박도섭'을 대하는 신애의 감정선을 전혀 기대할 수 없는 거리로 조정이 된 것이다. 천변을 지나 아이의 시신을 확인하고 멍하니 서 있게 되는 신애의 움직임을 포착하지만, 신애의 표정은 물론, 아이의 시신도 정확하게 보이지 않을 정도로 먼 거리이다. 단지 "현실적 시간을 그대로 보여줌으로써 활용된 롱 테이크(Long take)"[138]는 긴장감만 강화시켜 전달해 줄 뿐이다.

결과적으로 감독은 저수지의 공간적 배경은 "추상적 인위성을 극소화하고 일상적 사건 일상적 장소"[139]로 인식시키기 위해 롱 쇼트(Long Shot)·익스트림 롱 쇼트(Extreme Long Shot)와 롱 테이크(Long take)로 응시한다. 즉, 신애와 웅변학원 원장 박도섭, 그리고 경찰들과 저수지를 프레임(Frame) 내부로 수용시키면서 사건을 전체적인 시각에서 전달한다는 점에서 감독은 "객관적으로 '보고'할 뿐, 판단내리기를 회피하여, 개입하지 않으려는 태도"[140]를 견지한다.

138 루이스 자네티(Louis Giannetti), 김진해 옮김, 『영화의 이해(Understanding Movies)』, 현암사, 1999, p.182.
139 루이스 자네티(Louis Giannetti), 김진해 옮김, 위의 책, p.177.
140 루이스 자네티(Louis Giannetti), 김진해 옮김, 앞의 책, p.349.

2. 자의식적 서술자에 의한 논평에서 앵글의 하강

이청준의 『벌레이야기』는 알암이의 유괴사건을 계기로 이불집을 운영하고 있는 김 집사의 하느님에 대한 지속적인 권유와 그 몰입이 단계적으로 논쟁을 거치는 방식으로 되어 있기 때문에, 나름 논리적으로 연결되어 있다. 그러나 이창동 감독의 『밀양(密陽, Secret sunshine)』의 종교적 믿음의 시작은 다소 우발적이다 못해 즉흥적으로 연출된다.

이청준의 『벌레이야기』에서 알암이가 실종된 후의 정황으로 다시 되돌아보면 남편인 '나'는 김 집사의 끈질긴 권유에 그녀의 예언처럼 시간성이 담보된 표현을 사용한다.

나의 약국과는 두어 집 건너에서 이불집을 내고 있는 김 집사 아주머니 …… (중략)[141]

두고 보세요. 내 언제고 알암이 엄마를 우리 주님께로 인도하고 말테니까. 알암이 엄마라고 어렵고 아픈 일이 안 생길 수 있겠어요. 애 엄마한테도 언젠가는 반드시 주님의 손길이 필요한 때가 찾아오게 될 거에요. 내 그땐 반드시…그럴만한 어떤 계기라도 기다리듯 계속해서 뜸을 들이고 가곤 하였다. 별반 악의가 깃들지 않은 소리들이어서 아내도 그저 무심히 들어 넘기곤 해오던 처지였다. 한데 과연 그녀의 예언처럼, 아이의 사고가 생기고 만 것이었다. 김 집사는 마치 그거 보라는 듯, 혹은 기다리던 때라도 찾아온 듯 금새 다시 아내에게로 달려왔다.[142]

---

141 이청준, 앞의 책, p.41.
142 이청준, 위의 책, p.45.

김집사는 약국 건너 이불집을 운영하고 있으며, 그녀의 예언처럼 '어렵고 아픈 일', 즉 알암이의 사고가 발생한다. 아내에게 '어려움과 가슴 아픈 일'이 김집사에게는 '주님께 인도'할 기회가 된다. 한 사람의 불행이 다른 사람에게는 또 다른 기회가 된다는 것이 아이러니(Irony)한 상황설정이라 볼 수 있다.

이창동 감독의 『밀양(密陽, Secret sunshine)』에서 장례를 치르고 난 후 「S#56. 신애 집(내부/낮)」에 김집사가 방문한다. 이는 두 측면에서 주목해야 하는데, 하나, '바깥에서 들어온 빛'이 생성하고 있는 서사적 맥락과 둘, 디제시스 사운드(Diegetic sound)의 서사적 역할이 그것이다.

S#56. 신애 집(내부/낮)

신애의 집안 마루방. 오후 늦은 시각이라 집 안은 조금 어둡다. 방 안에서 TV 소리가 들린다. 어두컴컴한 방에서 혼자 앉아 TV를 보고 있는 신애. TV 앞에 앉은 그녀의 모습은 실루엣처럼 보인다. 뒷벽에는 바깥에서 들어온 빛이 만드는 어렴풋한 그림자가 어른거리고 전체적으로 어두운 화면에서 TV 화면만이 가장 밝아 보인다. 옆집에서 계속 부부싸움 하는 듯한 소리가 들린다. 바깥에서 누군가 문을 두드린다.

소　리: 원장님~

은혜약국의 김 집사가 마루 유리문을 두드리며 서 있다.

김 집사: 원장님, 계세요?

손차양을 만들어 유리문 안을 들여다보는 김 집사. 그러나 아무 대답이 없자, 하는 수 없다는 듯 그냥 돌아서 간다. 여전히 TV를 보고 있는 신애.[143]

하나, 여전히 신애의 '오후 늦은 시각'이라 집 안은 조금 어둡다. '어두 컴컴한 방'이다. 분명 낮임에도 불구하고 햇볕이 들지 않는 공간과 신애의 옆모습과 뒷모습을 미디엄 쇼트(Medium Shot)로 정적인 신애의 모습과 방 안 모습을 전체적으로 보여줌과 동시에 상실감을 보여준다. '신애의 집안 마루방. 오후 늦은 시각이라 집 안은 조금 어둡다. 뒷벽에는 바깥에서 들어온 빛'이 신애의 등 뒤에서 '그녀의 그림자'를 만들어내고 있다. 신애와 '준'은 밀양에 진입하는 「S#1. 도로(외부/낮)」와 「S#2. 개울(외부/낮)」가의 '구름이 드문드문 있는 푸른 하늘에서 내리쬐는 따뜻한 햇볕'을 정면으로 마주하고 있었다. 또한 아들 '준'의 사체를 확인하러 「S#52. 저수지(외부/낮)」로 향할 때도 신애가 마주하던 그 '하늘'은 딜 로우 앵글(Low Angle)로 처리했지만, 그래도 '햇볕'을 정면으로 마주하고는 있었다. 그러나 '준'의 사체가 발견되고 장례식을 치른 후인 「S#56. 신애 집(내부/낮)」에도 '뒷벽에는 바깥에서 들어온 빛'이 여전히 존재하지만, 이젠 그 '햇볕'을 등지고 있다는 것이 변화된 특징이다. 신애가 새로운 삶을 기대했던 곳, 그 희망이 '준'의 유괴와 죽음으로 완전히 배신당하였음을 보여주고 있다.

둘, 디제시스적 사운드(Diegetic sound)인 방 안의 TV 소리는 물리적 기능으로 신애의 집 내부임을 제시한다. 동시에 신애의 심리를 표현하는 미키 마우징(Mickey Mousing)으로 "등장하는 인물의 심리와 모순되는 종류

---

143 이창동, 「S#56. 신애집(내부/낮)」, 『밀양(각본/각색: 이창동)』, 파인하우스필름, 2007.

의 음악을 들려줌으로써 얻는 제3의 효과"[144]를 적극 활용한다. 즉, 감독은 신애가 '준'을 잃은 슬픔으로 절망감과는 달리 대조적인 TV의 퀴즈쇼로 경쾌한 사운드를 활용한다. 그 결과 신애의 절망감과 슬픔을 세상과 분리시키면서, 동시에 고립시켜 버리는 서사적 효과를 얻는다.

생리통으로「S#60. 은혜약국(내부/낮)」에 찾게 된다. 두 측면에서 주목하자면, 하나, '준'의 유괴사건을 거치면서, '햇볕'에 대한 신애의 정서적 반응이 달라져 있으며, 보이스 인 나레이션(Voice in Narration)을 통해 대상이 구체적으로 지정된다. 둘,『벌레이야기』에서 이불집 아주머니에서,『밀양(密陽, Secret sunshine)』은 은혜약국의 약사로 변용하는데 이를 통해 얻어진 서사적 맥락을 읽어내도록 한다.

S#60. 은혜약국[내부/낮]

약국 문을 열고 들어서는 신애를 보고 김 집사가 자리에서 일어선다.

---

144 한상준,「영화음악과 내러티브의 상호작용에 관한 연구」, 중앙대학교 대학원 연극영화학과 영화화전공 박사학위논문, 1999, p.70.

김집사: 아이고, 우리 이선생 오셨네. 안 그래도 내가 어제 집으로 찾아갔었는데…….
신 애: 안녕하세요. 저 몸이 좀 안 좋아서 그러는데요…….
김집사: 마음이 아픈데 몸이 와 안 아프겠노? 어데가 아프신데? 두통이가? 가슴이 아프시나?
신 애: 저…… 생리통이요
김집사: 아…….

김 집사가 약을 가지러 간 사이 말없이 기다리고 서 있는 신애.

김집사: [약을 내밀며] 이선생, 지금 이선생한테 진짜 필요한 약이 뭔지 알아요?

신애, 말없이 쳐다본다.

김집사: 이선생 지금 마음이 너무너무 아프잖아요. 얼매나 괴롭고 고통스러워요?
      내가 약국에서 약을 팔지마는 그 마음의 고통은 고칠 수가 없어요.
      그거를 치유할 수 있는 거는 하나님 사랑밖에 없어요.
      바로 이 선생 같은 분을 우리 주님이 기다리고 계세요.

신애는 그저 듣고만 있다. 김 집사가 종이를 하나 내민다. 부흥회를 알리는 전단지다.
〈상처받은 영혼을 위한 기도회〉라는 제목이 보인다.

김집사: 꼭 우리 교회에 안 나와도 돼요. 요기, 시장 앞에 개척교회에서 이번에 부흥회를 하는데,
      주제가 '상처받은 영혼'을 위한 기도회, 딱 이선생 같은 분한테 필요한 거 같애요.
신 애: [비로소 낮은 목소리로 입을 연다.] 만약에요…… 만약에 하나님이 있고……
      하나님의 사랑이 그렇게 크다면요…….
김집사: 하나님이 계시지요, 하나님 사랑이 크시지요. 끝도 한도 없이 크시지요.
신 애: 그러면 우리 아일 왜 그렇게 처참하게 죽도록 내버려 두었어요?
      그 어린것이 무슨 죄가 있다고요?
김집사: [잠깐 대답이 막힌 듯 신애를 쳐다보다가] 이선생…… 내 이선생 마음을 아는데요……
      그래도요, 세상 모든 일에는 우리 주님의 뜻이 있다는 걸 알아야 돼요.
      아이고, 머라꼬 설명하겠노……. 저, 저기…… [손가락으로 약방의 바닥한쪽을 가리킨다.]
      땅 바닥에 있는 햇볕 한 조각에도 주님의 뜻이 숨어 있다고요.
      이 세상에 주님 뜻이 아닌 게 없어요.

말없이 김 집사를 쳐다보던 신애가 갑자기 햇볕이 있는 곳으로 간다.
그리고 바닥에 떨어진 햇볕 위로 손을 휘젓는다.

신 애: 여기 뭐가 있어요? 네? 이건 그냥 햇볕이에요, 햇볕! 뭐가 있어요,
      여기? 아무 것도 없어요!

신애의 목소리는 무섭도록 공허하고도 절박하다. 그녀의 주위로 무심한 햇볕이 흩어지
고 있다. 할 말을 잃은 표정으로 그녀를 쳐다보는 김 집사.[145]

---

145 이창동, 「S#60. 은혜약국(내부/낮)」, 『밀양(각본/각색: 이창동)』, 파인하우스필름, 2007.

하나, 장례를 치른 후 가까스로 일상을 유지해 가던 신애는 생리통으로 약국을 찾는다. 김 집사는 약을 건네주며 '세상 모든 일에는 우리 주님의 뜻이 있다는 걸 알아야 되며 아이고, 머라꼬 설명하겠노……. 저, 저기 ……' (손가락으로 약방의 바닥한쪽을 가리킨다.) 땅 바닥에 있는 햇볕 한 조각에도 주님의 뜻이 숨어' 있다 한다. 지속적으로 상징화되었던 '햇볕'은 '주님의 뜻'이라는 구체적 대상으로 지정된다. 그러나 신애는 '햇볕'을 손으로 가리키며 '여기 뭐가 있어요? 그냥 햇빛이에요, 햇빛. 뭐가 있어요. 여기에 아무것도 없어요.'라며 단호하게 부정하는 태도로 돌변한다.

둘, 약국의 김집사는 '마음이 아픈데 몸이 와 안 아프겠노?라는 작위적인 처방을 내린다. 약사가 환자에게 약을 처방하듯 지금 이선생한테 진짜 필요한 약은 약사인 자기로서도 내가 약국에서 약을 팔지마는 그 마음의 고통은 고칠 수가 없으며 치유할 수 있는 거는 하나님 사랑'밖에 없다는 처방을 내린다. 그것이 바로 '상처받은 영혼을 위한 기도회'라는 부흥회를 알리는 전단지다. 즉, 마음의 고통은 오로지 하나님만이 해결할 수 있음을 강조하기 위함이다. 약국 이름도 하나님의 '은혜를 베푼다'는 의미의 '은혜약국'으로 설정한다.

두 작품 이청준의 『벌레이야기』와 이창동 감독의 『밀양(密陽, Secret sunshine)』은 김 집사가 하느님에게 이끄는 이유와 과정은 오직 그녀를 하나님의 품에 안기도록 하는 데 있을 뿐, '아이를 잃은 어미의 인간적인 고통'은 도외시하고 있다는 점에서 동일하다. 단지 이청준의 『벌레이야기』와 이창동 감독의 『밀양(密陽, Secret sunshine)』은 종교에 집중하는 시점이 다를 뿐이다. 이청준의 『벌레이야기』는 알암이가 실종 유괴되면서 집으로의 무사귀환을 기원하는 시점에서부터 종교에 집중하게 된다. 그러나 이창동 감독의 『밀양(密陽, Secret sunshine)』에서는 '준'의 장례식을 치룬 뒤, 동사무소에서 사망신고를 하고 나오면서 우연히 〈상처받은 영혼을 위한 기도회〉라는 현수막을 본 뒤 우발적으로 시작된다.

1) 자의식적 서술자에 의한 논평

이청준의 『벌레이야기』는 '나'라는 관찰결과에 의존하여 아이를 잃은 어미의 추상적이고 관념적인 정서가 서술된다.

(1) 희망과 기원

아내가 종교에 집착하는 1단계는 알암이의 실종 뒤 '참담스러운 심사' 속에서도 아이가 무사히 돌아올 것이라는 '희망과 기원'이다.

> 아이를 잃어버린 그녀를 의연히 지탱할 수 있게 한 것은 오직 '희망과 기원'이다. 그녀가 최초로 신을 찾게 된 것은 아들이 실종된 지 한 달이 지나서부터이다.[146]

> 아이의 일이 점점 오리무중으로 어려워져 보이자 아내는 흔히 우리 여인네들이 해온 방식으로 절간을 찾아가, 아이의 앞길을 밝혀 주십사 촛불을 켜고 공양을 바치고 오기도 하였다. 절간뿐만 아니라 아무 곳이나 교회당을 찾아가(아내는 원래 교인이 아니었다) 아이를 위한 교회헌금도 아끼질 않았다.[147]

---

146 이청준, 앞의 책, p.23.
147 이청준, 위의 책, p.24.

아내는 교인이 아니었고, 오로지 '아이의 무사귀환'을 기원하기 위한 '기복행위'의 한 가지로 절간은 물론이거니와 교회당을 찾는 등의 행위는 종교와는 무관함을 알 수 있다. 그러므로 반복적으로 '하느님'에게 아이의 안전에 대해 반복적으로 의구심을 갖게 되는 것이다. 그러나 아내의 '희망과 기원'을 배반당하고 "아이의 육신은 이미 부패가 심하여 형체조차 제대로 알아볼 수 없"[148]는 "최악의 결과로 판명이 나고"[149]만다.

(2) 원망과 복수

이어서 바로 그 아이를 유괴하고 살해한 범인이 '준'이 그토록 열심히 다녔던 주산학원 원장임이 드러나자, 아내는 곧 '하느님'을 원망하고는 등을 돌리게 된다.

> 말할 것도 없이 알암이의 참사는 아내에겐 세상이 끝난 것 한 가지였다. 지옥의 나락으로 떨어지는 절망과 자기 숨이 끊어지는 고통의 순간이었다. (중략) 자신을 꿋꿋이 지탱해 나가며 무서운 의지력을 발휘해 나가기 시작했다. 이번에는 희망과 기원에서가 아니라 원망과 분노와 복수의 집념으로 의해서였다.[150]

> 희망과 목적달성의 기원이 사라진 그녀는 더 이상 주님을 찾지 않았다. 그녀는 하느님에 대한 원망과 불신 끝에, 범인에 대한 복수심으로 나날을 지탱하게 되었다. 주산학원 원장인 박도섭이 마침내 범인으로 드러나고 잡혔지만 그녀의 원한은 풀릴 수가 없었다.[151]

---

148 이청준, 앞의 책, p.31.
149 이청준, 위의 책, p.26.
150 이청준, 위의 책, pp.39-40.
151 이청준, 위의 책, p.64.

아내는 이내 하느님을 원망하고 외면해 버리기 시작한다. 그러나 2단계의 종교적 몰입은 이즈음에 다시 드러나게 된다. 아이의 죽음이 확실해지고, 사체로 발견된 뒤 '절망과 고통의 순간'을 경험한 아내는 곧 범인에 대한 '원망과 분노와 복수의 집념'으로 종교에 다시 몰두하기 시작한다. 마치 유괴범에게 '불같은 분노와 저주'와 '사무친 원망과 복수심'에 가득찬 아내를 관찰하는 서술자 남편인 '나'의 관점이 있다. 남편인 '나'는 아내의 "그 분노와 저주와 복수심이야말로 아내가 자신을 견디는 데 무엇보다 소중한, 어쩌면 그 하나님의 사랑이나 섭리보다도 더욱더 힘차고 고마운 본능"[152]으로 작용하고 있다고 증언할 뿐이다.

> 범인이 잡힌 것으로 아내의 원한은 풀릴 수가 없었다. 아내는 범인을 붙잡은 데 만족하지 않고, 자신이 직접 눈깔을 후벼 파고 그의 생간을 내어 씹고 싶어 하였다. 아이가 당한 것 한가지로 손목을 뒤로 묶어 지하실에 가두고 목을 졸라 땅바닥에 묻고 싶어하였다. 당연한 일이지만, 그러나 당국은 아내에게 아무런 복수의 기회도 용납하지 않았다. 범행을 자백한 그 순간부터 위인은 아내의 보복을 피해 당국의 보호를 받게 된 격이었다. (중략) 아내의 원한이 풀릴 리가 없었다.[153]

어미로서 범인이 잡혔음에도 불구하고, 그를 접근조차 할 수 없는 처지가 되고, 복수할 기회조차 잃어버린다. 고작 할 수 있는 일은 '저주하다 제풀에 정신을 잃고 쓰러지는 정도'이다. 아내는 살인범에 대한 복수가 현실적으로 불가능해진 상황에서, 주체할 수 없는 분노와 원망의 감정을 느끼지만, 이를 해소할 방법이 없자 종교생활에 집중하게 된다.

---

152 이청준, 앞의 책, p.55.
153 이청준, 위의 책, p.57.

[3] 아이의 영혼을 위한 구원

아내의 3단계의 종교적 몰입은 이즈음에 나타난다. 김 집사는 '아이의 영혼의 구원'을 위해 또 다시 아내를 설득해 왔고, 다시 교회에 열심히 다니기 시작한다. 다행스러운 것이기는 하나 '나'에게는 '가벼운 배신감'마저 들 정도로 정성스럽게 교회 일을 다시 하게 된다.

아내는 어느 날 무슨 생각이 들었던지 뜻밖에 마음을 고쳐먹고 김 집사를 따라나섰다. 그리고 그때부터 놀라운 열성으로 예배와 기도 속에 하루하루를 보내기 시작했다.[154]

하지만 그것도 아내의 본심에서 우러나온 신앙심은 아니었다. 아내 자신의 마음의 평정을 회복하기 위해서나 자신을 견뎌 나갈 힘과 용기를 얻기 위해서가 아니었다. 더욱이 범인에 대한 증오심을 거두고 그를 용서하기 위해서는 아니었다. 사람의 마음이 갑자기 그렇게 달라질 수도 없었다. 알고 보니 아내는 아이의 영혼의 구원을 위해 교회를 찾기 시작한 것이었다. 소망과 기도가 온통 아이의 내세의 구원에 관한 것뿐이었다.[155]

김집사의 지속적인 권유와 종교적 몰입과 절망이 반복되며 종교에 몰입하는 이유는 세 단계를 거친다. '알암이의 무사귀환의 희망과 기원-알암이의 사체발견 후 원망과 복수심-아이의 영혼을 위한 구원'으로 되어 있다.

2) 앵글의 수직적 하강

신애는 동사무소에 준의 사망신고를 하고 「S#63. 거리(외부/낮)」로 나

154 이청준, 앞의 책, pp.65-66.
155 이청준, 위의 책, p.67.

와 불현듯 〈상처받은 영혼을 위한 기도회〉의 현수막을 보게 된다. 감독은 오프닝(Opening) 「S#1. 도로(외부/낮)」에서 본 '푸른 하늘'에 앵글(Angle)과 색채조절에 변화를 가한다. 신애의 보이스 인 나레이션(Voice in Narration)을 통제한 채, 미장센(Mise en Scene)의 변화로 감정을 표현해낸다.

S#63. 거리(외부/낮)

동사무소를 나온 신애가 휘청휘청 걷고 있다. (중략) 어느 순간 그녀는 마치 딸꾹질하듯 끄윽끄윽 괴롭게 숨을 쉬고 있다. 그녀의 속에서부터 뭔가 치밀어 오르는 듯이. 그녀는 더 이상 걷지 못한다. 안에서부터 계속 뭔가 치밀어 올라 숨을 못 쉬게 한다. 그녀의 가슴 밑바닥에 뭉쳐져 있던 고통어린 그 무엇이 계속 치밀어 오르는 것 같다. 숨을 쉬기 위해 그녀는 두 손을 무릎에 대고 몸을 구부리고 있다. 마치 토하려는 자세처럼. 그러나 헛웃음 같은 고통스런 소리만 나올 뿐 숨을 쉴 수가 없다. 누군가 그녀에게 다가온다. 종찬이다.

종 찬: 신애 씨, 와 그래요? 어데 아파요?

신애는 대답 없이 몸을 구부린 채 고통스럽게 안간힘을 쓰고 있다. 종찬은 어찌할 바를 모르고 그녀를 내려다 볼 뿐이다. 그녀는 괴롭게 고개를 쳐든다. 신애의 시점. 바람이 무섭게 불어대는 거리. 길 가운데 허공에 걸린 현수막 하나가 금방 떨어질 듯 바람에 요동치고 있다. 〈상처받은 영혼을 위한 기도회〉라고 쓰인 부흥회 선전 현수막.[156]

---

156 이창동, 「S#63. 거리(외부/낮)」, 『밀양(각본/각색: 이창동)』, 파인하우스필름, 2007.

하나, 거리의 한낮임에도 불구하고 '하늘의 햇볕'은 완전 거세시켰고, 신애의 눈앞에 먼지와 나무 이파리 같은 것들이 날아온다. 준의 사체를 확인하러 가는 「S#49. 차 안(외부/낮)」에서 본 하늘은 비교적 덜 로우 앵글(Low Angle)로 조절하여, 동일한 공간인 차 안에서 바라본 '하늘'에서 준의 사망신고를 마치고 나온 「S#63. 거리(외부/낮)」의 아이 레벨 앵글(Eye-level Angle)에 가까운 로우 앵글(Low Angle)로 수직적으로 하강했음을 알 수 있다. 그 결과 이전과는 달리 낮게 드리워진 '하늘'은 지속적으로 축소되어 인식조차 할 수 없고, 신애는 그 '하늘'에 원망하고 분노하는 눈길을 보낸다.

둘, '안에서부터 계속 뭔가 치밀어 올라 숨을 못 쉬게 한다. 그녀의 가슴 밑바닥에 뭉쳐져 있던 고통어린 그 무엇이 계속 치밀어 오르는 것 같다. 숨을 쉬기 위해 그녀는 두 손을 무릎에 대고 몸을 구부리고 있다. 마치 토하려는 자세처럼. 그러나 헛울음 같은 고통스런 소리만 나올 뿐 숨'을 쉴 수 없는 신애의 답답함을 몸짓의 언어로 표현하기 위해 미디엄 쇼트(Medium shot)로 처리하고 있다.

신애가 고통스러워하는 모습을 미디엄 쇼트(Medium shot)로 처리하고, 〈상처받은 영혼을 위한 기도회〉라는 현수막을 오버 숄더 쇼트(Over shoulder shot)로 강조하고, 그 표시대로 신애는 발걸음을 옮겨간다. 상가건물의 2층에 있는 「S#64. 부흥회 입구(내부/낮)」로 들어서는 신애의 뒤를 핸드 헬드(Hand held)로 따른다.

S#64. 부흥회 입구(내부/낮)

상가 건물의 2층에 있는 어느 교회의 입구에 신애가 들어선다. 몇 걸음 뒤에서 종찬도 따라오고 있다. 계단 좌우로 〈상처받은 영혼을 위한 기도회〉를 알리는 현수막, '여러분을 환영합니다'라는 글귀 등이 붙어 있고, 교회 사람들이 계단을 올라오는 신자들에게 전단지나 안내서들을 나눠 주고 있다. 교회 안에서는 성가를 연주하는 음악소리가 흘러나온다.[157]

유괴전화를 받은 후 당황해서 「S#34. 거리(외부/낮)」로 나온 신애가 유괴전화를 받고 종찬의 「S#35. 카센터 앞(외부/밤)」로 달려갈 때에도 아들 '준'의 시신을 확인하러 「S#52. 저수지(외부/낮)」로 향할 때도 핸드 헬드(Hand held)로 그녀의 뒤를 따르고 있었다. 신애는 마치 의식이 없는 사람처럼 부흥회 입구로 걸어간다. 마찬가지로 의식없는 사람처럼 부흥회 입구로 걸어가는 뒷모습에서 배어나오는 고통과 절망을 핸드 헬드(Hand held)로 포착한다. 신애의 종교에 몰입은 다소 우발적이고 충동적 행동처럼 보이기까지 한다.

---

157 이창동, 「S#64. 부흥회 입구(내부/낮)」, 『밀양(각본/각색: 이창동)』, 파인하우스필름, 2007.

'하늘'에 발생근거를 두고 있는 '햇볕'은 「S#68. 교회 앞(외부/낮)」에서 다시 한 번 구체적 대상으로 지정된다.

S#68. 교회 앞(외부/낮)

종 찬: (약간 당황해서) 하, 참 어려운 질문 하시네예. 와 교회에 나오느냐꼬예?
　　그야…… 하나님 믿을라꼬 나오지예.
신 애: 정말이세요? 다른 목적이 있어서 나오는 게 아니고요?
종 찬: (웃으며) 신애씨, 뭐 오해하고 계시네예. 그기 아이고…… 나도 믿음이 있심더.
신 애: 정말 믿음이 있어요? 맹세할 수 있어요?
종 찬: 예?
신 애: 하나님 앞에 맹세할 수 있냐고요. (하늘을 한번 쳐다본다.) 지금 하나님이 보고 계세요.
　　하나님 앞에 믿음이 있다고 맹세할 수 있어요?

종찬도 하늘을 힐끗 쳐다보고 다시 신애를 본다.
신애의 눈빛이 너무 진지해서 그는 뭐라 말을 할 수가 없다.[158]

하나, 로우 앵글(Low Angle)을 수직적으로 하강시켜, 눈높이에서 피사체를 수평적으로 촬영하는 아이 레벨 앵글(Eye-level Angle)로 조정한다. 그 결과 준의 유괴와 사망사건 이후 다만 '하늘'이라고 지칭할 뿐, 프레임(Frame) 안에서 시각적으로 완전히 소멸된다.

158 이창동, 「S#68. 교회 앞(외부/낮)」, 『밀양(각본/각색: 이창동)』, 파인하우스필름, 2007.

둘, 교회에서 예배를 보고 나온 신애는 교회 주차요원을 자처하는 종찬에게 '하늘'과 '햇볕'을 가르치며, '지금 하나님이 지켜보고 계'신다고 구체화시킨다. '하늘을 쳐다보면 하느님'이라고 지칭했던 '하늘'에서도 '햇볕'이 완전히 거세되었음을 알 수 있다. 이는 이후의 서사적 맥락과 맞닿아 있는 미장센(Mise en scene)이기도 하다.

VII

병렬편집의 가장과 진실의 공간,

그리고 교차편집

'준'의 유괴와 죽음이라는 사건을 계기로, 신애는 종교에 광적인 몰입을 보이더니 이내 균열이 드러난다. 사회적 공간인 밀양주민들과 함께 있는 신애의 모습과 개인적 공간인 신애의 집에 있는 모습은 사뭇 대조적이다. 이를 병렬편집(Parallel editing)을 통해 이완과 긴장의 관계를 유지하면서, 가식과 진실을 탐색하게 만든다.

1. 병행 편집의 가장의 공간과 진실의 공간의 충돌

신애는 「S#65. 부흥회(내부/낮)」의 '상처받은 영혼을 위한 기도회'에 참석한다.

S#65. 부흥회(내부/낮)

연단 앞에서 젊은 밴드 연주자들이 음악을 연주하고 있다. 기타와 베이스, 드럼과 키보드까지 갖춘 5인조 밴드. 부흥회라기보다 마치 작은 콘서트장 같은 분위기다. 그들의 뒤에 〈성령의 기름 부어주소서〉, 또는 〈영혼의 상처 씻어주소서〉 등의 글귀가 적힌 현수막이 보인다. 음악에 맞춰 함께 찬송하고 기도하는 신자들의 모습이 다양하다. 손뼉을 치는 사람, 두 팔을 위로 쳐들거나 앞으로 내밀며 노래하는 사람, 머리를 깊이 숙이고 기도하는 사람 등. 안경을 들어 눈물을 닦는 여자, 눈을 감은 채 몸을 좌우로 일렁이는 중년 남자 등도 보인다. 그 가운데 신애가 이방인처럼 앉아 있다. 그녀는 자신이 이곳에 왜 와 있는지조차 스스로 이해하지 못하는 듯한 표정이다. 그녀의 뒷자리에 종찬의 모습도 보인다. 어색하기는 종찬도 못지않다. (중략)

부흥목사: 우리의 마음을 주관하시는 하나님, 우리를 고통에서 일으켜 주시는 하나님……. 당신의 그 귀한 사랑을 내 안으로 부어 주소서. 오! 하나님. 오! 하나님……. 꽉 막혀있는 마음을, 뭉쳐있는 마음을 풀어주게 해주소서.

중년여인의 울음이 잦아드는가 싶더니, 어느 순간 앞쪽에서 누군가의 기침소리가 들린다. 속이 꽉 막혀 답답해서 터져 나오는 것 같은 어느 여자의 기침소리. 이윽고 그 기침소리는 울음소리로 바뀐다. 너무나 절절한 울음소리다. 깊이를 알 수 없는 가슴 저 밑바닥에서 터져 나오는 것 같은 울음. 울음의 주인공은 자신의 속에서부터 끊임없이 터져 나오는 그 고통의 부르짖음을 스스로 억제하지 못하는 것 같다.

부흥목사: 오, 하나님…… 오, 하나님……. 내가 마음의 고통과 상처로 인하여 통곡하오니 꽉 막혀 있는 마음을, 뭉쳐 있는 마음을 풀어주소서. 슬픔에 젖어 있는 마음을, 사랑하지 못하는 마음을, 하나님이여…… 치유해주소서.

비로소 우리는 그 울음의 주인공이 신애임을 알 수 있다. 그녀는 두 손을 가슴에 꼭 붙인 채 온몸으로 소리 내며 통곡하고 있다. 가슴 밑바닥까지 뭉쳐져 있던 그녀의 슬픔과 고통이 한꺼번에 터져 나오고 있는 것이다. 뒤에 앉은 종찬이 어찌 할 바를 모르고 그녀를 보고 있다. 목을 놓아 울고 있는 신애의 뒤로 목사가 다가온다. 키보드의 음악과 함께 이제 목사는 노래로 기도하고 있다.

부흥목사: 사랑합니다. 나를 자로 삼으신 주.사랑합니다. 나를 자로 삼으신 주 내 부르짖음 들으시고 가자하심을 영원히 주 찬양합니다……

목사는 기도를 계속하면서 신애의 머리에 손을 얹는다. 신애, 천천히 고개를 들어. 허공을 쳐다본다. 울음이 약간 진정이 되는 듯하다. 자신의 속에 있는 것을 다 비어낸 것 같은 텅 빈 얼굴.[159]

'성령의 기름 부어주소서', 또는 '영혼의 상처 씻어주소서' 등의 현수막
이 보이고 젊은 밴드 연주자들이 보이고 그 속에 있는 교인들은 광적이기
까지 하다. 저마다의 고통으로 절규하는 인물들의 모습이 프레임(Frame)
하나하나에 개별적으로 배치되고 있다. 결국 이들의 정신적 트라우마
(Trauma)는 연대성이 소멸된 개개인의 고통일 뿐 파편화되어 있으며, 이들
의 신앙심도 개별적이며 서로 공유될 수 없는 냉담함을 이루어내고 있다.
결국 '목을 놓아 울고' 마는 신애의 뒤로 다가온 목사가 신애의 머리에 손
을 얹고 기도하자, 신애는 '울음이 약간 진정'되고 '자신의 속에 있는 것을
다 비어낸 것 같은 텅 빈 얼굴'을 한다. 「S#65. 부흥회(내부/낮)」를 다녀
온 후 「S#67. 피아노 학원(내부/낮)」의 신애는 다소 안정적이다.

S#67. 피아노 학원(내부/낮)

미소를 짓고 있는 신애의 얼굴 CLOSE-Up.

신 애: (미소를 지은 채 쑥스러운 듯 잠시 말을 망설이고 있다가)⋯⋯다시 태어난다는 말⋯⋯ 전에는
　　　그게 무슨 말인지 몰랐거든요? 그런데, 이제 확실히 알게 되었어요. 처음에 우리 김 집사님
　　　이⋯⋯ (누군가에게 미소를 지어 보인다) 저한테 그러시더라고요. 이 세상에는 눈에 보이는
　　　것만 있는 게 아니라 눈에 보이지 않는 것도 있다고. 처음 그 말을 들었을 때는요, 솔직히

159 이창동, 「S#6. 부흥회(내부/낮)」, 『밀양(각본/각색: 이창동)』, 파인하우스필름, 2007.

참 우스웠는데(사람들의 웃는 소리 들린다.) 이제는 저도 그 사실을 분명히 여기, (가슴에 손을 얹으며) 이 가슴으로 느낄 수 있게 되었어요.

낮은 소리로 '할렐루야!' '아멘!' 하는 소리 들린다. 카메라 천천히 빠지기 시작하면 신애의 앞에 둘러앉아 있는 예닐곱 명 정도의 교인들 모습을 볼 수 있다. 사람들은 40대 초반의 여자 전도사를 중심으로 피아노 학원 바닥에 둘러 앉아 있다. 김 집사의 모습도 보인다. 그들 뒤쪽으로 학원의 유리문을 통해 거리 풍경이 보인다.

신 애: 그렇게 이 가슴이 누가 막 손으로 짓누르는 것 같이 아팠는데요…… 이제 안 아파요. 평화를 얻었어요. 이제는 정말…… 제가 겪은 모든 일들이……(그녀의 눈에서 소리없이 눈물이 흘러내린다.) 하나님의 뜻 가운데 있다는 것을 분명히 믿게 되었어요. 정말 감사합니다. (중략)
전도사: 하나님은 지금 이곳에 계십니다. 우리와 지금 이곳에 함께 계십니다. 우리를 구원하신 하나님, 지금 이곳에 계신 하나님을 찬양합니다. 성령 안에서 모든 것을 감사하면서, 하나님께 그렇게…… 253장 찬양하겠습니다. 253장, 그런 마음을 가지면서, 손뼉을 치면서 찬양하겠습니다.

모두들 손뼉을 치며 노래하기 시작한다.

일 동: 구원으로 인도하는 그 문은 참 좁으며 생명으로 인도하는 그 길은 참 험하니

유리문 바깥의 길에서 누군가 피아노 학원 쪽으로 다가온다. 종찬이다. 그는 유리문 안을 들여다보고 문을 열고 들어온다. 성경책을 들고 있는 품이 좀 어색하다.

일 동: 우리 몸에 매어 있는 그 더러운 죄 짐을 하나 없이 벗어놓고 힘써서 들어갑시다… (후략)[160]

하나, 신애는 김 집사의 말대로 '다시 태어났'으며 '이 세상에는 눈에 보이는 것만 있는 게 아니라 눈에 보이지 않는 것'도 있음 온화하고 차분한 안정된 얼굴로 역설한다. 이를 클로즈업(Close-Up)으로 평화를 찾은 신애의 표정을 강조한다.

둘, 「S#65. 부흥회(내부/낮)」를 다녀온 후, 한결 온화하고 차분한 안정된 얼굴의 신애가 있다. 이윽고 그렇게 '이 가슴이 누가 막 손으로 짓누르는 것 같이 아팠'는데 지금은 '평화를 얻었'으며 하나님의 뜻 가운데 있다는 것을 분명히 믿게 되었'음을 이야기한다. 이때 '카메라 천천히 빠지'게

160 이창동, 「S#67. 피아노 학원(내부/낮)」, 『밀양(각본/각색: 이창동)』, 파인하우스필름, 2007.

하여 점점 멀어지는 달리 아웃(Dolly out)으로 '예닐곱명 정도의 교인들과 40대 초반의 여자 전도사와 김집사의 모습'까지 한 프레임(Frame)로 수용시킨다. 마치 종교라는 매개체를 통해 연대감이 이루어지고 있는 듯하다.

셋, 유괴사건 이후 하느님을 통해 신애 자신이 구원받았음을 디제시스적 사운드(Diegetic sound) 「찬송가 253장」[161]을 미키 마우징(Mickey Mousing)로 활용하여 더욱 견고하게 만든다. 「S#69. 교회(내부/낮)」에서 예배중인 신애와 '김집사와 강장로'의 모습과 '종찬' 등이 모두 일제히 입을 맞추는 모습을 결합시켜, 연대의식을 강화한다.

161

S#69. 교회(내부/낮)

예배 중인 교회의 내부. 성가대가 노래하고 있다. 찬송가를 부르는 신도들 가운데 신애의 모습이 보인다. 그 옆으로 김 집사와 강 장로의 모습도 보이고, 종찬의 모습도 보인다. 종찬은 찬송가를 잘 모르는 눈치지만, 나름대로 입을 맞추려고 노력하고 있다.[162]

'상처받은 영혼을 위한 기도회'인 「S#65. 부흥회(내부/낮)」에서 절규하는 밀양의 주민들을 프레임(Frame) 각각에 배치시킴으로써, 저마다의 고통은 개별화되어 있고 파편화되어 있었다. 그러나 부흥회를 통해, 고통과 절망을 비워낸 듯한 신애를, 예배를 보는 밀양 사람들과 한 프레임(Frame)으로 처리한다. 이는 종교를 중심으로 연대하고 공동체화되고 있음을 서사화 하기 위한 감독의 의도된 전략임을 알 수 있다. 이는 더욱 더 강력하고 견고해져 '이들 역 광장의 한쪽 구석'에 '찬송가도 부르면서 「S#72. 밀양역(외부/낮)」에서 전도까지 하는 적극적인 종교인으로 변한 신애는 이제 완벽한 밀양 사람들과 합일을 하는 듯 보인다.

그러나 「S#73. 신애 집(내부/낮)」, 즉 개인적 공간에서 신애의 행동은 밀양의 주민들과 함께 있는 모습과는 사뭇 대조적이다. 집단적 밀양의 공간

162 이창동, 「S#69. 교회(내부/낮)」, 『밀양(각본/각색: 이창동)』, 파인하우스필름, 2007.

과 개인적 신애의 공간을 넘나들면서 보이는 이율배반적 모습은 새로운 삶을 시작하겠노라 선언하며, 밀양으로 내려와 불행한 과거의 삶을 행복한 삶이었다고 가장하는 모습과 유사한 듯 보인다. 또 한 번의 가장을 의심하게 한다.

S#73. 신애 집(내부/낮)

부엌 싱크대에 서 있는 신애. 혼자 선 채로 밥을 먹고 있다. 사이.
그녀의 눈에서 소리없이 눈물이 흘러내린다. 예고 없이 찾아온 고통. 그 고통을 이기려는 듯,

신 애: (고개를 들고 작은 소리로) 하늘에 계신 우리 아버지…… 이름이 거룩히 여김을 받으시오시며, 나라에 임하옵시며, 뜻이 하늘에서 이루어진 것 같이, 땅에서도 이루어지이다. 우리가 우리에게 죄 지은 자를 사하여 준 것 같이…… 우리 죄를 사하여 주시옵고……[163]

'하느님'으로 지칭되었던 '하늘'은 프레임(Frame) 내부에 존재하지 않지만, 신애의 몸짓을 세밀하게 보면 여전히 '하느님'이란 대상은 존재한다. 아이 레벨 앵글(Eye-level Angle)로 신애가 혼자 서서 밥을 먹고 있는데, 아직 가슴에 막힌 것이 있는 듯한 신애 뒷모습을 미디엄 쇼트(Medium Shot)와 결합시킨다. 밀양주민들과 함께 있을 때의 초탈한 듯한 의연한 모

163 이창동, 「S#73. 신애 집(내부/낮)」, 『밀양(각본/각색: 이창동)』, 파인하우스필름, 2007.

습관는 달리 부엌에 서서 혼자 밥을 먹던 신애는 다시 한번 고통을 삼키는 듯한 표정을 보인다. 신애는 천장을 보며 원망의 눈길을 보내고 수직적인 '위'로 대체되며, 구체적 대상인 '하나님'이 된다. 신애는 '(고개를 들고 작은 소리로) 하늘에 계신 우리 아버지…'라고 기도하면서 눈에는 눈물이 주르르 흐른다.

'준'의 사망신고를 하고 나와 〈상처입은 영혼을 위한 기도회〉라는 현수막을 보고 간 「S#65. 부흥회(내부/낮)」와 「S#67. 피아노 학원(내부/낮)」에서 예배를 보고, 「S#69. 교회(내부/낮)」의 성가대 무리속에서 노래하고, 「S#72. 밀양역(외부/낮)」 광장에는 전도 찬양하는 신애가 있다. 이 공간은 밀양이라는 집단적 공간이며 종교적 공간으로 사회적 공간이기도 하다. '하나님을 만나 성령을 받'고 '고마우신 우리 주님께서 그런 은혜를 받아 고통 받는 어린 양에게 구원'을 주셨다며 안정적이고 평화로운 모습을 하고 있는 신애가 있다. 마치 '준'의 죽음을 수용하고 신애의 고통과 절망이 절대적 믿음으로 승화된 것처럼 보인다. 그러나 이윽고 개인적 공간인 「S#73. 신애 집(내부/낮)」에서 식사를 하면서 하늘에 대한 원망과 분노는 여전하고 아들에 대한 뼈아픈 그리움은 사무치게 다가온다.

감독은 '준'의 유괴와 사망 이후 종교적으로 위안을 찾으려고도 무던히 노력도 해 보았지만, 여전히 치유되지 않은 뿌리깊은 절망과 고통은 인간적이 수준에 머물러 있음을 서사화하기 병렬편집(Parallel editing)을 선택한다. 결국 신애가 하느님으로부터 얻은 위안이 얼마나 위태로우며 기만적인가를 드러내는 동시에 여전히 지속되고 있는 내면의 고통을 한층 강화시킨다. 또한 유괴범을 면회하는 「S#84. 접견실(내부/낮)」에서 신애의 불균형적인 행동의 원인이 드러나게 된다.

2. 교차편집과 보이스 인 나레이션

전체의 서사 중 '인간의 권리'는 소설과 영화 모두에서 동일하게 다루어진 내용이다. 이청준의 『벌레이야기』는 남편의 증언을 통해 이루어지고, 이창동 감독의 『밀양(密陽, Secret sunshine)』은 보이스 인 나레이션(Voice in Narration)에 의해 서사가 진행된다.

그런데 아내는 쓸데없는 욕심을 부리기 시작했다. 그것이 아내의 마지막 비극을 불렀다. 다른 아니라 아내는 당돌하게도 자기용서의 증거를 원했다. 더욱이 그것을 그 지금까지의 원망과 복수심의 표면적이던 범인을 상대로 구하려 한 것이었다.[164]

S#75. 까페(내부/낮)

---

164 이청준, 『벌레이야기』, 열림원, 2007, p.74.

경쾌한 음악이 흐르는 어느 까페. 문이 열리고 신애가 서둘러 들어온다. 영남루와 밀양 교가 내다보이는 창가의 한쪽 테이블에 대여섯 명의 교우들이 모여 있다.

신　애: 죄송해요. 제가 늦었죠?
김집사: 주인공이 이래 늦게 오마 우야노?
신　애: 주인공이요? (그제야 탁자 위에 작은 케이크가 놓인 걸 보고)……어머!
박명숙: (곁에 두었던 꽃다발을 김 집사에게 주며) 집사님, 이거……. [중략]

사람들의 박수 속에 꽃다발을 받으며 신애는 채 말을 잇지 못한다.

신　애: ……예뻐요.

케이크의 촛불을 불어 끈다. 다시 박수.

신　애: (감정을 억제하려 애쓰며) 감사합니다. 이렇게 예쁜 꽃도 주시고…… 저는 오늘이 제 생일인지도
　　　몰랐는데……. (사이) 저…… 한 가지 말씀드릴 게 있어요. 제가 여기 오면서 결심한 게 있어요.
　　　(잠시 말을 끊고 사람들을 둘러본다.) ……저 이번 주일에 교도소로 면회를 갈려고 해요.
오집사: 교도소를 와? 누가, 아는 사람이 교도소에 들어갔어요?
신　애: (미소를 지으며) 예, 제가 잘 아는 사람이 지금 교도소에 있지요. 우리 아이 죽인 범인이요.

사람들은 뭐라고 할 말을 잃은 표정이다.

김집사: 그 사람…… 범인을 와 면회하려는데?
신　애: 용서해주려고요. 내게 너무 큰 고통을 안겨준 사람이지만……
　　　하나님이 원수를 사랑하고 용서하라고 했잖아요.
신도2: 이신애 씨 정말 대단하다! [후략][165]

　　전체의 서사에서 신애가 가장 행복해하던 「S#26. 웅변학원(내부/낮)」의 '부모님의 은혜'의 주제로 '준'의 발표를 듣고 있는 그 때 신애가 입었던 그 푸른 색상으로 회귀한 듯한 인상을 준다. 감독은 의상의 변화로 '우리 아이 죽인 범인'을 면회할 정도로 심리적 절망과 고통을 종교의 힘으로 승화되고 있음을 대신이라도 하듯 말이다. 이윽고 신애는 범인을 '용서해주려고요. 내게 너무 큰 고통을 안겨준 사람이지만…… 하나님이 원수를 사랑하고 용서하라고' 했기 때문에 '교도소에 직접 찾아가서 그 사람한테 내 용서를 말하고 하느님의 사랑을 전'하려 한다.

165　이창동, 「S#75. 카페(내부/낮)」, 『밀양(각본/각색: 이창동)』, 파인하우스필름, 2007.

이청준『벌레이야기』의 아내는 유괴범인 주산학원 원장을 용서할 결심을 하지만 "면회를 다녀오고 나서 아내는 모든 것이 다시 허사"[166]가 되고 자리에 드러눕게 된다. 함께 갔다 온 김집사도 알 수 없다고 하고 '나' 역시 아내의 절망감의 실체를 파악하지 못한다.

이창동 감독의『밀양(密陽, Secret sunshine)』에서 신애가 박도섭을 면회하러 간「S#84. 접견실(내부/낮)」에서 창살을 중심으로 신애와 범인을 미디엄 쇼트(Medium Shot)로 처리한 후, 오버 숄더 쇼트(Over the Shoulder Shot)를 결합시키고, 때로는 클로즈업(Close-Up)을 활용한다. 이후에 교차편집(Cross-cutting)을 통해 긴장의 서사를 이루어내고 있다.

S#84. 접견실(내부/낮)

작은 구멍이 송송 뚫린 플라스틱 창 너머로 죄수복을 입은 한 남자가 교도관과 함께 들어선다. 박도섭이다. 그는 자리에 앉아 굳은 얼굴로 면회객을 본다. 사이. 박도섭을 쳐다보는 신애의 얼굴. 잠시 말없이 앉아 있다가 이윽고 입을 연다.

신 애: ……얼굴이 좋네요. 생각보다.
박도섭: 죄송합니다.

---

166 이청준, 앞의 책, p.81.

신　애: 아니에요. 건강해야지요. (그녀의 얼굴에 미소가 떠오른다.)
　　　　아무리 큰 죄를 지은 죄인이래도 하나님은 건강을 주시잖아요.

말없이 신애를 바라보는 박도섭. 그녀의 말이 좀 뜻밖인 것 같은 표정이다.

신　애: 이 꽃…… (손에 들고 있던 꽃을 들어 보인다.) [중략] 내가 오늘 여기 찾아온 건요…… 하나님은
　　　　혜와 사랑을 전해주러 왔어요. 나도 전에는 몰랐어요. 하나님 계시다는 것도 절대 안 믿었어요.
　　　　내 눈에 안 보이니까 안 믿었지요. 그런데 우리 준이 때문에……

그녀는 잠깐 감정을 억제하려 한다. 그리고 미소를 지으려 노력한다.

신　애: ……하나님 사랑을 알고 비로소 마음의 평화를 얻고 새 생명을 얻었어요. 얼마나 감사한지,
　　　　그분의 사랑과 은혜를 느낄 수 있어서 얼마나 행복한지 모르겠어요.
　　　　그래서 내가 이곳에 찾아온 거예요……. 그 분의 사랑을 전해주기 위해서요.
박도섭: 고맙습니다.

신애가 박도섭을 쳐다본다.

박도섭: 정말로 고맙습니다. 준이 어머니한테 우리 하나님 아버지 이야기를 듣게 되이……
　　　　참말로 감사합니다. 내 기도가 통했는갑심더.

박도섭의 그 말이 신애를 놀라게 한다.

박도섭: 저도 믿음을 가지게 되었거든에.
　　　　여, 교도소에 들어온 뒤로…… 하나님을 가슴에 받아들이게 됐심더.
　　　　하나님이 이 죄 많은 인간한테 찾아와 주신 거지예.

신애는 말없이 박도섭을 쳐다본다. 박도섭은 믿음을 가진 사람답게 아주 평화롭고 안정
되어 보인다.

신　애: (이윽고) ……그래요? 하나님을 알게 되었다니 다행이네요.
박도섭: 예, 얼마나 감사한 일입니꺼? 하나님이 저한테, 이 죄 많은 놈한테 손 내밀어 주시고,
　　　　그 앞에 엎드리가 지은 죄를 회개하도록 하고, 제 죄를 용서해주셨습니다.
신　애: 하나님이…… 죄를 용서해주셨다고요?
박도섭: 예! 눈물로 회개하고 용서 받았습니다. 그라고나서부터 마음의 평화를 얻었심다.
　　　　잠도 잘 자고…… 아침에 일어나자마자 기도하고……
　　　　하루하루가 얼마나 감사한지 모릅니다. 인제 아무 여한이 없습니다.
　　　　어떤 처벌을 받더라도, 사형이 돼도 달게 받을 마음의 준비를 하고 있습니다.
　　　　정말로…… 장기기증까지 다 해 두었심더.
　　　　이 죄 많은 인간의 몸이라도 하나님이 주신 거라 가치 있게 쓰일 수 있으면 좋겠다,
　　　　그런 생각했심더. 하나님한테 회개하고 용서받았으이 이렇게 편합니다,
　　　　내 마음이. (가슴에 손을 얹는다.)
신　애: …….
박도섭: 요새는 내가 기도로 눈 뜨고 기도로 눈 감습니더.
　　　　준이 어머니를 위해서도 기도 마이 합니더. 빼놓지 않고 늘 합니더.
　　　　죽을 때까지 할 낍니더. 그런데 인제 이래 만나고 보이,

하나님이 역시 제 기도를 들어주시는갑심더.

언제부터인가 신애는 아무런 말도 하지 못하고 있다.[167]

하나, '하나님의 사랑을 전해주기 위해' 범인을 찾아가게 된다. 그러나 이미 '하나님이 이 죄 많은 인간한테 찾아와' 주셔서 '눈물로 회개하고 용서 받'고 '마음의 평화'를 얻었으며, '사형이 돼도 달게 받을 마음의 준비'가 되었으며 '죄 많은 인간의 몸이라도 하나님이 주신 거라 가치 있게 쓰일' 수 있게 '장기기증'까지 준비해 둔 상황이다. 신애와 범인을 창살을 중심으로 마주보는 얼굴을 미디엄 쇼트(Medium Shot)로 처리한 후, 오버 숄더 쇼트(Over the Shoulder Shot)를 결합시킨다. 때로는 범인의 표정이나 제스처에서 나오는 감정표현을 집중하기 위해 클로즈 업(Close-Up)을 활용하여 관객과의 거리공간을 없애 주의를 집중시킨다. 또한 오버 숄더 쇼트(Over shoulder shot)로 신애와 범인사이에 놓인 창살을 그대로 노출시킨다. 이는 두 인물사이에 놓인 창살은 중심으로 상반된 감정라인을 그려내고 있고, 신애와 범인과의 거리를 멀게 느껴지게 하면서, 업 숏(Up shot)으로 당황한 신애의 표정을 포착한다.

둘, 범인과 신애를 면회실 창살을 중심으로 각각의 표정을 교차 편집(Cross-cutting)함으로써 두 인물간의 흐르는 묘한 긴장감을 서사화하고 있다. 교차 편집(Cross-cutting)은 "두 인물이 서로 마주보는 장면에서 서로의 시선을 병치시키며, 의식 차이와 긴장감을 드러내는데 효과"[168]적이

---

167 이창동, 「S#84. 접견실(내부/낮)」, 『밀양(각본/각색: 이창동)』, 파인하우스필름, 2007.
168 D. 보드웰(David Bordwell)·K. 톰슨(Kristin Thompson), 주진숙·이용관 옮김, 『영화와 예술』, 이론과 실천, 1997, pp.334-335.

다. 범인은 '믿음을 가진 사람답게 아주 평화롭고 안정'되어 보이고 이와는 대조적으로 신애는 망연자실한 표정으로 마주하던 눈빛을 떨구고 어쩔 줄 모르는 당혹스러운 표정이다. 현실에서는 가해자인 범인, 그리고 피해자인 신애가 있다. 그러나 교도소에서는 가해자는 범인은 하느님께 용서를 빌고 구원받고 심지어 은총까지 베푸는 자가 되어 있고, 피해자인 신애는 오히려 절망으로 서로의 입장이 주객전도되고 있음을 교차 편집(Cross-cutting)을 통해 대조적인 입장을 강화시키고 있다.

이청준의 『벌레이야기』에서 김집사의 말의 의하면 범인은 "흉악스럽기는 커녕 자신의 모든 잘못을 시인하고 애 엄마에게 간절한 용서를 빌었"[169]다고 한다. 그러나 아내의 '바닥모를 절망감'은 뿌리깊은 것이었다. 이창동 감독의 『밀양(密陽, Secret sunshine)』의 신애는 면회를 마치고 나오자마자, 순간 망연자실한 표정으로 「S#85. 구치소 주차장(외부/낮)」에서 말없이 쓰러진다.

이청준의 『벌레이야기』 속 아내는 주산학원 원장인 김도섭을 면회하고 온 후 자신에게 하느님 믿음을 강조하며, 용서를 권유하는 집사에게 아내는 이렇게 말한다.

그래요 내가 그 사람을 용서할 수 없었던 것은 그것이 싫어서보다는 이미 내가 그러고 싶어도 그럴 수 없게 된 때문이었어요. 집사님 말씀대로 그 사람은 이미 용서를 받고 있었어요. 나는 새삼스레 그를 용서할 수도 없었고, 그럴 필요도 없었어요. 하지만 나보다 누가 먼저 용서합니까. 내가 그를 아

---

169 이청준, 앞의 책, p.83.

직 용서하지 않았는데 어느 누가 나 먼저 그를 용서하느냔 말이에요. 그의 죄가 나밖에 누구에게서 먼저 용서될 수 있어요? 그럴 권리는 주님에게도 있을 수가 없어요. 그런데 주님께서 내게서 그걸 빼앗아 가버리신 거예요. 나는 주님에게 그를 용서할 기회마저 빼앗기고 만 거란 말이에요, 내가 어떻게 다시 그를 용서합니까.[170]

하지만 나는 이제 그것으로 아내의 그간의 기옥 같은 절망의 정체를 알아차릴 수 있었다. 비로소 그 참담스런 절망의 뿌리를 들여다볼 수 있게 된 것이다. 아내는 한마디로 그의 주님으로부터 용서의 표적을 빼앗겨버린 것이었다. 그리고 그의 용서의 기회를 잃어버린 것이었다. 아내에겐 이미 원망뿐 아니라 복수의 표적마저 사라지고 없었다. 뿐만 아니었다. 그녀가 용서를 결심하고 찾아간 사람이 그녀에 앞서서 주님의 용서와 구원의 은혜를 누리고 있었다. 아내와 알암이의 가엾은 영혼은 그 사내의 기구(난들 어찌 그것을 용서라고 말할 수 있으랴)를 통하여 주님의 품으로 인도될 수가 있었다. 아내의 배신감은 너무도 분명하고 당연한 것이었다. 그리고 그 절망감은 너무도 인간적인 것이었다.[171]

이창동 감독의 『밀양(密陽, Secret sunshine)』에서 신애는 자신을 위로하러 온 교회 사람들에게 충격과 절망의 원인을 보이스 인 나레이션(Voice in Narration)으로 전달한다.

S#93. 신애 집(내부/저녁)

---

170 이청준, 앞의 책, p.90.
171 이청준, 위의 책, p.93.

신　애: [자리에서 일어나며] 용서하고 싶어도 난 할 수가 없어요! 그 인간은 이미 용서를 받았대요!
　　　하나님한테! 그래서 마음의 평화를 얻었대요!
김집사: [신애를 진정시키려 붙들며] 아이고, 와 이라노? 목사님 기도 중에……. 그래 하나님이
　　　용서하셨으이까네……. 이선생도 용서해야지.
신　애: 이미 용서를 받았는데, 내가 어떻게 다시 용서할 수 있어요? 내가 그 인간을 용서하기도
　　　전에 어떻게 하나님이 먼저 그를 용서할 수 있어요? 난 이렇게 괴로운데 그 인간은 하나님
　　　사랑으로 용서받고 구원 받았어요! 어떻게 그럴 수가 있어요? 왜? 왜애?[172]

　범인이 독실한 기독교인이 되어 이미 하느님으로부터 용서를 받고 평화
로운 마음으로 이 세상에서의 자신의 마지막 날을 기쁜 마음으로 기다리고
있었기 때문이었다. 범인은 신애가 용서를 해주기도 전에 이미 하나님께
모든 죄를 용서받고 하나님의 사랑 속에서 마음의 평화를 누리고 있었기
때문에, 막상 그를 용서하지 못한 것이다. 그에게 복수를 할 수도 없고, 더
욱 용서할 권리마저 하나님에게 빼앗겨버리게 된 것이다.

　이청준의 『벌레이야기』와 이창동 감독의 『밀양(密陽, Secret sunshine)』
은 종교적인 작품으로 읽어낼 수 없는 이유를 두 측면에서 볼 수 있다.
하나, 이청준의 『벌레이야기』에서 아내는 교인도 아니었고 '알암이'의 유
괴사건이후 '무사귀환을 위해 기원'하는 일종의 기복행위의 한 가지였기
때문에 절간이건 교회든 무관했다. 또한 사체 발견 후 절망과 그 고통은
'원망과 복수심'으로, 범인이 검거되고 나서는 '아이의 영혼을 위한 구원'
을 위해 하느님에게 집중하게 된다. 아내의 절대적 믿음 중심에는 하느님

172　이창동, 「S#93. 신애집(내부/저녁)」, 『밀양(각본/각색: 이창동)』, 파인하우스필름, 2007.

이 아닌 어미로서 오로지 '알암이'가 있었던 것이다. 이창동 감독의 『밀양(密陽, Secret sunshine)』에서 은혜약국의 김집사의 몇 차례의 권유가 있었으나, '준'의 사망신고를 하고 거리에 나와 불현듯 〈상처받은 영혼을 위한 기도회〉에 참여하면서 종교에 집중하게 된다. 종교적으로 위안을 찾으려고도 무던히 노력도 해 보았지만, 여전히 치유되지 않은 뿌리깊은 절망과 고통은 인간적이 수준에 머물러 있음을 표현하기 위해 감독은 병렬편집(Parallel editing)을 선택한다. 즉, 집단적 공간인 밀양에서의 안정적인 신애와 개인적 공간인 집에서의 신애의 불안한 분노를 대조시켜 '아이를 잃은 어미'의 상실감을 강화시킨다.

둘, '용서'와 '인간의 권리'라 할 수 있으며, 이 둘의 공통적 특성은 하나님의 용서와 인간의 용서는 통일되지 않고 분리되어 이원화 되어 있다는 것이다. 더군다나 김집사가 하느님에게 이끄는 이유와 과정은 오직 그녀를 하나님의 품에 안기도록 하는 데 있을 뿐, 아이를 잃은 '어미의 인간적인 고통'은 도외시하고 있다. 즉, 하나님의 용서와 인간의 용서를 구분하고, 범인이 받은 용서는 피해자의 용서가 선행되지 않았음에도 불구하고, 하느님에게 용서받고 마음의 평화를 얻었다는 것이다. 이 두 작품 모두 종교적인 작품으로 읽힐 수 없는 근거가 여기에 있으며, 결국 두 작품 모두 '인간의 권리'에 그 중심을 두고 있다.

VIII

버즈 아이 뷰의 환상적 공간과
현실적 공간의 수직적 대립

이청준의 『벌레이야기』와 신이 이미 용서했으므로 인간이 해야 할 용서가 남아있지 않다고 생각한 아내는 결국 고통 속에서 범인의 교수형이 집행된 뒤 자살을 선택하게 된다. 반면 이창동 감독의 『밀양(密陽, Secret sunshine)』은 범인에 대한 용서가 좌절로 끝나버리고, 아무것도 할 수 없고 어떤 위로도 받을 수 없다는 허탈감에 빠져든다. 그리고 신애는 '절대자인 하느님', 즉 '범인을 용서한 하느님', 즉 '용서할 수 있은 인간의 권리'를 앗아간 그를 향해 조롱하고 저항하기 시작된다. 다섯 단계의 에피소드(Episode)를 거쳐 심화되고 확장된다.

에피소드 하나, 「S#92. 예배당(내부/낮)」에 신애의 보이스 인 나레이션(Voice in Narration) 없이 앵글(The angle)의 변화와 몸짓을 통해 신애의 정서를 표현하고 있다.

S#92. 예배당(내부/낮)

신애가 문을 밀고 들어선다. 평일이라 두어 명의 기도하는 여자들이 보일 뿐, 비어 있는 교회 안. 줄지어 있는 긴 의자들 너머 보이는 기도하는 여자들의 뒷모습. 두 팔 사이에 머리를 파묻고 열렬히 기도하는 여자도 있다. 웅얼거리는 기도소리는 거의 흐느끼는 것처럼 들린다. 그녀는 잠시 그 자리에 서서 앞을 바라보고 있다가 카메라 쪽으로 다가와 자리에 앉는다. 계속해서 앞을 보고 있던 그녀가 손바닥으로 의자를 두드리기 시작한다. 사람들의 기도를 방해하듯. 처음에는 천천히 시작하다가 점점 세게 두드린다. 기도하던 여자들이 놀라 돌아본다. 그래도 그녀는 손으로 계속 두드린다. 그들은 놀란 얼굴로 그녀를 쳐다보고 있다. 그녀는 무섭게 부릅뜬 눈으로 제단 위의 십자가를 노려보고 있다.[173]

감독은 신애의 머리위에서 '제단 위의 십자가'를 카메라로 아래에서 위로 촬영했지만, 아이 레벨 앵글(Eye-level Angle)에 가깝기 때문에, 십자가의 수직성이 감소되고, 그 비율을 축소시킨다. 앵글(Angle)의 조절을 통해 십자가로 상징되는 하나님에 대한 존경과 경외심에서 조롱과 야유로 그 감정이 변하고 있음을 대신하게 된다. 더군다나 '평일이라 두어 명 정도가 있고, 다른 여자들의 반응엔 아랑곳하지 않고', '무섭게 부릅뜬 눈을 제단 위의 십자가를 노려보며 손바닥으로 의자를 두드리며 그 세기가 천천히 점점 세'진다. 감독은 보이스 인 나레이션(Voice in narration)없이 신애의

173 이창동, 「S#92. 예배당(내부/낮)」, 『밀양(각본/각색: 이창동)』, 파인하우스필름, 2007.

행동과 눈빛, 그리고 앵글(Angle)의 조절하면서 표현된 신애의 원망과 분노의 감정선을 숨죽이며 관찰하도록 유도할 뿐이다.

에피소드 둘, 「S#97. 음반가게(내부/낮)」에서 〈김추자 베스트 20〉앨범을 훔치는 일탈행위를 한다. 그 음반가게에는 엠씨 스나이퍼(MC sniper)의 「김치 한 조각」[174] 흐른다.

S#97. 음반가게(내부/낮)

신나라 음반가게 내부. 손님이 없는 한적한 가게 안쪽 계산대에는 알바생으로 보이는 종업원이 친구와 PC 모니터를 보며 뭐가 우스운지 소리 죽여 킬킬거리고 있다. 문득 알바생이 카메라 쪽을 보며 묻는다.

---

174 엠씨 스나이퍼(MC sniper)의 「김치 한 조각」의 전문은 다음과 같다.

잠이 오지 않는 너무도 고요한밤 / 창가에 드리운 저 달빛 아래 / 입에 물린 담배 그보다 작은 풀벌레들이 내방에 찾아들고 / 그 날갯짓사이로 바람소리 들리네 / 작은 파장에 떨어지고 뒹구는 / 저 낙엽 속에 내 마음을 숨긴 채 나는 순순히 가을을 맞이해 / 내 귀에만 들리는가? /

금방이라도 터질 듯한 주체 할 수 없는 이 심장의 요동 / 불어대는 바람 속에 머물고 싶지만 / 흐르는 이 시간은 허락하지 않아 / 지붕위에 올라 고요하지 못한 맘을 / 저 높은 하늘 향해 소리치고 싶다만 / 어둠이 깰까~ 방황하는 이 내 맘은 / 나지막한 목소리로 주문을 왼다 /(후략)

종업원: (신애를 쳐다보며) 뭐 찾으시는 거 있어예?
신   애(O.S): 예, 그냥…… 구경하는 거예요.

신애가 FRAME IN 된다. 진열된 음반들을 보고 있다. 카메라, 그녀의 움직임 따라 천천히 FOLLOW. 진열되어 있는 CD 하나를 집어 든다. 카메라 FOLLOW하면, 〈김추자 베스트 20〉이라는 표제가 얼핏 보인다. 그것을 손에 들고 신애는 슬쩍 계산대 쪽을 돌아보더니, 몰래 CD를 팬티 속에 집어넣어 감춘다. 그리고 문 쪽으로 걸어 나가기 시작한다. 카메라, FOLLOW. 출입구를 지나는데 갑자기 부저가 울린다. 신애, 놀라 쳐다보지만 그냥 문을 밀고 나간다.

종업원(O.S): 손님!

문을 밀고 나오는 신애. 알바생이 쫓아나온다. 친구도 뒤따라 나온다.

종업원: 손님! (신애를 붙든다.) 손님! 계산 안 하셨죠?
신   애: 무슨 계산요? [중략]

가방을 안고 소리치는 신애의 서슬에 종업원과 친구가 놀라 쳐다본다. 지나가는 사람들도 걸음을 멈추고 보고 있다. 종업원과 친구가 다시 가방을 뺏으려하고, 신애는 뺏기지 않으려 한다. 가방에 집착하는 신애의 태도는 아무래도 병적이다. 밀고당기는 와중에 CD가 땅에 떨어진다. 종업원이 CD를 주워 든다. 신애는 가방을 꼭 안은 채 쪼그려 앉는다. 누군가 다시 가방을 뺏을까 몹시 불안해하는 것 같다.[175]

　신애를 핸드 헬드(Hand held)로 따라가는데 '몰래 CD를 팬티 속에 집어' 넣고 이상행동까지 보이는 모습은 무척이나 불안해보이기까지 하다. 음반가게에서 흘러나오는 디제시스적 사운드(Diegetic sound)인 엠씨 스나이퍼(MC sniper)의 「김치 한 조각」은 하나는 음반가게라는 공간적 배경을 제시해주는 기술적 기능과 다른 하나는 신애의 사랑과 인생의 상실감을 표현하는 미키 마우징(Mickey Mousing)으로서의 서사적 역할을 지닌다.

　에피소드 셋, 음반가게에서 훔친 〈김추자 베스트 20〉의 앨범을 가지고

175　이창동, 「S#97. 음반가게(내부/낮)」, 『밀양(각본/각색: 이창동)』, 파인하우스필름, 2007.

「S#100. 공터(외부/저녁)」의 야외기도회로 향한다. '약할 때 강함 되시네'
라는 밴드연주에 맞춰 '손뼉을 치면서 소란스럽게 찬양'을 하던 신도들은
통성기도를 시작한다.

S#100. 공터(외부/저녁)

연단 위에서 노목사가 중간기도를 하고 있다. 곁에서 진행요원이 목사가 비를 맞지 않도
록 우산을 들고 있다.

노목사: 오, 아버지여. 성령의 능력 없이는 아무것도 할 수 없음을 인정합니다.
　　　　할렐루야! 오늘 이 자리에 온 한 영혼 한 영혼 가운데 기름 부어 주옵소서.
청중들: 아멘!
노목사: 역사 하시옵소서.
청중들: 아멘!

갑자기 스피커가 혼선이 되는 듯한 잡음이 들린다. 노목사는 잠깐 당황하지만 설교를
계속한다. (중략)

노목사: 회복시켜 주옵소서.
청중들: 아멘!

그러나 목사의 설교는 스피커에서 울려퍼지는 김추자의 '거짓말이야'란 노래로 덮여진다.

노래(E): 거짓말이야. 거짓말이야. 거짓말이야. 거짓말이야……

당황하는 노목사, 놀라 쳐다보는 신도들. 진행요원들이 무대 뒤쪽으로 달려간다. 일부
신도들은 놀라 쳐다보지만, 많은 신도들은 기도에 열중하고 있다. 노목사도 기도를 계속
한다. 그 위로 천연덕스럽게 울려 퍼지는 스피커의 음악소리.

노래(E): 사랑도 거짓말…… 웃음도 거짓말……
　　　　그렇게도 잊었나 세월 따라 잊었나…….

우산을 쓴 채 소나무 숲을 걸어 나오는 신애. 그녀의 눈빛이 기묘하게 빛난다. 가끔 뒤를 힐끔거리기도 한다. 여전히 음악은 계속되고 있다. 문득 그녀의 걸음이 늦춰진다. 마치 속에서부터 뭔가 치밀어 오르는 듯 괴롭게 숨을 쉰다. 한 발짝씩 고통스럽게 걸어가면서, 그녀는 계속 숨을 쉬려고 애를 쓴다.[176]

　하나, 손뼉을 치며 소란스럽게 찬양하는 노래와 요란한 기계음이 동반된 부흥회, 연단 뒤쪽으로 걸어간 신애는 훔쳐 온 김추자의 「거짓말이야」[177]를 크게 틀어 놓는다. 목사의 설교에 이어 청중들은 기도를 하는 가운데 '스피커가 혼선이 되는 듯한 잡음'이 들리지만 목사는 '잠깐 당황하지만 설교를 계속'한다. '다시 스피커가 귀에 거슬리게 울'리고 갑자기 '음악의 전주'가 들리지만 설교의 목소리는 더욱 커진다. 결국 목사의 설교는 '스피커에서 울려퍼지는 김추자의 '거짓말이야. 거짓말이야. 거짓말이야. 거짓말이야……'란 노래로 덮여' 버리고 만다. 감독은 디제시스적 사운드(Diegetic sound)인 김추자의 「거짓말이야」를 통해 목사의 설교와 「거짓말이야」를 이중으로 겹치게 함으로써, 하느님의 제자인 목사가 직접 하느님을 부정하는 것처럼 만들어 버린다.

176　이창동, 「S#100. 공터(외부/낮)」, 『밀양(각본/각색: 이창동)』, 파인하우스필름, 2007.
177　신중현의 「거짓말이야」의 전문은 다음과 같다.

　거짓말이야 거짓말이야 거짓말이야 거짓말이야 / 사랑도 거짓말 웃음도 거짓말 / 거짓말이야 /
　거짓말이야 거짓말이야 거짓말이야 거짓말이야 / 사랑도 거짓말 웃음도 거짓말 /
　그렇게도 잊었나 세월따라 잊었나 / 웃음속에 만나고 눈물속에 헤어져 /
　다시는 사랑않으리 그대 잊으리 / 그대 나를 만나고 나를 버렸지 나를 버렸지 / 거짓말이야 (후략)

둘, 열심히 기도하던 사람들이 그 소리에 우왕좌왕 하는 모습을 뒤로 하고 빠른 걸음으로 조금은 긴장한 낯빛으로 그 기도회장소를 빠져나오는데 냉소적인 미소를 지으며 '하늘'을 쳐다본다. 아이 레벨 앵글((Eye level Angle)에 가까운 로우 앵글((Low Angle)로 유지하기 때문에 '하늘' 비율을 축소시켰고, 치켜뜬 눈과 신애의 냉소적인 표정은 '위'를 향해 노려보는데 심지어 '빛남'은 야유와 조롱의 눈빛이다.

감독은 '하늘'의 미장센(Mise en Scene)을 통해 공간적 배경을 특수화시키고, 변화를 통해 신애의 정서라인을 그대로 노출된다. 가령, 오프닝(Opening). 새로운 희망과 셀레임을 안고 밀양으로 진입하는「S#1. 도로(외부/낮)」의 '푸른 하늘'을 프레임(Frame)에서 2분의 1로 할애하여 대신하고, 유괴사건 이후 사체를 확인하러 가는「S#49. 차 안(외부/낮)」에서의 '하늘'은 3분의 1로 축소시켜 희망이 사라지고 있음을 대신한다. '준'의 사망신고를 마친 후 동사무소에서 나오는「S#64. 거리(외부/낮)」의 '하늘'은 4분의 1로, 범인과「S#84. 접견실(내부/낮)」에서 만난 이후인「S#85. 구치소 주차장(외부/낮)」에서는 프레임(Frame)에서 '하늘'을 소거시킴으로써, 밀양이 희망의 공간에서 절망의 공간으로 변화되고 있음을 미장센(Mise en Scene)이 대신하고 있다. 즉, 감독은 신애의 정서에 따라 프레임(Frame)에서 '하늘'의 비율이 점차적으로 축소시키거나, 프레임(Frame) 외부로 밀어내고 있다. 또한 '푸른 하늘'과 '따뜻한 햇볕'에서 그 '찬란한 푸르름'과 '따뜻함'을 거둬들이고 있다.

에피소드 넷, 김 집사가「S#104. 은혜약국(내부/낮)」에 없는 틈을 타, 새로 추가된 인물인 남편 강 장로에게 신애는 '상담할 게 있어서 왔'다며 드라이브를 함께 갈 것을 요구한다. 이청준의『벌레이야기』에서는 남편과 아내는 약사로 약국을 함께 운영한다. 이에 반해 이창동 감독의 『밀양(密陽, Secret sunshine)』에서는 은혜약국을 운영하는 강 장로와 김 집사를 부부로 설정하고 있다.

S#104. 은혜약국(내부/낮)

조제실 유리창을 통해 강 장로가 뭐가 이상한 듯 바깥을 내다본다.
약국 밖에서 신애가 약국 안을 보고 서 있다. 그 느낌이 좀 묘하다. 핸드폰 울리는 소리.
신애, 핸드폰을 열어보더니 곧 끊어버리고 약국 안으로 들어선다.

신 애: 장로님!

조제실 안에서 약사복을 입은 강 장로가 나온다.

강장로: 오랜 만이시네, 이선생…… . 교회 안 나오시이 얼굴 보기도 힘드네요.
신 애: 집사님은 안계시네요. 교회 가셨나?
강장로: 아니, 장 보러 갔어요. 오늘 우리 집에서 철야기도회 하는 날이라서……
신 애: 잘됐다. 나 장로님한테만 상담할 게 있어서 왔는데……

그녀가 강 장로 앞으로 바짝 다가온다. 판매대를 사이에 두고 그녀는 그를 쳐다보며 부끄러운 듯 얼굴을 붉히고 웃는다.

신 애: 아이…… 어떡하지?
강장로: (좀 당황해서) 무슨 상담할라고?
신 애: 아이…… 창피해서 어떻게 말하지? 내 몸이 좀……이상해요……. 가슴이 막 울렁울렁하고요…….
강장로: 어데 체했나?
신 애: 그런 게 아니라니까요. 아이 참 어떻게 설명해야 되지? 있잖아요…… 내 몸이요…… (창피한 듯 수줍게 몸을 꼰다.) 이야기 할려니까 너무 부끄러워요…….

잠시 두 사람은 말없이 쳐다보고 있다. 그녀가 한숨을 내쉰다.

신 애: (속삭이듯) 장로님 저 드라이브 좀 시켜 주실래요?[178]

　신애는 하나님에게 저항하고 복수하는 방법 중의 하나로 강 장로를 유혹하고 파계로 이끈다. 비가시적인 하나님(교회의 예배당에서 의자를 두드리면서 십자가를 보고 노려보기도 하고, 부흥회에 가서 설교중간에 「거짓말이야」라는 노래)에 대한 저항과 복수는 공허하기만 하다. 그러므로 하나님의 실체를 강력히 믿고 있는 가시적 대상인 강 장로를 복수의 대상으로 선택하게 된다. 또한 강 장로가 그 유혹의 덫에 걸려 파계하는 모습은 다름 아닌 하나님이 허상임을 증명하는 것과도 같게 된다. 강 장로의 인물설정은 신애의 저항을 극한적으로 보여주기 위함이며, 자신을 자학하면서까지 복수를 단행할 수밖에 없는 절망의 처절함을 대신한 것이라 할 수 있다. 결국 밀양을 벗어나 「S#106. 공터(외부/낮)」로 나온 강 장로를 유혹하기 시작한다.

S#106. 공터(외부/낮)

178　이창동, 「S#104. 은혜약국(외부/낮)」, 『밀양(각본/각색: 이창동)』, 파인하우스필름, 2007.

국도변에 위치한 어느 한적한 공터. 강 장로의 차가 들어와 선다. (중략)

신　애: [손으로 밀어내며] 잠깐만…….
강장로: [숨을 헐떡이며] 와아?
신　애: 우리 나가서 해요. 여기 너무 불편해. 답답하고…….

신애를 쳐다보는 강 장로. 차 문을 열고 그가 먼저 내린다. 그는 약간 불안한 표정으로 주위를 둘러본다. 그리고 뒷 트렁크로 가서 깔개를 꺼내 나무 밑 평평한 곳을 골라 깐다. 뒤에서 신애가 다가와서 남자를 등 뒤에서부터 끌어안는다. (중략)
신애가 먼저 펼쳐진 깔개에 눕는다. 카메라, 그녀의 움직임을 따라 틸트다운하면서 거꾸로 된 여자의 얼굴을 클로즈업으로 보여준다. 번쩍거리는 은박깔개 위에서 그녀는 하늘을 똑바로 응시하고 있다. (중략) 그동안 그녀는 여전히 하늘을 응시하고 있다.

신　애: [마치 은밀한 농담이라도 하듯, 입 모양으로만] 보여?

웃음인지 울음인지 그녀의 입주변이 바람에 문풍지가 떨 듯 여리게 떨린다.

신　애: [다시 또박또박 끊어서 입 모양으로만] 잘, 보, 이, 냐, 구…….

아무래도 상대방이 제대로 알아듣지 못한 것 같은지 비로소 입 밖으로 말을 내뱉는다.

신　애: 잘, 보, 이, 냐, 구……!

문득 남자의 움직임이 멈춰진다. 신애가 남자를 내려다본다. 남자는 그 자세대로 꼼짝않고 있다.

신　애: 왜요?
강장로: [신애를 끌어 안은채로] 안되겠습니다. 도저히 안되겠습니다.
신　애: [장로의 얼굴을 끌어당기며] 해요. 괜찮아요……. 더해요
강장로: [신애의 손을 떼어내며] 갑자기 왜이런지 모르겠네. 스트레스인 것 같기도 하고 하느님이 보고 계신 것도 같도. 일나입시더 이선생. 미안합니다.

그는 일어난 뒤 자신의 옷가지를 정리한다. 신애는 하늘을 노려보며 헛구역질을 하다 결국 토악질을 한다.

강장로: [신애의 등을 두드려주며]이…… 이선생 와이럽니꺼? 이선생, 이선생? 괜찮아요? [중략]

그는 신애 앞에 거의 무릎을 꿇고 있다. 신애는 그대로 누운 채 남자를 본다. 그리고 하늘을 쳐다본다. 신애가 하늘을 노려보더니 갑자기 퉤, 침을 뱉는다. 그녀의 표정이 점점 사나와지며 증오와 적의에 가득 차 다시 침을 뱉는다.[179]

---

179 이창동, 「S#106. 공터(외부/낮)」, 『밀양(각본/각색: 이창동)』, 파인하우스필름, 2007.

신애는 강 장로를 유혹해 야외로 나가며, 차 안이 답답하다며 일부러 차 밖으로 불러낸다. 신애를 '카메라, 움직임을 따라 틸트다운(Tilt down)하면서 거꾸로 된 신애의 얼굴을 클로즈업(Close-Up)'한다. 감독은 영화가 진행하는 내내 극단적인 쇼트(Shot)와 앵글(Angle)을 자제했었으나, 불현듯 하늘을 향해 누운 신애를 극단적인 앵글(Angle)인 버즈 아이 뷰(Bird's eye view)로 '하늘'과 '지상'을 수직적 대립구도로 만들어 버린다. 카메라는 한눈에 신애를 내려다보고 마치 애원하는 것처럼 만들어 버리고, 이윽고 공포감마저 든다. 그리고 '번쩍거리는 은박깔개 위에서 그녀는 하늘을 똑바로 응시하고 있으며, 장로와의 불륜현장을 보란 듯이', '(마치 은밀한 농담이라도 하듯, 입 모양으로만) 보여?', '웃음인지 울음인지 그녀의 입주변이 바람에 문풍지가 떨 듯 여리게 떨'리며 '(다시 또박또박 끊어서 입 모양으로만) 잘, 보, 이, 냐, 구……. 하늘을 향해 보여? 보이냐고?' 하며 중얼거린다. 신애의 그러한 행동은 '하늘'을 향한 저항은 '하느님'을 부정하는 것이고, 신애 자신이 믿었던 절대적 신념을 부정하는 동시에 정면으로 도전하는 것이 된다.

에피소드 넷, 은혜약국의 부부가 사는 「S#113. 아파트(내부/밤)」에서 '이신애 자매님을 위해 기도'를 한다.

S#113. 아파트(내부/밤)

〈은혜약국〉의 부부가 사는 아파트. 거실에 교인 십여 명이 둘러 앉아 철야기도 모임을 갖고 있다. 김 집사가 기도를 인도하고 있다.

김 집사: 원래는 우리 장로님이(곁에 앉은 강 장로를 돌아보며) 기도 인도를 하셔야 되는데, 웬일로 오늘밤은 저보고하라고 하시네요. 인제사 마누라 능력을 인정하시는가……(사람들이 웃는다.) 오늘은 특별히, 다 아시겠지만 이신애 자매님…… 참 큰 고통과 신앙의 시련을 겪고 있는 우리 이신애 자매님을 위해 기도하는 자립니다. 그 동안 너무 큰 고통과 불행을 당하다 보니 네 잠시 하나님을 원망하고 하나님한테 등을 돌리고 있지마는, 우리가 마음을 모아 간구하면 하나님 품안에 다시 안기게 되리라꼬 믿습니다.('아멘!' 하는 사람들의 소리.) 하나님의 크나큰 사랑으로 이신애 자매의 영혼이 구원받고 치유 받을 수 있도록 각자 마음을 모아서 믿고, 감사하면서 기도하겠습니다. (중략)

갑자기 요란한 파열음이 들린다. 여자들이 놀라 비명을 지른다.
기도가 중단되고 사람들이 충격 속에 서로의 얼굴을 쳐다본다.

강장로: 이기…… 무슨 소리고?
박명숙: (떨리는 소리로) 누가 돌을 던진 모양이네예.

강 장로가 베란다 쪽 거실 유리문을 연다. 바깥 베란다의 유리창이 박살이 나 있다.

김 집사: 예? 조심하이소.

그러면서도 그녀는 남편을 베란다로 나간다. 다른 사람들도 내다본다. 그러나 깨어진 유리창 너머 어두운 주차장에는 아무도 보이지 않는다.[180]

'원래는 우리 장로님이 (곁에 앉은 강 장로를 돌아보며) 기도 인도를 하셔야' 하는데 '웬일로 오늘밤은 저 보고하라'고 김 집사가 기도인도를 대신한다. 신애를 탐했던 강 장로의 아내인 김 집사가 신애를 위해 기도한다는 이율배반적 상황이 아닐 수 없다. '그동안 너무 큰 고통과 불행을 당하다 보니 네 잠시 하나님을 원망하고 하나님한테 등을 돌리고 있'는 신애의 '영

---

180 이창동, 「S#113. 아파트(내부/밤)」, 『밀양(각본/각색: 이창동)』, 파인하우스필름, 2007.

혼이 구원받고 치유받을 수 있도'록 기도하는 '김 집사'와 교인들이 모여 있는 집의 유리창에 돌을 던진다.

에피소드 다섯, 이 복수의 처절함을 보여주는 가장 극단적인 방법으로 자신의 생을 마감하는 「S#114. 신애 집(내부/밤)」에서 그 강렬함은 최고점에 이른다.

S#114. 신애 집(내부/밤)

마당에서 보는 어두운 신애의 집. '준'의 방만 불이 켜져 있고, 열린 방문으로 흘러나온 빛이 마루에 드리워져 있다. 준의 방에 앉아 있는 신애. 사이. 갑자기 자리에서 일어나 거실의 불을 끈다. 부엌과 안방의 불도 켜고 화장실의 불도 끈다. 피아노 학원의 불까지 끈다. 온 집안의 불을 환하게 밝히고 나서 소파 앞 바닥에 앉는다. 탁자에는 과일 접시에 사과 두어 개가 놓여 있고, 그중에는 깎다만 사과도 하나 있다. 갑자기 시장기라도 느낀 것처럼 그녀는 과도를 들어 깎다만 사과를 베어 먹는다. 사과를 사각사각 씹는 그녀의 얼굴로 카메라가 느리게 다가간다. 허공을 바라보는 두 눈의 동공에 물기가 맺힌다. 한 순간 그녀의 몸이 굳어진다. 고통을 참는 듯 얼굴에 경련이 스쳐간다. 그러나 그녀는 입술을 실룩거리며 억지로 웃음 짓는다.

신　애: [여전히 허공을 보며 속삭이듯] ……봐? 보여?[181]

---

[181] 이창동 「S#114. 신애집(내부/밤)」, 『밀양(각본/각색: 이창동)』, 파인하우스필름, 2007.

그러나 허공을 향한 그녀의 시선이 차츰 떨리기 시작한다. 마침내 그녀는 고개를 숙여 아래를 내려다본다. 사이. 그녀가 천천히 자리에서 일어난다. 핏방울이 바닥에 떨어진다. 칼로 베어진 그녀의 가는 손목에서 피가 흘러나와 잠옷을 적시고 마루바닥 위로 떨어지고 있다. 그녀는 비틀거리며 피아노 학원으로 나가고, 카메라가 그녀의 뒤를 따라간다. 핏방울이 계속 떨어지고 있다. 그녀는 정신없이 피아노 학원 문을 열고 나간다. 어두운 거리에 서서 그녀는 신음처럼 소리를 내뱉는다.

신 애: ……살려주세요. 살려주세요…….

길 건너에서 지나가는 사람들이 그녀를 본다. 지나가던 차 한 대가 멈추고 운전자가 내려서 다가온다. 그녀는 피에 젖은 손을 쳐든 채 어린애처럼 계속 흐느끼고 있다.

신 애: 살려주세요! 제발…… 살려주세요……![182]

하나, 보이스 인 나레이션(Voice in Narration)이 생략된 채, 신애의 몸의 언어로 서사를 형성하고 있다. 즉 '준의 방에 앉아 있는 신애'가 '갑자기 자리에서 일어나 거실의 불을 켜'는 이상행동을 풀 쇼트(Full shot)를 사용해 객관화시킨다. 이는 온몸으로 절규하는 모습을 풀 피겨 쇼트(Full Figure Shot)로 처리함으로써 정신적 충격이 육체적 충격으로 이어지고 있음을 더욱 강력히 표현되고 있다.

둘, 클로즈 업(Close-Up)은 집 일부를 극히 일부를 보여 줄 뿐이며, 신애의 얼굴을 포착한다. '탁자에는 과일 접시에 사과 두어 개가 놓여 있고, 그 중에는 깎다만 사과도 하나'가 있음을 클로즈업(Close-Up) 하고 또 다

---

182 이창동, 「S#115. 신애 집(내부/밤)」, 『밀양(각본/각색: 이창동)』, 파인하우스필름, 2007.

시 갑자기 시장기라도 느낀 것처럼 그녀는 과도를 들어 깎다만 사과를 베어 먹는 모습을 클로즈 업(Close-Up)한다. 이어서 '고통을 참는 듯 얼굴에 경련이 스치고', '사과를 깍던 과도를 대는 순간 신애의 손목을 클로즈업(Close-Up)하고, 그녀는 입술을 실룩거리며 억지로 웃음'을 지으며 천장을 올려다보는 얼굴을 클로즈 업(Close-Up)한다. 감독은 빈번한 클로즈 업(Close-Up)을 통해 극도의 긴장감을 연출해 낸다. 그 얼굴은 '눈물과 함께 웃음'을 머금고, 자조나 냉소 혹은 체념 섞인 분노의 정서를 클로즈업(Close-Up)으로 표현한다.

셋, 관념적 대상을 향한 그녀의 세속적 처절한 복수들은 완성될 수도 끝나지지도 않는다. 신애의 자살 쇼트(Shot)와 구원의 쇼트(Shot)의 쇼트(Shot)를 결합시켜 충돌시킴으로써 제3의 내러티브(Narrative)를 형성한다. '핏방울이 바닥에 떨어진다. 칼로 베어진 그녀의 가는 손목에서 피가 흘러나와 잠옷을 적시고 마루바닥 위로 떨어'지는 정(正)쇼트와 '어두운 거리에 서서 그녀는 신음처럼 소리를 내뱉으며……살려주세요. 살려주세요'를 되풀이하는 반(反)쇼트의 결합이 새로운 서사를 이루어낸다. 어미로서 그 고통과 죄의식에서 벗어나려 스스로 자살을 선택했지만, 자신의 죽음으로도 해결할 수 없는 고통의 깊이를 몽타주(Montage)를 통해 표현된다.

넷, 그녀는 결국 '하늘'을 보며 다시 한번 고통스럽고 절망스런 표정을 지어 보인다. '칼로 베어진 그녀의 가는 손목으로 비틀거리며 피아노 학원으로 나가고, 카메라가 그녀의 뒤'를 따라가는 핸드 헬드(Hand held)는 여전히 불안한 신애의 인생여정을 고스란히 표현해 내고 있다.

하이 앵글의 '누추한 지상'의
'여기'의 '비밀의 햇볕'

이청준의 『벌레이야기』에서 유괴범 사형이 집행되던 날, 범인의 유언이 라디오에서 흘러나온다.

해가 바뀌고 2월로 접어들어 박도섭은 마침내 교수형이 집행됐고, 그 소식이 라디오에까지 방송된 때문이었다.

이제 와서 제가 왜 죽음을 두려워하겠습니까. 제 영혼은 이미 아버지 하느님께서 사랑으로 거두어 주실 것을 약속해 주셨습니다. 영혼뿐 아니라 제육신의 일부는 이 땅에서 다시 생명을 얻어 태어날 것입니다. 저는 저의 눈과 신장을 살아 있는 형제들에게 맡기고 가니까요. …(중략)… 형장에서 그가 마지막으로 남기고 간 말이었다. … 다만 한 가지 여망이 있다면 저로 하여 아직도 고통을 받고 있는 사람들의 영혼에도 주님의 사랑과 구원이 함께 임해주셨으면 하는 기원뿐입니다. 저는 그분들의 희생과 고통을 통하여 오늘 새 영혼의 생명을 얻어 가지만, 아이의 가족들은 아직도 무서운 슬픔과 고통 속에 있을 것입니다. 저는 지금이나 저 세상으로 가서나 그분들을 위해 기도할 것입니다. 아이의 영혼을 저와 함께 주님의 나라로 인도해주시고 살아남은 고통 받는 그 가족 분들의 슬픔을 사랑으로 덜어주고 위로해 주십사고…….[183]

해가 뜨는지 지는지도 모르고 천장만 쳐다보고 누워 지내던 아내가 이날 따라 하필이면 라디오를 켜놓고 그 몹쓸 뉴스를 모두 들어버린 것이었다. 그것이 지난 2월 5일 저녁 무렵의 일이었다.

그리고 바로 그 이틀 뒤, 아내도 끝내는 더 견디지를 못하고 제 손으로 혼자 약을 마셔버린 것이다.[184]

아내는 라디오에서 '자신의 눈과 신장을 살아 있는 형제들에게 맡기고 형장에서 행복한 죽음을 맞이'한다는 유언을 듣는다. 사형 뉴스와 함께 흘러나온 범인의 최후진술에 더욱 더 절망하고 이틀 뒤 약을 마시고 자살에 이르는 닫힌 결말로 종결된다.

그러나 이창동 감독의 『밀양(密陽, Secret sunshine)』에서 새로운 삶의 희망과 기대를 안고 '뭉게구름이 드문드문 있는 푸른 하늘'과 '찬란한 햇볕'의 밀양으로 내려온다. 그러나 신애의 아들 '준'의 유괴와 죽음으로 인해 신애의 희망은 무참히 짓밟혔다. 물론 한 차례의 자살시도가 있었지만, '푸른 하늘'과 '찬란한 햇볕'이 아닌 '누추한 지상'의 '여기'에서 신애의 삶이 다시 지속되리라는 열린 결말로 전환된다.

1. 하이 앵글의 '누추한 지상'의 '여기'

신애의 자살기도가 미수에 그치고 정신병원에 입원한 후 몇 개월이 지난다. 동생 민기는 신애의 퇴원을 위해 종찬의 「S#115. 차 안(외부/낮)」에

183 이청준, 앞의 책, pp.98-99.
184 이청준, 위의 책, p.99.

동승한다. 이는 밀양에 처음 진입하는 오프닝(Opening) 「S#4. 차 안(외부/ 낮)」에서 신애와 종찬의 대화로 되돌아간 듯한 구조로 진행되며, 밀양에 대한 질문이 동생 민기에 의해 다시 제기된다. 특수한 공간인 밀양(密陽, Secret sunshine)을 두 가지 방법으로 상징화한다. 하나, 밀양 토박이인 종찬의 보이스 인 나레이션(Voice in Narration)으로 공간의 의미가 반복 되면서 강화되고 확정된다. 둘, '뭉게 구름이 있는 푸른 하늘'과 '찬란한 햇볕'을 프레임(Frame)에 끼워놓는 미장센(Mise en Scene)으로 상징화 한다.

하나, 감독이 특수화시킨 공간인 밀양(密陽, Secret sunshine)을 선정한 의도를 종찬의 보이스 인 나레이션(Voice in Narration)으로 대체 · 반복시 키면서 주제의식과 연결시킨다.

S#115. 차 안(외부/낮)

F.I 되면, 몇 개월 후. 달리는 차의 조수석에 놓인 꽃다발 위로 햇빛이 빠르게 스친다. 차창 밖으로는 밀양의 고만고만한 풍경이 흐르고 있다. 창밖을 말없이 보고 있는 민기.

종 찬: 저, 저 오른 쪽에 보이는 기 영남루입니더. 우리나라 3대 누각 중 하나 아입니꺼.
　　　3대 누각이 하나는 영남루고, 하나는 진주 촉석루고, 또 하나는……뭐라 카더라?

민 기: (말없이 창 밖을 보고 있다가) 밀양이 어떤 곳이예요?

종 찬: (백미러로 민기를 쳐다보며 웃는다.) 밀양이 어떤 곳이냐꼬예?

민 기: 왜 웃으세요?

종 찬: 내가 신애씨 처음 만났을 때, 신애씨가 여 밀양에 처음 오던 날,
　　　　신애씨도 나한테 똑같이 물었거든예.

민 기: …….

종 찬: 밀양이 어떤 곳이냐? 뭐라 카겠노…… 똑 같아예. 딴 데하고…….
　　　　사람 사는 데 다 똑같지예.

민기는 말없이 운전하고 있는 종찬의 뒷모습을 본다.
운전대 위 백미러에는 십자가 장식이 걸려 있다.

민 기: 요새도 교회 나가세요?

종 찬: 예. (다시 변명하듯) 처음에는 신애씨 때문에 다니게 됐는데,
　　　　인제 버릇이 되가 그냥 다닙니다.
　　　　그냥…… 안 나가믄 섭섭하고, 나가믄 마음이 쪼매 편안하고…… 그렇데예.

민 기: …….[185]

　　신애의 퇴원을 위해 병원으로 향하는 차 안에서 민기가 '밀양이 어떤 곳'
이냐는 질문을 하자 종찬은 웃으면서 '신애씨 처음 만났을 때, 밀양에 처음
오던 날, 신애씨도 나한테 똑같이 물었'다며, 꼭 한마디를 더 붙인다. '…똑
같아예. 딴 데하고. 사람 사는데 다 똑같지예'라고. 역으로 오프닝(Opening).
「S#4. 차 안(외부/낮)」로 소급해보면, 신애의 질문에 종찬은 '우리가 뭐 뜻
보고 삽니까? 그냥 사는' 곳이라 대답한다. 또한 「S#22. 옻닭집(내부/낮)」
에서 식사를 하는 중 민기의 '이상한 동네 같'다는 말에 종찬은 '사람 사는
데 이상한 거 하나도 없어예. 밀양도 다른 데 하고 다 똑같'다 한다. 밀양
에 대한 정보는 종찬의 보이스 인 나레이션(Voice in Narration)을 통해
지속적으로 반복되면서 강화시키는데. 이는 감독이 '밀양'을 공간적 배경
으로 선정한 이유와 맞닿아 있다.

---

[185] 이창동, 「S#115. 차 안(외부/낮)」, 『밀양(각본/각색: 이창동)』, 파인하우스필름, 2007.

둘, 오프닝(Opening). 과거의 삶을 뒤로 한 채 새로운 삶에 대한 희망과 설레임으로 밀양으로 진입한다. 그 환상적 공간은 「S#4. 차 안(외부/낮)」에서 로우 앵글(Low angle)의 카메라는 아래에서 '푸른 하늘'과 '찬란한 햇볕'으로 상징화된다. 그러나 아들 '준'의 유괴사건을 통해 그 환상은 처참히 무너지고 현실적 공간으로 엔딩(Ending) 「S#121. 신애 집(외부/낮)」의 하이 앵글(High Angle)로 카메라는 위에서 '누추한 여기'를 향하고 있다. 그 위에 오프닝(Opening)의 非디제시스 사운드(Non-diegetic sound)인 크리스띠안 바쏘(Christian Basso)의 '크리오요(Criollo 이방인)'를 덧입힌다.

S#121. 신애 집(외부/낮)

마루의 유리문을 열어놓고 신애가 마루 끝에 앉아 있다. 오랜 만에 돌아온 집이지만, 별 감회가 없는 듯한 표정으로 좁고 을씨년스런 마당을 보고 있다. 이윽고 그녀는 자리에서 일어나 안으로 들어간다. 사이. 손에 가위와 거울을 들고 다시 나온다. 그녀는 좁은 마당에 의자를 내놓고 가위를 들고 앉는다. 그리고 낡은 신발장 위에 거울을 세워두고 혼자서 머리를 자르기 시작한다. 종찬이 들어선다. 그는 잠시 그녀의 모습을 지켜보다가 천천히 다가온다.

종 찬: 내가 들어줘도 되겠지예?

그가 그녀의 앞에 놓인 거울을 들고 선다. 신애는 그를 힐끗 한번 쳐다보고는 말없이 그가 들고 있는 거울에 얼굴을 비쳐보며 계속 머리를 자른다. 혼자서 하는 가위질이지만, 그런대로 머리가 다듬어지는 것 같다. 잘려진 머리카락들이 신애의 옷 위로 떨어지

다가 바람에 날려가기 시작한다. 카메라, 바람에 날려 흩어지는 그 머리카락들을 천천히 따라가면, 마당 한쪽의 깨어진 시멘트 바닥에 고인 빗물이 보인다. 주위에는 지저분한 낙엽 같은 것들이 떨어져 있다. 기울어진 햇빛이 엷게 반짝이고 있는 수면 위에 떨어진 머리카락들이 바람에 여리게 흔들린다. *카메라는 거기에 오래 머물러 있다.*[186]

하나, 하이 앵글(High Angle)로 비춰지는 마당 한 쪽의 지상. '카메라는 거기에 오래 머물'러 롱 테이크(Long take)로 처리한다. 또한 아이들의 떠드는 소리를 디제시스적 사운드(Diegetic sound)로 활용하여, 지극히 평범한 생활의 공간임을 확인이라도 시키듯 말이다. 종찬의 '……똑 같아예. 딴 데하고……사람 사는데 다 똑같지예'라고 했던 추상적 공간이 현실적 공간의 소도구, 즉 '시멘트바닥에 고인 빗물'과 '파란 플라스틱 빨래판, 세제통'과 마당 한 켠의 '잡초'가 '누추한 여기'를 그대로 실현시키고 있다.

둘, 엔딩(Ending)「S#121. 신애 집(외부/낮)」에 非디제시스 사운드(Non-diegetic sound)인 '크리스띠안 바쏘(Christian Basso)의 크리오요(Criollo 이방인)'를 덧입혀 오프닝(Opening)으로 돌아가는 되돌아간 듯한 구조를 보이며, 이는 두 가지 측면에서 서사적 기능을 수행한다. 하나는 영화의 종결을 상징하는 물리적 기능이며, 다른 하나는 감독이 의도적으로 주제의식을 강화시키기 위한 하나의 방법이라 할 수 있다. 즉, 유괴사건으로 모든 상황이 달라져 있지만, 밀양으로 새로운 삶을 시작하려는 「S#4. 차 안(외부/낮)」의 신애처럼, 비록 절망적일지라도 삶이 지속되리라는 열린 결말로 유도하고 있다.

---

186 이창동, 「S#121. 신애 집(외부/낮)」, 『밀양(각본/각색: 이창동)』, 파인하우스필름, 2007.

셋, 신애가 거울을 세워두고 머리를 자르는데 종찬이 철문을 열고 들어서고, 거울을 들어준다. 감독은 서사 내내 후경화 된 미장센(Mise en Scene)을 유지하다. 엔딩(Ending).「S#121. 신애 집(외부/낮)」에서 불현듯 신애와 종찬이 정면으로 마주보는 프레임(Frame)을 선택한다. 프레임(Frame) 내부의 인물배치는 인물간의 관계를 재설정하고자 감독의 의도에 따라 결정되는데, 이전의 서사와는 다르게 서로를 마주보는 배치는 낯설게 느껴질 정도이다. 이를 통해 일궈내는 서사는 아이 레벨 앵글(Eye-level Angle)의 '비밀의 햇볕(Secret sunshine)'에서 읽어내도록 한다.

2. 아이 레벨 앵글의 '비밀의 햇볕'

새로운 인물로 추가된 '종찬'은 새로운 희망을 품은「S#4. 차 안(외부/낮)」의 신애가 '비밀 밀(密), 볕 양(陽). 비밀의 햇볕'이라고 자의적으로 의미를 부여했던 것이「S#121. 신애의 집(외부/낮)」에서 하이 앵글(High Angle)로 '누추한 지상'의 '비밀의 햇볕(Secret sunshine)'으로 상징화되며, 주제의식을 향해있다. 그러한 이유로 서사가 진행되는 내내 감독은 종찬을 지속적으로 프레임(Frame) 내부에 끌어들이고, 그의 보이스 인 나레이션(Narration)은 광범위하게 포진되어 있다.

감독은 주제의식을 구현해 내기 위해 의도적으로 미장센(Mise en scene)에서 종찬을 다양한 방법으로 조절하고 통제한다. 그 방법으로는 가령, 밀양에서의 정착하기까지 신애와 종찬을 밀착시키고, 불현듯 몽타주(Montage)를 통해 신애와의 간극을 만들어내고, 때로는 프레임(Frame) 외부로 밀어

내기도 한다. 그러다가 다시 프레임(Frame) 내부로 수용하고 다시 신애와 종찬의 사이에 밀양사람들 2-3명 정도의 간극을 두고 후경화시키는 미장센(Mise en scene)으로 두 인물을 밀착시킨다. 엔딩(Ending). 「S#121. 신애의 집(외부/낮)」에서 이윽고 신애와 종찬을 아이 레벨 앵글(Eye-level Angle)로 마주 보게 하여 결합시키는 방법을 택한다.

1) '자기 과시'의 종찬과 공간적 특성

밀양시 외곽 「S#1. 도로(외부/낮)」 위 한적한 국도변에 승용차 한 대가 길가에 멈춰져 있고, 차가 고장이 나서 지나가던 트럭기사의 도움으로 카센터에 전화를 한다. 「S#2. 개울(외부)」의 '밀양서 다리 건너 청도로 가는 20번 도로의 8km 지점'의 개울가에서 신애는 고장난 차를 수리하기 위해 오는 기사를 기다린다.

S#3. 도로(외부/낮)

김종찬(39세)이 고장난 차의 본넷트를 열어놓고 손을 보고 있다.
작업을 하면서 종찬은 준에게 실없이 말을 건다.
종 찬: 어이, 총각! 니 머리 스타일이 와 그러노? (아이는 대답이 없다.)
       몇 살이고? (그래도 대답이 없자)

뭐 안 좋은 일 있나?

준 : ……껌 있어요?

종 찬: 껌? 껌 없다! [신애에게] 밀양 처음이십니꺼?

신 애: 예, 처음이에요.

종 찬: 여행 다니시는 모양이지예?

신 애: [잠깐 대답을 망설이다가] 아뇨. 밀양에 살러 왔어요.

종 찬: 살러 왔다고예? [믿기지 않는다는 듯 신애의 얼굴을 쳐다본다.]

그는 운전석으로 와서 시동을 걸어본다. 그러나 시동이 걸리지 않는다.[187]

　　이윽고 고장 난 차를 수리하러 온 종찬(39세)은 노총각이며 '서광 카센터'를 운영하고 밀양에서 태어나 지금까지 살고 있는 전형적인 밀양사람이다. '고장 난 차의 본넷트를 열어놓고 손을 보'다가, '그는 운전석으로 와서 시동을 걸어본다. 그러나 시동이 걸리지 않'는 신애의 차는 결국 견인되어 밀양으로 들어오게 된다. 공간적 배경인 '밀양'에 도착과 동시에 종찬을 신애와 대면시킴으로써 서사전개상 인물제시에 해당되며, 밀양토박이라는 설정은 공간적 특성을 맞물리게끔 하는 장치가 된다.

　　밀양에 여행 온 것이 아니라 살러 온 신애에게 종찬은 「S#4. 차 안(외부/낮)」[188]에서 부동산 중개인 형님에게 '여기 손님이, 서울서 오신 여자분인데 밀양에서 집을 구하신다 카네. 가게 달린 집……. 가게는 피아노 학원! 밀양에서 피아노 학원 해보실 생각인 모양인데 헹님이 잘 좀 소개해' 주는 등 정착을 도와주는 조력자로서의 인물이다. '이 양반, 부동산중개소 사장인데 내 말이라 카마 꼼짝 못'할거라는 적당한 허세를 지닌 인물이기도 하다. 그 조력자로서의 역할은 미미하면서 사소하지만, 끊임없이 지속된다.

187 이창동, 「S#3. 도로(외부/낮)」, 『밀양(각본/각색: 이창동)』, 파인하우스필름, 2007.
188 이창동, 「S#4. 차 안(외부/낮)」, 『밀양(각본/각색: 이창동)』, 파인하우스필름, 2007.

종찬은 신애가 오픈한 「S#11. 피아노 학원(내부/낮)」에 '모 피아노 연주
경연대회에서 최우수상을 받은 이신애의 이름으로 된 상장'을 걸어놓는다.
그는 '인자 소문이 짝 나가 애들이 마이'오리라 '여 촌 아입니꺼. 이런 거
하나 있으면 우선 대접'이 달라질 거라며 적당한 가장을 종용한다. 종찬의
말대로 예고가 빗나가지 않고 그런대로 피아노 학원이 유지가 잘 되고, 적
당히 '가짜 상장'으로 유지되는 그런 곳이 바로 밀양의 공간적 특성이자 종
찬이란 인물의 속성과 일맥상통하다. 신애는 가짜 상장을 걸어놓는 종찬을
만류해 보기도 하기도 하지만, 종찬의 도움은 신애의 의도와는 상관없이
지속된다. 이후 신애와 민기, 그리고 종찬과 신사장이 「S#22. 옻닭집(내부
/낮)」에서 식사를 한다.

S#22. 옻닭집(내부/낮)

밀양 교외에 있는 어느 음식점의 방 안. 신애와 민기, 그리고 종찬과 신사장이 자리에
앉아 있다. 땅을 보고 돌아오는 길에 식사를 하러 온 모양이다. 종찬이 누군가에게 전화
를 걸고 있다.

종　찬: 예, 회장님. 제가예, 요 삼랑진 쪽에 옻닭집에 와 있는데예,
　　　　서울서 손님이 와가…… 젊은 분인데예,
　　　　중국쪽에 사업도 하시고, 밀양에 부동산에도 관심이 많으신데예,
　　　　우리 회장님 인사 소개해 드리겠습니다. 한 번 참석해 주시겠습니까?

민기는 약간 어이없다는 눈으로 종찬을 보고 있다. 신애가 아무 말도 말라는 듯이 동생의 옆구리를 쿡 찌른다.

종 찬: 아니, 요예…… 옻닭집인데예…… 그러이께네, 요 와가예…… 회장님 자리 한번 같이 하시지예.
　　　서울서 오신 분도 있고, 피아노 치는 피아니스트 여자분도 있고,
　　　진짜 회장님한테 꼭 소개해 드리고 싶은 분들입니다. 괜찮으시마 한 번 들리시지예.
　　　예…… 삼랑진, 전에 한번 오셨던 옻닭집 안 있습니꺼? 예…… 그라입시더.

종찬이 전화를 끊는다.

종 찬: [전화기를 두드리며] 요, 내가 모시는 회장님인데,
　　　밀양에서는 [엄지손가락을 치켜들며] 이겁니다.
　　　예, 진짭니더. 이 양반이 좋은 땅 마이 갖고 있는데,
　　　요즘 땅을 팔라 칸다는 정보가 있거든예, 성격도 화통하고 예……
신사장: 성격 화통하지.
종 찬: 잘 사귀 놓으면 진짜 도움 마이 될 낍니더. 땅도 싸게 살 수 있고…….
신사장: 오신다 카나?
종 찬: 알았다, 임마! 카는데 모르지, 오실란지…….
　　　[다시 민기에게] 진짭니다. [전화기를 손가락으로 가리키며]
　　　요는예, 전국에 걸치가 아는 분도 많고, 진짜요는 대단한 분입니다.
　　　시의회 의원이고예, 청소년 선도위원장도 하고…… 직함도 많아예.
신 애: 그런 직함 같은 게 그렇게 중요해요?
종 찬: 사람 사는 데 그런 기 암만 캐도 작용을 마이 하지예. 부정 못 하지예. [중략]
민 기: [사이. 신애를 돌아보며] ……이상한 동네 같애, 밀양이.
종 찬: 이상한 거 하나도 없어예. 밀양도 다른 데 하고 다 똑같아예.

사이. 모두 잠시 말이 없는데, 문득 신애 혼자 쿡, 소리 내어 웃는다.[189]

　　식사하는 도중 종찬은 자기가 모시고 있는 회장은 '전국에 걸치가 아는 분도 많고, 진짜요는 대단한 분이며, 시의회 의원이고예, 청소년 선도위원장도 하고…… 직함도 많'은 사람이라며 억지스러운 포장을 하기도 한다. 이런 종찬의 모습을 보며 신애는 대단히 못마땅한 표정으로 '속물'이라 하고, 동생 민기는 당황스럽기만 하다. 그럼에도 불구하고 40대 중반의 부부의 「S#29. 아파트(내부/낮)」에 신애의 피아노 연주에도 함께 동행하는 등

189　이창동, 「S#22. 옻닭집(내부/낮)」, 『밀양(각본/각색: 이창동)』, 파인하우스필름, 2007.

늘 종찬은 신애의 주변을 서성이게 된다. 이렇게 종찬은 서사 곳곳에서 적당한 자기 과시와 억지와 허세가 있는 인물로 설정되는데, 그런 속성은 다시 밀양이라는 공간적 특성으로 확대된다.

2) 몽타주의 간극

피아노 학원을 개원하고 얼마 안 되어 준의 유괴전화를 받고 달려간 곳은 종찬이 운영하고 있는 「S#35. 카센타 앞(외부/밤)」이다. 신애는 종찬의 카센터에 가 도움을 요청하지만, 감독은 몽타주(Montage)와 디제시스적 사운드(Diegetic sound)의 결합을 통해 신애와 종찬과의 좁힐 수 없는 간극을 만들어 버린다.

S#35. 카센타 앞(외부/밤)

늦은 시간의 인적이 뜸한 어두운 밤거리를 정신없이 달려가는 신애의 뒷모습을 카메라가 따라간다. 간간이 외마디 비명 같기도 하고 신음 소리 같기도 한 그녀의 울음소리가 들린다. 그녀의 걸음이 느려진다. 앞 쪽에 종찬의 카센타가 보인다. 아직 불이 켜져 있다. 카센타의 사무실 쪽으로 다가가는 신애. 음악소리가 들린다.
카센타 사무실의 형광등 불빛 아래에서 종찬의 모습이 보인다.
그는 혼자 가라오케의 반주에 맞춰 노래를 부르고 있다.
카센타 사무실의 한 구석에서 가라오케 기계까지 있다.

아마도 그는 혼자 가끔씩 이렇게 가라오케에 맞춰 노래를 부르곤 하는 모양이다. 밤늦게 혼자서 기분을 내며 노래하는 모습이 조금 우스꽝스럽기도 하고 외로워 보이기도 한다. 썩 잘 부르는 노래는 아니지만, 나름대로 자기 기분에 한껏 취해 있다. 잔뜩 멋을 부린 제스츄어를 곁들이며 부르다가 블루스의 춤동작처럼 멋지게 턴을 하기도 한다. 그런 종찬을 보고 있는 신애의 얼굴. 이윽고 돌아서서 자리를 떠나고 만다.[190]

하나, 아들 '준'의 유괴전화를 받고, 신애가 믿을 구석이라곤 밀양에 정착하는 데 사소한 도움을 주던 종찬뿐이다. 감독은 신애와 종찬의 상이한 쇼트(Shot)를 결합시켜 충돌시킴으로써 제3의 내러티브(Narrative)를 형성하는 몽타주(Montage)[191]기법을 활용한다. 신애는 유괴전화를 받고 '늦은 시간의 인적이 뜸한 어두운 밤거리를 정신없이 달려' 늘 곁에 있던 종찬에게 도움을 청하러 카센터에 가지만 '혼자 가라오케의 반주에 맞춰 노래를 부르'고 있는 종찬을 보자 신애는 '이윽고 돌아서서 자리를 떠나' 버리고 만다. 정(正)쇼트는 '준'의 유괴의 전화를 받은 두려움의 절박함의 상황에 도움을 청하러 거리에 선 신애의 쇼트라면, 반(反)쇼트의 종찬은 혼자서 노래방기계를 틀어놓고 노래[192]를 하며 '자기 기분에 한껏 취해 즐거운 모

---

190 이창동, 「S#35. 카센터 앞(외부/밤)」, 『밀양 (각본/각색: 이창동)』, 파인하우스필름, 2007.

191 몽타주(Montage)의 어원은 '조립하다' 의미의 불어의 'Monter'로 본래는 건축용어였다. 이를 세르게이 에이젠슈타인(Sergei Eizenshtein)이 영화의 활용하면서 편집용어로 굳어졌다. 미학적 효과는 "쇼트(Shot)와 쇼트(Shot)간의 연속성을 강조하는 푸도프킨(Pudovkin)의 견해와, 충돌을 강조하는 세르게이 에이젠슈타인(Sergei Eizenshtein)의 견해가 대립"(최상식, 『영상으로 말하기』, 시각과 언어, 2001, pp.143-144.) 하고 있다. 세르게이 에이젠슈타인(Sergei Eizenshtein)은 스토리의 명료화보다는, 대립물의 충동과 종합을 통해 새로운 의미를 창출해내는 역동적 편집을 제시한다. 즉 주제적 몽타주(Thematic montage)로 불리는 그의 편집방향은 "현실적 시·공간을 무시하고 관념들 사이의 결합을 강조한다. 그의 편집 방향은 고의적으로 연속 편집을 위반하며, 쇼트(Shot)과 쇼트(Shot), 시퀀스(Sequene)와 시퀀스(Sequene) 사이"(허만욱, 『문학, 그 영화화의 만남』, 보고사, 2008, p.209.)에 고의적으로 충돌을 일으키는 것이다.

습'이다. 정(正)·반(反)의 쇼트(Shot)를 충돌시켜 카센터 유리문 앞에서 멈추어 선 채, 안으로 들어가지 못하고 망연자실한 신애의 감정을 표현해 내고 있다. 이런 간극은 신애가 「S#52. 저수지(외부/낮)」로 준의 사체를 확인하러 가는 가장 절망적인 순간에 종찬을 프레임(Frame) 외부로 밀어버리고 만다. 결국 신애의 절망은 어느 누구와도 공유할 수도, 분담할 수도 없는 혼자만의 고통으로 만들어 버리는 서사적 효과를 얻게 된다.

둘, '준'이 유괴되고 유괴범의 전화를 받은 후 놀랍고 두려운 신애의 처참한 상황에서 어두운 길거리를 뛰어가는 그녀의 뒷모습을 핸드 헬드(Hand held)로 처리한다.

『밀양(密陽, Secret sunshine)』은 100% 핸드 헬드(Hand held)로 찍었다. 카메라를 매달지 않으면 안 되는 불가피한 경우를 제외하면, 거의 핸드 헬드 (Hand held)다. 당연하게도 있는 그대로의 현실을 보여주고 싶었고, 인물에 좀 더 자유롭게 다가가고 싶었다. 카메라를 고정시키면 카메라 중심으로 사람들이 움직인다. 완전히 행동 자체가 다르다. 대상이 카메라를 위해서 존재하는 것이다. 하지만 대상을 위하는 카메라가 되려면 핸드 헬드(Hand held)가 될 수밖에 없다.[193]

---

192 「S#35. 카센타 앞(외부/밤)」에서 종찬이 부르는 디제시스적 사운드(diegetic sound) 로 「김상배-안돼요 안돼」의 가사전문이다.

무슨 말을 해야만이 내게로 오시렵니까? / 아무말도 하지않는 이 내 맘을 모르시나요. / 이렇다 할 말도 없이 떠나려만 하신답니까? / 이 가슴에 새긴 정을 그대 어찌 모르십니까 / 안 돼요 안 돼 그리는 못합니다 울면서 애원했건만 / 스쳐간 세월이 나를 울리면 / 이 몸 홀로 어이합니까! (후략)

193 한선희, 「한선희 기자와의 인터뷰 中」, 『필름 2.0』, (주)미디어2.0.

신애의 뒤를 그대로 따라가면서 바라보고 있는 듯한 시선은 아이를 잃은 어미의 절박함과 불안함의 정서를 고스란히 드러낸다. 감독은 불가피한 경우를 제외하고, 대부분 핸드 헬드(Hand held)를 선택한다. 즉, 인위적인 쇼트(Shot)가 아니라, 신애의 시선을 통해 있는 그대로의 현실을 보여주고 싶었고, 인물에 좀 더 자유롭게 다가가고 싶었던 감독의 의도를 엿볼 수 있다.

셋, 현실 속에서 들려지는 소리, 즉 종찬이 카센터에서 부르는 「김상배-안돼요 안돼」인 디제시스적 사운드(Diegetic sound)가 있다. 사운드(Sound)는 내 맘을 몰라주는 종찬의 안타까운 심정과 '준'의 유괴전화를 받은 절박한 신애의 입장을 극명하게 대조시켜 두 인물의 간극을 더욱더 확고하게 만든다.

3) 후경화 된 그림자

몽타주(Montage)에 의해 간극이 생기고, 신애가 가장 절망적인 순간인 '준'의 사체를 확인하러 「S#52. 저수지(외부/낮)」에서 종찬을 프레임(Frame) 외부로 밀어낸다. 감독은 다시 프레임(Frame) 내부로 수용되지만, 후경화시키는 미장센(Mise en scene)을 선택한다. 이후 서사가 진행되는 동안 종찬은 신애의 뒤에서 그림자와 같은 구도로 일관하는데 이 같은 방법에는 특성이 있다. 종찬은 신애의 그림자처럼 늘 뒤에 있지만, 두 인물은 밀착시키지 않고, 그 간격에는 밀양주민들 1-2명 정도 사이에 끼워놓는 방식을 선택한다.

'준'의 실종 신고를 하러간 「S#44. 경찰서 수사과(내부/낮)」에 종찬과 신사장이 함께 동행한다.

S#44. 경찰서 수사과(내부/낮)

신사장: (고개 짓으로 사무실 한쪽을 가리키며) 저 여자 분이 땅 보러 다니는 거 아는 사람이 한둘이 아이라. 소문 다 났어. 좋은 땅 사가 집 짓고 살고 부동산 투자도 관심이 많다고…… 자기 입으로 말하고 다녔는데, 뭐.

종 찬: 하여튼, 피해자가 땅 계약을 앞두고 있다는 소문을 듣고 어떤 놈이 일을 저질렀다는 거아잉교? 그러이까네 그거 알 만한 놈들, 쥐새끼 한 마리까지 다 찾아내면 범인 간단하이 잡아내겠네!

신사장: 사실은 피해자가 돈도 얼마 없었다 카데요?

형 사1: 뭐, 그런 것까지 아실라 카지 말고…….

신사장: (종찬을 돌아보며) 야, 밀양이 언제부터 이래 됐붓노?

종찬은 말없이 고개를 돌려 사무실 한쪽을 본다. 사무실 한 구석 긴 의자에 쓰러지듯 앉아 있는 신애. 약간 넋이 나간 듯 오히려 無(무)감각해 보이는 표정이다. 이윽고 자리에서 일어나 출입구 쪽으로 걸어간다.[194]

신사장에 의해 '사실은 피해자가 돈도 얼마 없었다'는 신애의 허위가 드러났음에도 불구하고, 종찬만은 '하여튼, 피해자가 땅 계약을 앞두고 있다는 소문을 듣고 어떤 놈이 일을 저질렀다는 거아잉교? 그러이까네 그거 알 만한 놈들, 쥐새끼 한 마리까지 다 찾아내면 범인 간단하이 잡아내겠네!'라며 신애의 허위를 덮어주고 감싸준다. 감독은 신애가 가장 절망적인 '준'의 사체를 발견하러 가는 순간에 사라졌던 종찬은 다시 「S#53. 경찰서(내부/

<hr />

194 이창동, 「S#44. 경찰서 수사과(내부/낮)」, 『밀양(각본/각색: 이창동)』, 파인하우스필름, 2007.

낮)」에 등장시켜 유괴범과 마주시키고, 이를 풀 쇼트(Full Shot, F.S)로 처리하여 관계를 재편한다.

S#53. 경찰서(내부/낮)

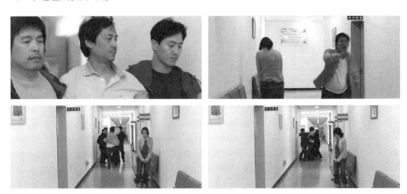

경찰에 연행되어 오는 박도섭. 신애를 노려본다. 종찬은 그런 박도섭을 보며 화를 낸다.

종 찬: (천천히 걸어오다) 뭘 쳐다 보노?
    (박도섭을 향해 뛰어가면서) 뭘 쳐다 보노, 이 자슥이가, 뭘 쳐다 보노!

종찬은 연행되어 가는 박도섭에게 달려가 머리를 때리며 화를 낸다.
그런 그를 경찰들이 제지한다.

경 찰: 와이라노? 어허, 그만 안카나 나가 나가 빨리나가
종 찬: (경찰들에게 저항하며) 뭐, 뭐? 이 자슥이 페페페, 에? 뭘 쳐다보노 임마!

신애는 그러한 모습을 보며 두려운 듯 몸을 움츠린다.[195]

풀 쇼트(Full shot)는 범인에게 달려드는 종찬과 그러한 모습을 보는 신애와 삭막한 경찰서 내부를 조망한다. 범인이 경찰서로 연행되어 오는 모습, 넋이 나가 무기력해 보이는 신애, 그리고 신애를 대신이라도 하듯 범인 보며 '달려가 머리를 때리'기도 하는 종찬과 이를 제지하는 경찰의 모습이

195　이창동, 「S#53. 경찰서(내부/낮)」, 『밀양(각본/각색: 이창동)』, 파인하우스필름, 2007.

전체적으로 제시된다. 또한 그러한 모습을 보며 '두려운 듯 몸을 움츠린' 신애의 모습 역시 풀 피겨 쇼트(Full Figure Shot)로 처리하면서, 신애의 두려움의 감정이 고스란히 포착된다.

'준'의 장례식 때문에 「S#55. 화장장 마당(외부/낮)」에 신애의 가족 일원이 한 자리에 모이게 된다. 풀 쇼트(Full Shot)로 프레임(Frame)의 좌우에 인물들을 배치함으로써 이들의 관계를 확인시킨다.

S#55. 화장장 마당(외부/낮)

헹뎅그레하게 넓은 화장장 마당으로 사람들이 나온다. 신애가 힘없이 나오다가 걸음을 멈추고 멍하니 서 있다. 그녀의 곁으로 사람들이 지나간다. 신애의 시어머니가 자식들의 부축을 받으며 지나가다가 신애를 돌아보며 소리 지른다.

시어머니: 니는 우째 눈물도 없노? 어? 우째 눈물 한 방울 안 흘리노?

자식들로 보이는 사람들이 그녀를 진정시키려 하지만, 그녀는 계속 소리 지른다.

시어머니: 생때 같은 자식 쥑이놓고……어? 서방 보내고 자식까지 보내고…… 남에 집 대 끊어지게 만들어놓고…… 어? 눈물 한 방울이 안 나냐꼬!

신애는 말없이 그 자리에 쪼그리고 앉는다. 종찬이 그 모습을 보고 있다. 시어머니는 가족들과 함께 휴게소 쪽으로 걸어가고 있다. 종찬이 그 뒤를 따라간다.

종   찬: 저기예……. 준이 할머님 되십니꺼?

시 누 이: 예…… 그런데요?

종　찬: (최대한 공손하게) 손주 잃어뿌리고 참 마음이 아프시지예?
　　　　저도 이해를 하거든예. 그런데예……
　　　　지금 이 상황에서는 누구보다도 애 엄마가 제일 안 슬프겠습니꺼? 그지예? (중략)
종　찬: 예…… 저도 이해하거든예. 이해하는데, 역지사지라는 말도 있듯이예…….

민기가 다가와 종찬의 팔을 잡는다.

민　기: 뭐 하시는 거예요, 지금? (후략)[196]

　　하나, 장례식장에서 시어머니의 고함을 듣는 신애의 모습을 포착한 풀
쇼트(Full shot)는 전지적인 시점이 강하다. 프레임(Frame) 우측에는 '생떼
같은 자식 쥑이놓고……어? 서방 보내고 자식까지 보내고……남에 집 대
끊어지게 만들어놓고……'라고 울부짖는 시어머니와 시누이, 시매부가 있
다. 그리고 프레임(Frame) 좌측에는 '(최대한 공손하게) 지금 이 상황에서
는 누구보다도 애 엄마가 제일 안 슬프겠습니꺼? 그지예?'라고 하는 종찬
을 중심으로 신애와 동생 민기가 있다. 감독은 의도적으로 프레임(Frame)
좌측과 우측에 인물들을 분할시키고, 이를 풀 쇼트(Full shot)로 처리하면
서 각각의 입장을 대조시킨다.

　　둘, 장례식에서 입는 검은색 의상[197]이 당연하겠지만, 검은색에서 구현되

196　이창동, 「S#55. 화장장 마당(외부/낮)」, 『밀양(각본/각색: 이창동)』, 파인하우스필름,
　　　2007.
197　검정색(黑色)은 "'검다'라는 색채어의 어원은, 아궁이에 불을 지피어 땔 때 솥 밑 언저
　　　리에 엉키는 '검의영'에서 유래되었다. 이 말에서 '검'에 어미 '-다'가 결합된 것으로,
　　　그을려 생긴 검은색을 의미"(정인주, 「한국 영화 제목에 사용된 색채어의 기호학적
　　　의미 연구」, 홍익대학교 영상대학원 영상디지인전공 석사학위논문, 2008, p.8.)한다.
　　　한자 '黑(검을 흑)'자는 囪(굴뚝 창)과 炎(불꽃 염)이 합쳐서 된 글자이다. 즉 불을 땔
　　　때 나는 연기가 창문 사이로 빠져 나가면서 검어지는 데서 유래된 문자다. 영어 black
　　　의 어원은 '어두운'을 뜻하는 고대영어 blac이다. 빛이 없는 컴컴한 상태가 곧 검은색
　　　이며, 이에 연유하여 black은 부정적인 상징"(박영수, 『색채의 상징, 색채의 심리』, 살
　　　림, 2003, p.94.)을 많이 지닌다.

는 신애의 정서는 '준'의 유괴와 그리고 죽음으로 확정된 절망에서 비롯된 공포의 심리를 엿볼 수 있다. 또한 신애의 남편의 고향에서 자신을 허위로 가장한 결과가 결국 자신의 아들 '준'의 죽음으로 몰고 간 원인임을 자각함과 동시에 죄의식과 맞닿아 있음을 색채가 더하고 있다.

「S#53. 동사무소(내부/낮)」에서 '준'의 사망신고를 마치고, 「S#63. 거리(외부/낮)」로 나와 '휘청거리면서 숨을 못 쉬고, 헛울음 같은 고통스런 소리만 나올 뿐 숨을 쉴 수가 없'는 신애 곁에서 종찬은 어찌할 바를 모르고 그녀의 뒤에 있을 뿐이다. 신애는 〈상처받은 영혼을 위한 기도회〉를 알리는 현수막을 보고 정신없이 그 방향을 따라간다. 「S#64. 부흥회 입구(내부/낮)」의 상가 건물의 2층에 있는 어느 교회의 입구에 신애가 들어선다.

S#64. 부흥회 입구(내부/낮)

상가 건물의 2층에 있는 어느 교회의 입구에 신애가 들어선다. 몇 걸음 뒤에서 종찬도 따라오고 있다. 계단 좌우로 〈상처받은 영혼을 위한 기도회〉를 알리는 현수막, '여러분을 환영합니다'라는 글귀 등이 붙어 있고, 교회 사람들이 계단을 올라오는 신자들에게 전단지나 안내서들을 나눠 주고 있다. 교회 안에서는 성가를 연주하는 음악소리가 흘러

나온다.[198]

'몇 걸음 뒤에서 종찬도 따라오고 있'는데 종찬을 프레임(Frame) 내부로 수용하면서 신애가 전면에 있고, 그녀의 뒤로 위치를 설정함으로써 후경화하는 방식을 취한다. 교회 「S#65. 부흥회(내부/낮)」에 '음악에 맞춰 함께 찬송하고 기도하는 다양한 신자들의 모습이 있고, 그 가운데 신애가 있다.' 신애는 '자신이 이곳에 왜 와 있는지조차 스스로 이해하지 못하는 듯한 표정'으로 이방인처럼 앉아있다. 신애의 '속이 꽉 막혀 답답해서 터져 나오는 것 같은' '너무나 절절한 울음소리다. 깊이를 알 수 없는 가슴 저 밑바닥에서 터져 나오는 것 같은 울음'에서 나오는 절망의 깊이를 이해할 리 없다. 어색하게 신애의 뒤에 앉아있는 종찬은 '어찌 할 바를 모르고 그녀를 보고'만 있을 뿐이다. '준'의 유괴와 죽음 이후 프레임(Frame) 내부로 수용하지만, 후경화시키는 방법을 선택함으로써 종찬은 신애의 고통을 직접 대면하거나 위로할 수 없는 존재가 되어 버린다. 결국 온 몸으로 그 고통을 받아내는 것은 신애 자신일 뿐이다. 후에 신애는 밀양주민들과 함께 「S#67. 피아노 학원(내부/낮)」에서 예배를 본다.

S#67. 피아노 학원(내부/낮)

---

198 이창동, 「S#64. 부흥회 입구(내부/낮)」, 『밀양(각본/각색: 이창동)』, 파인하우스필름, 2007.

미소를 짓고 있는 신애의 얼굴 CLOSE-Up.

신 애: [미소를 지은 채 쑥스러운 듯 잠시 말을 망설이고 있다가)……다시 태어난다는 말…… 전에는
그게 무슨 말인지 몰랐거든요? 그런데, 이제 확실히 알게 되었어요. 처음에 우리 김 집사님
이…… [누군가에게 미소를 지어 보인다) 저한테 그러시더라고요. 이 세상에는 눈에 보이는
것만 있는 게 아니라 눈에 보이지 않는 것도 있다고. 처음 그 말을 들었을 때는요, 솔직히
참 우스웠는데(사람들의 웃는 소리 들린다.) 이제는 저도 그 사실을 분명히 여기, [가슴에
손을 얹으며) 이 가슴으로 느낄 수 있게 되었어요.

낮은 소리로 '할렐루야!' '아멘!' 하는 소리 들린다. 카메라 천천히 빠지기 시작하면 신애
의 앞에 둘러앉아 있는 예닐곱 명 정도의 교인들 모습을 볼 수 있다. 사람들은 40대
초반의 여자 전도사를 중심으로 피아노 학원 바닥에 둘러 앉아 있다. 김 집사의 모습도
보인다. 그들 뒤쪽으로 학원의 유리문을 통해 거리 풍경이 보인다.

신 애: 그렇게 이 가슴이 누가 막 손으로 짓누르는 것 같이 아팠는데요…… 이제 안 아파요. 평화를
얻었어요. 이제는 정말……제가 겪은 모든 일들이… [그녀의 눈에서 소리없이 눈물이 흘러내린
다.) 하나님의 뜻 가운데 있다는 것을 분명히 믿게 되었어요. 정말 감사합니다. [중략)

유리문 바깥의 길에서 누군가 피아노 학원 쪽으로 다가온다. 종찬이다. 그는 유리문 안
을 들여다보고 문을 열고 들어온다. 성경책을 들고 있는 품이 좀 어색하다.

일 동: 우리 몸에 매어 있는 그 더러운 죄 짐을
하나 없이 벗어놓고 힘써서 들어갑시다……. [후략)[199]

신애가 '이 가슴이 누가 막 손으로 짓누르는 것 같이 아팠'는데 지금은
'평화를 얻었'으며 '제가 겪은 모든 일들이…… (그녀의 눈에서 소리 없이
눈물이 흘러내린다) 하나님의 뜻 가운데 있다는 것을 분명히 믿'게 되었다
고 말하며 안정되고 행복해 하는 모습을 클로즈업(Close-Up)했다가 다시
달리 아웃(Dolly out)으로 카메라가 신애에게서 멀어지게 하여, 외부에 있

---

199 이창동, 「S#67. 피아노 학원(내부/낮)」, 『밀양(각본/각색: 이창동)』, 파인하우스필름, 2007.

는 밀양의 사람들과 종찬을 프레임(Frame) 내부로 수용한다. '유리문 바깥의 길에서 누군가 피아노 학원 쪽으로 다가오는데 바로 종찬이며, 그는 유리문 안을 들여다보고 문을 열고 들어온다.', '성경책을 들고 있는 품이 좀 어색'하기 그지없다. 이 때 프레임(Frame) 외부에 있던 종찬을 내부로 수용함으로써 여전히 신애와 함께하고 있음을 서사화하고 있다. 그러나 아직 어디에 끼어 앉아야 좋을지 몰라 엉거주춤하게 서 있다. 카메라의 시선은 종찬이 신애를 바라보는 방식과 닮아 있으며, 신애와 일정한 거리를 두고 줄곧 그녀 곁을 맴돈다. 「S#69. 교회(내부/낮)」[200]에 찬송가를 부르는 신도들 가운데 신애의 모습이 보이고 그 뒤에 2-3명 정도의 밀양사람들이 있고, 그 뒤에 종찬은 찬송가를 잘 모르는 눈치지만, 입을 맞추려고 여전히 노력하고 있다. 주민들과 「S#72. 밀양역(외부/낮)」의 전도 찬양대 무리속에 있다.

S#72. 밀양역(외부/낮)

역 광장의 한쪽 구석. 주차 되어 있는 종찬의 친구들의 차 뒤에 서서 종찬이 친구들과 이야기하고 있다. 멀리 아직도 노래하고 있는 전도 찬양대의 모습이 보인다. 그쪽을 힐

---

200 이창동, 「S#69. 교회(내부/낮)」, 『밀양(각본/각색: 이창동)』, 파인하우스필름, 2007.

끔 거리며 담배에 불을 붙이는 종찬. 맛있게 연기를 내뿜는다.

친구 1: (조롱하듯) 신자가 담배 피우나?

종 찬: 아직 몬 끊었다. (담배를 들어 보이며) 이기, 이기 쉽지 않네……

신사장: 애쓴다. 여자 때문에 교회에도 나가고…… 역 앞에 서가 찬송가도 부르고……. 어떠노? 피아노 원장 반응이 좀 있나?

종 찬: 헴님, 오해하지 마소. 나하고 신애씨하고는 그런 관계 아이라 카이께네.

친구 2: 아이긴 뭐가 아이라?

친구들이 킬킬거린다. (중략)

종 찬: 담배 이거 와 이래 맛있노? 오늘따라 억수로 맛있네. (담배연기를 시원하게 내뿜는다.)[201]

 '역 광장의 한쪽 구석. 주차되어 있는 종찬의 친구들의 차 뒤'에 친구들이 있고, '멀리 아직도 노래하고 있는 전도 찬양대의 모습'도 있다. 종찬은 친구들의 놀림에도 아랑곳하지 않고, 신애와 함께 찬송가를 부른다. 감독은 지속적으로 종찬과 신애 사이에 2-3명의 밀양사람들을 끼워 넣은 방법으로 거리조정을 한다. 이윽고 신애는 '하나님 사랑을 알고 비로소 마음의 평화를 얻고 새 생명을 얻'었고 '그분의 사랑과 은혜를 느낄 수 있어서 얼마나 행복'한지 모른다며 '그 분의 사랑을 전해'주기 위해 「S#84. 접견실(내부/낮)」로 범인을 면회를 간다. 그리고 종찬과 김집사는 여전히 신애와 동행한다.

S#84. 접견실(내부/낮)

201 이창동, 「S#72. 밀양역(외부/낮)」, 『밀양(각본/각색: 이창동)』, 파인하우스필름, 2007.

작은 구멍이 송송 뚫린 플라스틱 창 너머로 죄수복을 입은 한 남자가 교도관과 함께 들어선다. 박도섭이다. 그는 자리에 앉아 굳은 얼굴로 면회객을 본다. 사이. 박도섭을 쳐다보는 신애의 얼굴. 잠시 말없이 앉아 있다가 이윽고 입을 연다.

신 애: ……얼굴이 좋네요. 생각보다.
박도섭: 죄송합니다.
신 애: 아니에요. 건강해야지요. (그녀의 얼굴에 미소가 떠오른다.)
아무리 큰 죄를 지은 죄인이래도 하나님은 건강을 주시잖아요.

말없이 신애를 바라보는 박도섭. 그녀의 말이 좀 뜻밖인 것 같은 표정이다.

신 애: 이 꽃…… (손에 들고 있던 꽃을 들어 보인다.) (중략) 내가 오늘 여기 찾아온 건요…… 하나님은 혜와 사랑을 전해주러 왔어요. 나도 전에는 몰랐어요. 하나님 계시다는 것도 절대 안 믿었어요. 내 눈에 안 보이니까 안 믿었지요. 그런데 우리 준이 때문에……

그녀는 잠깐 감정을 억제하려 한다. 그리고 미소를 지으려 노력한다.

신 애: ……하나님 사랑을 알고 비로소 마음의 평화를 얻고 새 생명을 얻었어요. 얼마나 감사한지, 그분의 사랑과 은혜를 느낄 수 있어서 얼마나 행복한지 모르겠어요.
그래서 내가 이곳에 찾아온 거예요……. 그 분의 사랑을 전해주기 위해서요.
박도섭: 고맙습니다.

신애가 박도섭을 쳐다본다.

박도섭: 정말로 고맙습니다. 준이 어머니한테 우리 하나님 아버지 이야기를 듣게 되이……
참말로 감사합니다. 내 기도가 통했는갑심더.

박도섭의 그 말이 신애를 놀라게 한다.

박도섭: 저도 믿음을 가지게 되었거든예. 여, 교도소에 들어온 뒤로…… 하나님을 가슴에 받아들이게 됐심더. 하나님이 이 죄 많은 인간한테 찾아와 주신 거지예.

신애는 말없이 박도섭을 쳐다본다. 박도섭은 믿음을 가진 사람답게 아주 평화롭고 안정되어 보인다.

신 애: (이윽고) ……그래요? 하나님을 알게 되었다니 다행이네요.
박도섭: 예, 얼마나 감사한 일입니꺼? 하나님이 저한테, 이 죄 많은 놈한테 손 내밀어 주시고, 그 앞에 엎드리가 지은 죄를 회개하도록 하고, 제 죄를 용서해주셨습니다.
신 애: 하나님이…… 죄를 용서해주셨다고요?
박도섭: 예! 눈물로 회개하고 용서 받았습니다. 그라고나서부터 마음의 평화를 얻었심더. 잠도 잘

자고…… 아침에 일어나자마자 기도하고…… 하루하루가 얼마나 감사한지 모릅니다. 인제 아무 여한이 없습니다. 어떤 처벌을 받더라도, 사형이 돼도 달게 받을 마음의 준비를 하고 있습니다. 정말로…… 장기기증까지 다 해 두었심더. 이 죄 많은 인간의 몸이라도 하나님이 주신 거라 가치 있게 쓰일 수 있으면 좋겠다, 그런 생각했심더. 하나님한테 회개하고 용서받았으이 이렇게 편합니다, 내 마음이. (가슴에 손을 얹는다.)

신 애: …….

박도섭: 요새는 내가 기도로 눈 뜨고 기도로 눈 감습니다. 준이 어머니를 위해서도 기도 마이 합니다. 빼놓지 않고 늘 합니다. 죽을 때까지 할 낍니다. 그런데 인제 이래 만나고 보이, 하나님이 역시 제 기도를 들어주시는갑심더.

언제부터인가 신애는 아무런 말도 하지 못하고 있다.[202]

　여전히 신애와 종찬을 한 프레임(Frame)으로 처리하고, 언제나처럼 신애의 그림자처럼 후경화 함으로써 뒷모습만을 보게 된다. 그 결과 종찬은 신애의 감정을 헤아릴 수도 없고, 단지 범인의 표정만을 볼 뿐이다. 더군다나 면회를 마치고 나오자마자 신애는 「S#85. 구치소 주차장(외부/낮)」에 순간 망연자실한 표정이 되어 쓰러진 이유를 알 리 없다.

S#85. 구치소 주차장(외부/낮)

구치소 건물을 나와 주차장으로 걸어가는 신애 일행. 신애가 몇 걸음 앞서서 걸어가고 그 뒤를 다른 사람들이 따라간다. 종찬이 두 여자에게 수다스럽게 이야기하고 있다.

202　이창동, 「S#84. 접견실(내부/낮)」, 『밀양(각본/각색: 이창동)』, 파인하우스필름, 2007.

종　찬: 솔직히 나는 좀 걱정했었는데……잘 됐심다. 분위기 좋았심다. 처음에 딱 들어오는데 얼굴이 훤하이, 너무 얼굴이 좋은 기라요. 야, 교도소 들어앉아 있는 죄인치고 얼굴이 너무 좋아 보인다…… 내 혼자 속으로 그래 생각했는데, 알고보이 그 친구도 하나님을 믿게 됐다는 기라.

오집사: 아멘!

종　찬: 하나님 믿고 구원 받으면서 그래 마음이 편해졌다는 기라. 그리고부터 하나님 이야기만 한 거지예. 서로. 야, 얼굴 좋대, 그 친구…… 하나님 힘이 무섭긴 무섭대요.

오집사: [의기양양해서] 그럼, 하나님 힘이 무섭지!
　　　　[박집사에게 웃으며] 그럴 줄 알았으면 우리도 들어갈 건데, 괜히 자기 때문에……

그들은 이제 주차장에 도착했다.
종찬이 자기 차 곁으로 가며 돌아보면, 신애는 저쪽으로 혼자 가고 있다.

종　찬: 신애씨! 어데 가요? 여, 이 찹니다!

신애가 돌아선다. 말없이 이쪽을 보고 있는 그녀의 얼굴이 몹시 창백해 보인다. 그녀는 얼어붙은 듯 그 자리에 서 있다. 차 문을 여는 종찬. 그리고 신애를 쳐다본다. 그녀는 아직 자신의 손에 들려있는 꽃을 내려다본다. 그리고 그것을 땅바닥에 던져버리고 이쪽을 본다. 갑자기 그 자리에서 무너지듯 쓰러져 버린다. 종찬이 놀라 달려가고, 차에 타려던 여자들도 그 뒤를 쫓아간다.[203]

　　면회를 마치고 주차장으로 나온 신애는 얼어붙은 듯 서 있다가 자신이 가져온 꽃다발을 던져버리고 '갑자기 그 자리에서 무너지듯 쓰러져 버'린다. 단지 범인의 표정만을 본 종찬은 '좀 걱정했었는데…', '하나님 믿고 구원받으면서 그래 마음이 편해졌다는 기라. 그리고부터 하나님의 이야기만 한 거지예. 서로. 야 얼굴 좋대. 그 친구… 하나님 힘이 무섭긴 무섭'다고 말하며 신애의 감정을 읽어낼 수 없는 위치임을 다시금 확인시킨다. 이런 이유로 종찬은 신애와 범인이 '하나님 이야기'한 것으로 판단한다. 결국 신애의 절망과 고통은 지속적으로 소통될 수 없고, 오로지 신애 혼자만의 몫으로 남겨지게 된다. 신애의 절망과 배신감을 알리 없는 종찬은 신애가 고통을 견디다 못해 복수를 계획하고 실행하는 모든 서사의 프레임(Frame)에

203　이창동, 「S#85. 구치소 주차장(외부/낮)」, 『밀양(각본/각색: 이창동)』, 파인하우스필름, 2007.

서 종찬을 한 번 더 외부로 밀어버린다.

4) 아이 레벨 앵글의 '비밀의 햇볕'

마치 '준'의 유괴전화를 「S#101. 신애 집(내부/밤)」에서 받았던 「S#33. 신애 집(내부/밤)」이 반복되듯 구조적으로 대응시킨다. 감독은 각각을 구조적으로 대응시키고 반복하면서 주제인 목표지점으로 수렴시킨다.

S#101. 신애 집(내부/밤)

안방. 어둠 속에서 누워 있는 신애. 바깥에서 흘러들어온 외등 불빛이 희미하게 방안의 윤곽을 드러내고 있다. 신애가 갑자기 눈을 뜬다. 뭔가에 놀란 듯한 표정. 자리에서 일어나 마루로 나간다. 전화기 가까이 다가간다. 마치 전화벨이 울리고 있기라도 하듯, 전화기를 보고 있는 그녀의 표정이 점점 두려움에 싸인다. 이윽고 수화기를 든다.

신 애: ······여보세요? 예? 그게 무슨 소리예요? (공포에 질리는 표정. 마치 씬 33을 재연하는 것 같다.) ······우리 준이 좀 바꿔주세요. 우리 준이 목소리라도 듣게해주세요······.

그 말을 해놓고 소스라쳐 놀란다. 뭔가 이상하다는 걸 느끼고 공포에 휩싸인다. 아까와는 다른 종류의 공포다. 그녀는 급하게 수화기를 놓아버린다. 그 자리에 쪼그리고 앉은 채 몸을 떨고 있다.[204]

---

204 이창동, 「S#101. 신애 집(내부/밤)」, 『밀양(각본/각색: 이창동)』, 파인하우스필름, 2007.

마치 유괴범에게 처음 전화를 받았던 「S#33. 신애 집(내부/밤)」에서처럼 전화기를 들고 신애는 공포에 휩싸여 '준'을 바꿔달라고 말한다. 신애는 유괴전화를 받고 종찬에게 도움을 청하러 「S#35. 카센타 앞(외부/밤)」에 가지만 '혼자 가라오케의 반주에 맞춰 노래를 부르'고 있는 종찬과 '이윽고 돌아서서 자리를 떠나버리'는 신애의 상반된 쇼트(Shot)를 결합하여 몽타주(Motage)를 활용해 간극을 만들어 낸 바 있다. 그러나 「S#101. 신애 집(내부/밤)」, 신애는 유괴범에게 전화를 받은 듯, 카센터에 가는 대신 「S#102. 종찬 집(내부/새벽)」에 전화를 걸어 도움을 요청한다.

S#102. 종찬 집(내부/새벽)

종찬의 방. 풀 샷. 30대 후반의 노총각 방답게 썰렁하면서도 구지레해 보인다. 방 두개가 장방형으로 연이어 붙어 있고, 가운데 문짝을 떼어놓은 채 하나로 쓰고 있다. 카메라에 가까운 방에 행거형 옷걸이들이 있고, 옷들이 걸려 있다. 카메라 맞은 편 안쪽 방 가운데 창문이 있어서 바깥 골목의 빛이 새어 들어와 방안의 윤곽을 드러낸다. 창문 아래쪽에 이불을 감고 종찬이 자고 있다. 머리맡에는 TV가 켜진 채로 있다. 핸드폰의 벨소리가 울리기 시작한다. 누운 채로 전화를 받는 종찬.

종 찬: 예……아이고, 신애씨! (놀라 자리에서 일어난다.) 웬일이시라예? 이 시간에…… 예? 누가예? ……(웃으며) 그럴 리가 있습니꺼? 교도소에 있는 놈이 우예 밤에 전화를 해예? 신애씨가 꿈을 꾼 거 아입니꺼? ……아이, 내 말은 그기 아이고…… 신애씨, 진정하시이소. 진정하시고 예……

전화가 끊어진 모양이다. 종찬, 잠시 멍하니 앉아 있다가 방안의 불을 켠다.
그리고 다시 전화를 건다.

종 찬: 신애씨, 아까는 내가 잘못 말했고예…… 내가 알아보겠심더. 내일 당장 마산교도소에 알아보고 경찰에도 알아보고 다 하께요. 예, 내일 확실히 알아보고 이야기해주께요. 내일…… 그라마 식사라도 같이 하시지예? 진짜 요리 잘 하는 집, 내가 잘 아는 집이 있는데…… 기분전환 한번 하시지예? 예, 그라입시다!

전화를 끊는다. 갑자기 기분이 좋아진 것 같다. 자리에서 일어나 건넌방으로 걸어간다. 팬티 바람에 상의는 번호도 선명한 조기축구회 유니폼을 입고 있다. 방안을 몇 번 왔다 갔다 하더니, 갑자기 몸을 흔들며 짧은 춤을 춘다.[205]

종찬은 '내일 당장 마산교도소에 알아보고 경찰에도 알아'겠다고 신애의 불안감을 달래고 안심시켜 이 둘의 관계를 다시 밀착된다. 자살기도 후 그리고 몇 개월이 지난 후 퇴원수속을 하러 「S#115. 차 안(외부/낮)」에서 종찬이 교회를 나가는 와중에 진실은 종찬과 민기의 대화 속에서 밝혀진다. '민기는 말없이 운전하고 있는 종찬의 뒷모습을 본다. 운전대 위 백미러에는 십자가 장식이 걸려 있다.' 민기가 '요새도 교회 나가냐'고 물어보자 종찬은 '예. (다시 변명하듯) 처음에는 신애씨 때문에 다니게 됐는데, 인제 버릇이 되가 그냥 다닙니다. 그냥…… 안 나가믄 섭섭하고, 나가믄 마음이 쪼매 편안하고…… 그렇대예'라고 대답한다. 즉, 종찬에게 종교는 적당한 거짓으로 유지하지만, 교회에 다니는 것도 주차일을 도와주는 것도 다름 아닌 신애 때문이다.

퇴원하고 머리를 자르고 싶다던 신애를 위해 종찬은 「S#118. 미용실(내부/낮)」에 동행하는데, 그곳에는 범인의 딸 정아가 있다. 머리를 자르다 말고 거리고 뛰쳐나오며 엔딩(Ending). 「S#121. 신애 집(외부/낮)」에 '좁은

---

205 이창동, 「S#102. 종찬 집(내부/밤)」, 『밀양(각본/각색: 이창동)』, 파인하우스필름, 2007.

마당에 의자를 놓고 가위를 들고 낡은 신발장 위에 거울을 세워두고 머리를 자르기 시작할 즈음, 종찬이 들어선다. 잠시 그녀의 모습을 지켜보다가 천천히 다가가, 거울을 들어준다.' 감독은 '준'의 유괴 사건이 후 후경화의 프레임(Frame)을 유지하다가 '그녀의 앞에 놓은 거울'을 든 종찬과 신애를 서로 마주보도록 인물을 배치하고, 아이 레벨 앵글(Eye-level Angle)로 조절하여 의도한 주제의식으로 연결시킨다.

오프닝(Opening)으로 소급하며 본다면 「S#4. 도로(외부/낮)」 '청명하고 파란 하늘과 뭉게구름이 있는 하늘'을 클로즈업(Close-Up)하고, 로우 앵글(Low Angle)로 조절한다. 신애에게는 웅장함과 경외심, 존경의 대상이었던 '푸른 하늘'과 그로부터 발생된 '찬란한 햇빛'으로 상징화 되었던 '밀양'은 '준'의 유괴사건으로 희망과 기대는 절망과 고통의 공간이 되고 만다. 그러나 이제 '깨어진 시멘트 바닥과 지저분한 낙엽들과 세제통이 뒹구는 누추한 곳에 찬란함이 사라진 그곳'에 '기울어진 햇볕'이 있다. 신애에게 늘 그림자처럼 변함없이 그 곁을 맴돌고 있었던 종찬은 바로 '비밀스런 햇볕'이었던 것이다. 신애의 삶이 비록 절망적일지라도 지속되어야 함을 엔딩(Ending)에서 감독은 비록 '여기'가 누추할 지라도 살아갈 이유는 '인간'에 있다고 미장센(Mise en scene)으로 실현시키고 있다.

사실주의적
내러티브

정보통신 네트워크를 기반으로 한 미디어 융합현상(Convergency)으로 하나의 소재(One source)가 다양한(multi use) 방식으로 전환되는 OSMU (One source multi use)가 활발하게 진행된다. 그 중 한 분야가 소설이 영화로 각색되는 경우라 할 수 있다. 학계에서는 1990년대 초반을 기점으로 2000년대부터 활발하게 연구가 진행되고 있으며, 이를 바라보는 관점들은 다소 대조적이다. 이러한 이분법적인 관점에서 벗어나, 소설과 영화의 문자와 영상이라는 각각 영역의 고유성과 독자성을 인정하면서, 서사라는 큰 범주 안에서 공존과 공유로, 상호보완의 관점으로 시각교정을 해야 하는 시점이다.

소설과 각색영화에 대한 기존의 연구를 통시적 나열이 아닌 연구방법에 기준을 두고 재조직하여 검토함으로써, 현재 연구의 흐름을 파악하고, 동시에 연구방향에 대해 고민해 볼 결과 다음과 같다. 연구1세대는 소설과 각색영화는 상호텍스트성(Intertexturality)에 기초하여 모든 텍스트들은 서로 교류가능하며, 특히 소설과 영화는 그 관계가 가장 가까운 서사양식이므로 교류가 더욱 빈번하게 일어난다. 실제비평에서는 소설의 영화로의 전환은 '각색(adaptation)'으로 고정되고 외국이론을 기준으로 유형화시킨 연구들이 있다. 또한 씬(Scene)과 시퀀스(Sequence) 중심으로 인물의 가감과 성격의 변화와 사건의 변형과 결말의 변화 등의 서사비교가 주를 이루고 있고, 원론적이고 초보적인 연구에 해당된다. 연구 1세대와 연구 3세대의 교량적 역할을 하게 되는 연구 2세대는 '원작의 서사성에 충실한 재현'을 기준을 두고, 미학적 가치평가를 더한다. 대부분의 연구결과는 한 영역(문자)이 강조되고, 다른 영역(영상)이 평가절하되어, 문자매체인 소설의 우월성을 강조하게 된다. 연구 3세대는 '문자매체와 영상매체의 몰인식'에 대한 반성은 점차 상호매체성(Intermediality)의 개념을 수용하면서 연구의 진전을 보인다. 소설과 각색영화는 서사라는 공통분모를 지니고 있지만, 중개자, 즉 매체의 특성으로 인해 상호대체 될 수 없는 각각의 고유성을 지니고 있음을 인식하게 되는 것이다. 물론 그 이전의 연구보다는 문자매체와 영상매체의 고유성에 대한 몰인식을 극복하였다는 점에서 어느 정도의 성과를 이루고 있지만, 여전히 미장센(Mise en Scene)을 통해 구현되는 서사적 맥락을 읽어내지 못한다는 것이 현 연구의 한계로 지적될 수 있다.

소설과 영화의 변별점을 집중적으로 해명하기 위해 매체적 특성이 두드러진 텍스트를 분석하는 것이 보다 효과적인 연구가 될 것이다. 이청준의 『벌레이야기』는 관찰자인 '나'가 아이의 유괴로 인해 고통 받는 아내의 심리를 증언이라는 형식으로, 사실에 대한 주관적 의미부여를 통해 과거의 시간을 재구성한다. 이에 반해 이창동 감독의 『밀양(密陽, Secret sunshine)』은 상징화된 공간적 배경의 서사라 할 수 있다. 즉, 오프닝(Opening)의 '청명하고 푸른 하늘'에서 엔딩(Ending)의 '누추한 지상'으로의 수직적 공간이동과 프레임(Frame) 그리고 쇼트(Shot)와 앵글(Angle)의 허용과 통제를 통해 계획된 미장센(Mise en Scene)으로 서사를 전개시키는 특성을 지니고 있다.

이창동 감독은 이청준의 『벌레이야기』를 1988년 문학계간지 『외국문학』에서 처음 접하고, 모티브를 제공받아 직접 시나리오로 각색한 뒤, 2007년 『밀양(密陽, Secret sunshine)』으로 완성한다. 그는 소설가이었으며 시나리오 작가임과 동시에 감독이기 때문에, 문자매체와 영상매체의 각각의 매체가 구현할 수 있는 서사의 범위를 정확히 알고 있다는 반증이 된다.

본고는 소설을 시나리오로 각색하고 그를 바탕으로 영화를 연출하는 과정에서 영상이라는 매체의 특성을 활용하여, 그 서사의 부피를 확장하고 풍부하게 형성해내고 있는지에 대한 것에 그 목표를 두고자 한다. 즉, 매체를 속성에 매달리는 것이 아니라 영상매체를 이해한다는 것은, 그것을 익혀 결국엔 서사의 내용을 풍부하게 할 수 있는 그 방법을 익히는 것이 목적이 될 것이다.

1.

이창동 감독은 『밀양(密陽, Secret sunshine)』을 전체의 서사적 맥락의 필요에 의해 구조적으로 대응시킨다. 오프닝(Opening) 「S#1. 도로(외부/낮)」의 '푸른 하늘'에서 시작되고, 엔딩(Ending) 「S#121. 신애의 집(외부/낮)」의 '지상으로의 땅'으로 종결되는 구조적 긴밀성을 가지고 있다.

오프닝(Opening). 새로운 삶을 기대하며 밀양으로 진입하는 「S#1. 도로(외부/낮)」의 '구름이 드문드문 있는 푸른 하늘'을 클로즈 업(Close-Up)과 로우 앵글(Low Angle)을 결합하여 카메라가 천천히 물러나면서 프레임(Frame) 전체를 하늘에게 할애하면서 수직성이 증대된다. 「S#4. 차 안(외부/낮)」에서 청명한 '푸른 하늘'이 밀양의 이정표를 달리 인(Dolly in)과 롱 쇼트(Long Shot)로 결합시켜 객관적으로 제시되는데 '햇빛'이 찬란하기까지 하다. 서사가 진행되는 특수한 공간적 배경인 '밀양'에서의 새로운 삶에 대한 희망과 설레임의 서사를 '푸른 하늘'과 '따뜻한 햇볕'의 미장센(Mise en Scene)으로 노출시킨다.

그러나 아들 '준'의 유괴사건을 통해 그 환상은 처참히 무너지고 현실적 공간으로 엔딩(Ending). 「S#121. 신애 집(외부/낮)」의 '시멘트바닥에 고인 빗물'과 '파란 플라스틱 빨래판, 세제통이 뒹굴어'있고 마당 한 켠의 잡초와 '기울어지 햇볕'을 하이 앵글(High Angle)로 '누추한 여기'를 그대로 실현시키고 있다. 또한 카메라는 거기에 오래 머물러 롱 테이크(Long take)로 응시한다. 디제시스적 사운드(Diegetic sound)인 아이들의 떠드는 소리는 지극히 평범한 생활의 공간임을 확인이라도 시키듯 말이다. 그 위에 오프닝(Opening)으로 되돌아간 듯한 구조로 非디제시스 사운드(Non-diegetic sound)인 크리스띠안 바쏘(Christian Basso)의 '크리오요(Criollo 이방인)'를 덧입힌다. 감독은 유괴사건으로 모든 상황이 달라져 있지만, 밀양으로 새로운 삶을 시작하려는 「S#4. 차 안(외부/낮)」의 신애처럼, 비록 삶이 절망적일지라도 지속되리라는 열린 결말로 유도하고 있다.

엔딩(Ending) 「S#121. 신애 집(외부/낮)」의 현실적 공간, 즉 주제의식를 담고 있는 '누추한 여기'는 밀양의 토박이인 종찬의 보이스 인 나레이션 (Voice in narration)을 통해 지속적으로 반복되어 그 의미를 강화된다. 하나, 밀양으로 진입하는 「S#4. 차 안(외부/낮)」의 신애는 종찬에게 '밀양'에 대해 어떤 곳이냐? 물어보자 '우리가 뭐 뜻보고 삽니까? 그냥 사는 곳'이라 한다. 둘, 신애와 민기 그리고 종찬과 신사장이 「S#22. 옻닭집(내부/낮)」에서 '이상한 동네 같'다는 민기의 말에 '사람 사는 데' '이상한 거 하나도 없어예. 밀양도 다른 데 하고 다 똑같다'고 이야기한다. 셋, 신애의 퇴원을 위해 「S#115. 차 안(외부/낮)」에 동승하고, 오프닝(Opening). 「S#4. 차 안(외부/낮)」의 대화로 되돌아간 듯한 구조로 진행된다. '밀양이 어떤 곳'인지 민기에 의해 다시 제기되고, 웃으면서 '신애씨 처음 만났을 때, 신애씨가 여 밀양에 처음 오던 날, 나한테 똑같이 물었'다며, 꼭 한마디를 더 붙인다. '…똑 같아예. 딴 데하고. 사람 사는데 다 똑같지예' 거듭 반복한다. 이는 감독이 의도한 주제의식과 같은 맥락선상에서 이해할 수 있다.

2.

오프닝(Opening). 새로운 희망과 기대를 하고 오는 「S#4. 차 안(외부/낮)」의 신애는 '비밀 밀(密), 볕 양(陽). 비밀의 햇볕'이라고 자의적으로 의미를 부여하고 있다. 이런 신애의 의미부여는 구조적으로 「S#121. 신애의 집(외부/낮)」에서 해결되듯이, 하이 앵글(High Angle)의 '누추한 지상'의 '비밀의 햇볕(Secret sunshine)'으로 종결시키고, 그 중심에 '종찬'이란 인물은 주제를 암시하는 기표(Signified)가 되기도 한다.

감독은 주제의식을 구현해 내기 위해 종찬을 의도적으로 조절하거나 통제하는 인물배치를 통한 미장센(Mise en scene)으로 조절한다. 가령, 종찬과 신애를 한 프레임(Frame)에 수용시켜 그 관계를 밀착시키고, 불현듯 몽타주(Montage)를 통해 간극을 만들었다가, 프레임(Frame) 외부로 밀어내기도 한다. 또 다시 프레임(Frame) 내부로 수용하는데 그 방법은 특이하다. 신애와 종찬의 사이에 밀양사람들 2-3명 정도의 간극을 두고 후경화시킴으로써, 밀착된 듯 보이지만, 실질적으로는 일정한 간격을 늘 유지된다. 이윽고 엔딩(Ending). 「S#121. 신애의 집(외부/낮)」에서 신애와 종찬을 아이 레벨 앵글((Eye-level Angle)로 마주보는 인물배치의 미장센(Mise en scene)으로 주제의식을 구현한다.

하나, 밀양시 외곽 「S#1. 도로(외부/낮)」위 신애의 차가 고장이 나 카센터에 전화를 걸어, 청도로 가는 20번 도로의 「S#2. 개울(외부)」가에서 종찬(39세)을 기다린다. 밀양에 정착하기 위해 온 신애에게 정착을 도와주는 조력자로 역할은 사소하지만, 끊임없이 지속된다. 또한 「S#11. 피아노 학원(내부/낮)」을 오픈하자마자 '모 피아노 연주 경연대회에서 최우수상을 받은 이신애의 이름으로 된 가짜상장'을 걸어주고 '인자 소문이 쫙 나가 애들이 마이오리라 여 촌 아입니꺼. 이런 거 하나 있으면 우선 대접'이 달라질 거라며 적당한 허세를 지닌 인물이다. 40대 중반의 부부의 「S#29. 아파트(내부/낮)」에 피아노 연주에도 함께 동행하는 등 늘 종찬은 신애의 주변을 서성이게 된다.

둘, 피아노 학원을 개원하고 얼마 안 되어 신애는 유괴전화를 받고 '늦은 시간의 인적이 뜸한 어두운 밤거리를 정신없이 달려' 늘 곁에 있던 종찬에게 도움을 청하러 「S#35. 카센타 앞(외부/밤)」에 가지만 혼자 가라오케의 반주에 맞춰 자기 기분에 한 껏 취해 노래를 부르'고 있는 종찬을 보자 신애는 '이윽고 돌아서서 자리를 떠나'버리고 만다. 감독은 정(正)반(反)의 쇼트(Shot)를 결합시킨 몽타주(Motage)를 통해 간극을 만들어 낸다. 또한 낯선 타향에서의 의지할 곳이라고는 없는, 그래도 사소한 도움을 주던 종찬을 찾아가지만, 카센터 유리문 앞에서 멈추어 돌아설 수 밖에 없는 신애의 절박한 상황을 극대화시키는 서사적 효과를 이끌어내기도 한다.

셋, 종찬과 신애를 몽타주(Motage)로 간극을 만들어, 가장 절망적인 순간인 '준'의 사체를 확인하러 가는 「S#52. 저수지(외부/낮)」에서 프레임(Frame)외부로 밀어버리고 만다. 감독은 유괴사건에 중심부에서 종찬을 제외시키기 위해, 몽타주(Motage)로 예비해두었던 것이다. 그 결과 신애의 절망은 어느 누구와도 공유할 수도, 분담할 수도 없는 혼자만의 고통으로 남게 된다.

넷, 신애가 '준'의 사체를 확인하러 가는 「S#52. 저수지(외부/낮)」에서 프레임(Frame) 외부로 밀어냈던 종찬을 다시 내부로 수용하지만, 미장센(Mise en scene)에는 몇 가지의 특성이 존재한다. 이후 서사가 진행되는 내내 종찬은 신애의 늘 신애의 뒤에서 그림자와 같이 후경화하는 방법으로, 밀양주민들 1-2명 정도 사이에 끼워놓는 방식으로 밀착시키지 않는다.

'준'의 실종신고를 하러 간 「S#44. 경찰서 수사과(내부/낮)」에 종찬은 함께 동행한다. 신사장에 의해 '피해자가 돈도 얼마 없었'다는 신애의 허위가 다시 한번 드러났음에도 불구하고, 종찬만은 허위를 덮어주고 감싸준다. 유괴범과 마주한 「S#45. 경찰서(내부/낮)」에서는 범인에게 '달려가 머리를 때리'기도 한다.

'준'의 사망신고를 「S#53. 동사무소(내부/낮)」에서 마치고, 나온 「S#63. 거리(외부/낮)」에 '헛울음 같은 고통스런 소리만 나올 뿐 숨을 쉴 수가 없'는 신애 뒤에 종찬은 어찌할 바를 모르고 있을 뿐이다. 〈상처받은 영혼을 위한 기도회〉의 현수막을 보고 그 방향을 따라가니 「S#64. 부흥회 입구(내부/낮)」에 들어서고 여전히 '몇 걸음 뒤'에 위치를 설정하여 후경화하는 방식을 취한다. 교회 「S#65. 부흥회(내부/낮)」에 '찬송하고 신자들 가운데 신애가 있고, 어색하게 신애의 뒤'에 앉아 있다. 감독은 종찬을 '준'의 유괴와 죽음 이후 프레임(Frame) 내부로 수용하지만, 후경화시키는 방법을 선택함으로써 신애의 고통을 직접 대면하거나 위로할 수 없는 존재로 만들어버린다. 그러므로 종찬은 신애의 깊이를 알 수 없는 가슴 저 밑바닥에서 터져 나오는 것 같은 울음에서 나오는 절망의 깊이를 이해할 리 없다.

밀양주민들과 「S#67. 피아노 학원(내부/낮)」에서 '모든 일들이……하나님의 뜻 가운데 있다는 것을 분명히 믿'게 되었으며, 안정되고 행복한 신애를 클로즈 업(Close Up)하고 다시 달리 아웃(Dolly out)으로 외부에 있는 종찬을 프레임(Frame) 내부로 수용된다. 여전히 신애와 함께 있지만, '성경책을 들고 있는 품이 좀 어색'하며, 어디에 끼어 앉아야 좋을지 몰라 엉거주춤하게 서 있다. 카메라의 시선은 종찬이 신애를 바라보는 방식과 닮아 있으며, 신애와 일정한 거리를 두고 줄곧 그녀 곁을 맴돌고 있다.

신애와 '김집사와 강장로'와 「S#69. 교회(내부/낮)」에서 찬송가를 부르고 있고, 종찬은 여전히 '찬송가를 모르는 눈치지만, 나름대로 입을 맞추며 신애의 뒤'에 있다. 또한 「S#72. 밀양역(외부/낮)」의 찬양대 사이에 사람들을 2-3명을 끼워놓는 방식을 취한다. 밀양사람들과 「S#75. 까페(내부/낮)」에 있는 신애는 '하나님 사랑을 알고 평화를 얻어, 사랑을 전'하기 위해 「S#84. 접견실(내부/낮)」로 범인의 면회를 간다. 여전히 종찬이 동행하고, 이들을 한 프레임(Frame)으로 처리하지만, 언제나처럼 후경화함으로써 신애의 뒷모습만을 보게 된다. 그 결과 종찬은 신애의 감정을 헤아릴 수도 없고 단지 범인의 표정만을 볼 뿐이다. 면회를 마치고 「S#85. 구치소 주차장(외부/낮)」으로 나온 종찬은 '하나님 믿고 구원받으면서 그래 마음이 편해졌다는 기라. 그 친구…하나님 힘이 무섭긴 무섭'다며 신애의 감정을 읽어 낼 수 없는 위치였음을 다시금 확인시킨다. 감독은 후경화 된 미장센(Mise en scene)을 통해 두 형태의 서사적 맥락을 구현시킨다. 하나는 신애와 종찬이 늘 함께 있지만, 정작 신애의 절망과 고통은 지속적으로 소통될 수 없고, 오로지 혼자만의 몫으로 만들어 버린다. 다른 하나는 신애가 그 배신감을 견디다 못해 복수를 계획하고 실행하는 모든 에피소드(Episode)에서 종찬을 한 번 더 프레임(Frame)의 외부로 밀어버리기 위한 장치로 준비단계에 해당된다.

다섯, '준'의 유괴전화를 받았던 「S#33. 신애 집(내부/밤)」이 마치반복되듯 유괴범에게 처음 전화를 받았던 것처럼 「S#101. 신애 집(내부/밤)」을 반복 대응시킨다. 이전의 몽타주(Motage)를 통해 종찬과 신애의 간격을 만들었다면, '내일 당장 마산교도소에 알아보고 경찰에도 알아보겠다고 진정시켜 관계'를 다시 밀착시킨다. 감독은 종찬을 신애의 감정을 전혀 읽어낼 수 없는 후경화 된 미장센(Mise en scene)에서 소통의 시작을 알리기라도 하듯, 새로운 관계의 전환을 위해 준비시킨다. 신애의 퇴원수속을 하러 가는 「S#115. 차 안(외부/낮)」의 종찬은 '처음에는 신애씨 때문에 교회를 다니게 됐는데, 인제 버릇'이 되어 다니게 된다는 것이다. 결국 종찬의 모든 행동에 중심에는 신애가 있었으며, 그것은 마치 종교를 초월한 신념과도 같은 것이다.

여섯, 엔딩(Ending). 「S#121. 신애 집(외부/낮)」에 의자를 놓고 가위로 머리를 자르기 시작할 즈음, 종찬이 들어온다. 감독은 불현 듯 '준'의 유괴사건이 후 후경화의 미장센(Mise en scene)을 유지하다가 천천히 다가가, 거울을 들어 종찬과 신애를 마주보도록 인물을 배치하여 주제를 구현시킨다.

결과적으로 오프닝(Opening). 「S#4. 도로(외부/낮)」의 새로운 삶에 대한 기대와 희망을 가지고 온 밀양에서의 삶은 어쩌면 신애만의 환상이었을 수도 있다. 엔딩(Ending)「S#121. 신애 집(외부/낮)」의 이제 깨어진 시멘트 바닥과 지저분한 낙엽들과 세제통이 뒹구는 누추한 곳에 「S#4. 도로(외부/낮)」 위의 '푸른 하늘과 찬란함'이 사라진 '기울어진 햇볕'이 되어 신애의 감정을 공유할 수는 없지만, 늘 그림자처럼 변함없이 그 곁을 맴돌고 있었던 바로 종찬이 있었다. 감독은 삶이 절망적일지라도 지속되어야 함을 엔딩(Ending)의 미장센(Mise en scene)을 통해 지상이 비록 '누추한 여기'가 될지라도, 살아갈 이유는 다름 아닌 '인간'에 있다고 말하고 있다.

3.

이청준의 『벌레이야기』에서는 범행동기로 '약국이 제법 잘되는 편이었고, 그것이 동네에 알려져 있는 것이 표적거리가 될 수' 있음을 제시된다. 이에 반해 이창동 감독의 『밀양(密陽, Secret sunshine)』은 오프닝(Opening), 「S#1. 도로(외부/낮)」의 '푸른 하늘'에서 시작되고, 엔딩(Ending), 「S#121. 신애의 집(외부/낮)」의 '지상으로의 땅'으로 종결되는 구조로 공간의 수직적 하강을 보인다. 공간을 수직적으로 하강시키는데 그 매개는 '준'의 실종과 유괴사건이 자리하고 있다. 감독은 그 사이사이에 세 가지 측면에서 플롯(Plot)을 형성시켜 유기적으로 또는 계획적으로 채워넣고 있는데, 이는 마치 구조적이며 논리적이기까지 하다.

하나, 에피소드(Episode) 하나. 밀양으로 진입하는 「S#1. 도로(외부/낮)」의 차 안에 있는 '준'을 내려놓자 '그 자리에 그대로 웅크린 자세로 있다가 갑자기 스르르 땅에 드러눕고 죽은 척 눈을 감고 있는 연기'는 완벽하기까지 하다. 둘, 고장 난 차를 수리하기 위해 기다리고 있는 「S#2. 개울(외부/낮)」의 신애는 갑자기 '준'을 와락 끌어안고 아이의 뺨에 자신의 뺨을 갖다대고 "어, 붙었다! 안 떨어진다…"라고 하자 손으로 엄마의 얼굴을 간단히 밀어내버리고 만다. 셋, 「S#17. 신애 집(내부/낮)」에 '준'이 보이지 않자 다급하게 찾다가 울음이 터지자, 부엌 속에 숨어 있던 '준'은 고개를 내민다. 장난스런 숨바꼭질이었다. 넷, 웅변학원에 가지 않으려고 「S#24. 피아노 학원 앞(외부/아침)」에서 도망가는 '준'을 쫓아가 팔을 잡아끌어 차 안으로 밀어 넣는다. 다섯, 「S#6. 웅변학원(내부/낮)」의 '준'은 엄마에게 마지막 인사라도 하듯 '부모님의 은혜에 감사하다'는 웅변을 한다. 이 때 신애의 의상은 오프닝(Opening). 「S#1. 도로(외부/낮)」와 「S#4. 차 안(외부/낮)」의 로우 앵글 (Low Angle)의 '파란 그리고 청명한 뭉게구름이 피어오르던 하늘'의 그 청명함과 닮아 있다. 이는 신애가 밀양에서 기대했던 희망적인 삶이 실현되고 있음을 서사화하고 있다.

일련의 다섯 개의 에피소드(Episode)는 일관성 있게 전체적 외화로 확장되고자 준비를 하고 있다. '죽은 척' '밀어내버리고' '보이지 않고' '도망가고' 엄마에게 마지막 인사라도 하듯 '부모님의 은혜'로 마무리 된다. 엄마인 신애로부터 '준'은 지속적인 분리라는 일정한 행동패턴으로 일관하는데 '실종과 유괴'라는 사건으로 수렴된다.

또한 감독은 이 외에도 플롯(Plot)을 곳곳에 배치해 두고 있다. 가령, 종찬이 소개해 준 어느 「S#29. 아파트(내부/낮)」 거실에 신애는 피아노 곡을 연주하다가 결국 멈추고 마는 것과, 피아노곡 『Etudes de Concert No. 3 Un Sospiro-Franz von Liszt(3개의 연주회용 연습곡 중 3번, '탄식'-리스트)』라는 설정은 암묵적으로 밀양에서의 새로운 삶이 순탄치 않을 것이라는 것을 디제시스적 사운드(Diegetic sound)로 예고시키고 있다. 이를 다시 오프닝(Opening)으로 소급해 보면 밀양시 외곽의 어느 「S#1. 도로(외부/낮)」 위의 고장난 신애의 차를 수리하지만, 여전히 시동이 걸리지 않게 한 설정 또한 감독의 의도된 설정이라 할 수 있다.

둘, 이청준의 『벌레이야기』의 주인공 아내는 남편과 함께 약국을 경영하고 있으며, 비교적 유복한 삶을 유지하지만, 이창동 감독의 『밀양(密陽, Secret sunshine)』의 신애는 남편이 교통사고로 사망한 후 아들 '준'과 남편의 고향인 밀양에 내려와 피아노 학원을 개원한다. 신애는 새로운 삶을 살아내기 위해 애를 쓰는 과정에서 불편한 진실을 외면하고 스스로가 구축 해놓은 '척'하는 가장의 신애가 있다. 그녀는 스스로를 가장하는 방식으로 일관하는데, 그 행동방식은 초보적인 수준에서 출발하지만, 그 범위가 확 장되고 견고해진다.

피아노 개업인사를 하러 로망스「S#7. 양장점(내부/낮)」아주머니에게 '애 아빠 고향이 밀양'임을 끊임없이 강조하며, 종찬이「S#11. 피아노 학 원(내부/낮)」에 '모 피아노 연주 경연대회에서 최우수상의 거짓상장' 걸어 주는 것을 만류하면서도, 그대로 피아노 학원을 운영한다는 것은 '가식적 행동'의 첫 출발이 된다. 그 이후 웅변학원 원장「S#14. 차 안(외부/낮)」의 자신을 가장하는 모습에 어색함도 사라진다. '피아노 학원 하러 온 게 아니 라 교통사고로 사망한 애 아빠 꿈이 고향인 밀양에 내려와 살고 싶'어 했으 며, '좋은 땅이 있으면 집 짓고 살 거예요. 그래서 요즘 땅 보러 다녀요. 좋은 땅 혹시 아시면 소개'시켜 달라는 자기과시는 확장되고 강화된다. 밀 양의 교외에 있는「S#22. 옻닭집(내부/낮)」에서 종찬이 회장에게 '서울서 손님이 와가…… 젊은 분인데예, 중국 쪽에 사업도 하시고, 밀양에 부동산 에도 관심이 많'다고 신애를 소개한다. 동생 민기 '약간 어이없다'는 눈으로 종찬을 보고, 신애는 '아무 말도 말라는 듯 옆구리를 쿡 찌르'는 등 '척'하 는 가장은 그 범위가 넓어진다.

신애의 '척'하는 가장은「S#20. 피아노 학원(내부/저녁)」에 찾아온 동생 '민기'에 의해 그 가식과 허위가 전복된다. 남편의 외도에도 불구하고 '준 이아빠는……우리 준이랑 나만 사랑했어. 그런 사람 아니'라고 완강히 부정한다. 신애의 가장은 이중 삼중으로 겹쳐있다. 남편의 외도를 부정하고, 남편의 사랑을 가장하는 허위에, 그 위에 외도한 남편의 고향인 밀양에 집착하는 신애가 있다. '준'의 실종사건을 접수하러 간 「S#44. 경찰서 수사과(내부/낮)」에서 신사장은 '저 여자 분이 땅 보러 다니는 거 아는 사람이 한 둘이 아이라, 좋은 땅 사가 집 짓고 살고 부동산 투자도 관심이 많다고……자기 입으로 말하고 다녔는데, 뭐. 피해자가 돈도 얼마 없다'는 허위의식을 다시 한 번 전복시킨다.

감독은 엄마인 신애가 살아내기 위해 실제 '돈이 얼마 없었'음에도 불구하고, 그것도 외도한 남편의 고향에서 좋은 땅을 구입해 집 짓고 살겠다고, 또 부동산 투자에도 관심이 많다고 했던 '척'하는 허위를 아들 '준'의 유괴 원인으로 설정한다. 감독의 이러한 설정을 통해 얻는 서사적 효과는 신애의 죄책감은 그 배가 되어 그 끝을 알 수 없게 만들어 버린다.

셋, 핸드 헬드(Handheld) 그리고 풀 쇼트(Full shot)으로 '밀양'에서 기대했던 삶이 어긋나고 있음을 예고하고 있다. 밀양의 「S#7. 양장점(내부/낮)」에 개업인사를 다니는 신애의 뒷모습을 핸드 헬드(Handheld)의 흔들림은 남편의 고향이지만 신애에게 여전히 낯선 곳에서 두려움과 불안감이 고스란히 표현되고 있다. 또한 「S#25. 미용실(내부/낮)」의 기둥을 중심으로 신애가 '캡을 덮어 쓰고 거울 앞의 왼쪽에 앉아 있고, 양장점 여인과 친구들이 머리를 하기 위해 오른쪽에 앉아있고, 이들을 수직으로 분할시켜 풀 쇼트(Full shot)'로 포착하고 있다. 겉으로는 「S#7. 양장점(내부/낮)」 여인은 신애의 인테리어에 대한 충고를 받아들이는 듯하지만, 밀양의 주민들과 함께 있을 때 '살짝 정신이 간거' 같다고 속내를 드러낸다. 과장되게 자신을 치장하며 정착하려고 몸부림치던 신애를 오히려 밀양의 공간에서는 이상한 여자로 몰아버린다. 감독은 풀 쇼트(Full shot)로 처리하여, 신애를 양장점 주인을 비롯한 밀양의 사람들과는 융화되지 못하는 이방인에 불과함을 서사화하고 있다.

밀양에서의 신애의 삶은 지속적으로 오해와 어긋남이 발생하는 곳이다. 즉, 밀양이라는 공간에 있으되 그 어디에도 없는 소속되지 못하는 인물이 되며, 고립되어 가고 있다. 밀양이 남편 고향임을 강조하고 돈이 있다는 것을 과시하는 애처로운 노력에도 불구하고, 그녀가 밀양에 정착하는 일은 녹록치 않다. 마치 입사의식(Intiation)이라도 치르듯 피아노 학원 주변의 「S#30. 식당(내부/저녁)」에서 조촐하게 모임을 갖는 저녁을 마친 후 「S#33. 신애 집(내부/밤)」에 돌아와 '준'을 찾는데 전화벨이 울리고, 유괴전화였던 것이다.

감독은 마치 구조화 된 도표와 같은 치밀한 플롯(Plot)을 준비시키고, 핵심사건인 유괴사건으로 수렴시킨다.

4.

이청준의 『벌레이야기』는 주검으로 돌아온 아이를 둔 어미의 심리, 즉 추상적이고 관념적인 정서가 남편인 '나'의 관찰에 의존하여 분석적으로 서술된다. 그러나 이창동 감독의 『밀양(密陽, Secret sunshine)』은 오프닝(Opening)의 '청명하고 푸른 하늘'에서 엔딩(Ending)의 '누추한 지상'으로 수직적 공간이동을 위해 미장센(Mise en Scene)에 변화를 시도한다. 하나, 서사가 진행되는 특수한 공간인 '밀양'을 상징하고 있는 '청명하고 구름이 드문드문 있는 하늘에서 내려쬐는 햇볕'의 변화가 신애의 심리를 대신한다. 둘, '하늘'과 '인물'을 프레이밍(Framing)되는 순서가 역전시켜 감독의 주제의식을 대신하게 된다.

하나, 오프닝(Opening). 밀양에 진입하는 「S#1. 도로(외부/낮)」의 '구름이 드문드문 있는 푸른 하늘'을 클로즈 업(Close-Up)으로, 청명하고 그로부터 발생된 '햇빛'은 찬란함을 약간의 로우 앵글(Low Angle)로 프레임(Frame)의 전체를 할애하여 새로운 삶을 계획하고 있는 신애의 희망과 설레임을 서사화하고 있다. '다리 건너 청도로 가는 20번 도로의 8km 지점'의 「S#2. 개울(외부)」도 여전히 '가을 햇볕이 내리쬐는 평화'로운 곳, 신애는 '햇볕…을 (감탄하듯) 좋'아한다. 「S#3. 도로(외부/낮)」 위 고장 난 차는 견인되어 밀양으로 들어오지만, 「S#4. 차 안(외부/낮)」에서 '밀양'의 이정표를 달리 인(Dolly in)과 롱 쇼트(Long Shot)로 결합하여 객관적으로 제시하며, 非디제시스사운드(Non-Diegetic sound)를 덧입혀 명쾌하며 희망적인 서사를 더한다.

새로운 삶의 희망을 안고 왔던 밀양에서 유괴사건이 일어난다. 감독은 '준'의 사체를 확인하러 가는 「S#49. 차 안(외부/낮)」에서 본 '하늘'은 오프닝(Opening)보다 비교적 덜 로우 앵글(Low angle)로 조절하여, '하늘'의 높이와 수직성이 감소시키는 미장센(Mise en Scene)을 선택한다. 또한 '뭉게구름이 있는 푸른 하늘의 그 청명함'과 그리고 '가을하늘의 강렬한 햇볕의 강도'를 미세하게 삭감시킨다. 이를 통해 과거의 삶을 뒤로 한 채 새로운 삶에 대한 희망을 기대했던 밀양에서, 희망이 거세당하고, 참담함과 절망의 공간으로 변화되고 있음을 서사화해내고 있다. 또한 오프닝(Opening) 「S#1. 도로(외부/낮)」 위 차에 앉아있었던 아들 '준'을 하이 앵글(High angle)로 처리되었는데, '준'의 사체를 확인하러 가는 「S#49. 차 안(외부/낮)」의 그 자리에 같은 모습으로 '신애'가 있다. 아이의 죽음 앞에 아무것도 할 수 없는 무기력하고 나약하고 참담한 어미의 모습이 거기에 있다. 감독은 의상에도 변화를 시도한다. 전체의 서사에서 신애가 가장 행복해하던, 마치 기대되던 삶이 실현되는 듯한 「S#26. 웅변학원(내부/낮)」의 '부모님의 은혜'라는 주제로 '준'의 발표를 듣고 있는 환하게 웃는 신애의 의상은 오프닝(Opening), 밀양으로 진입하는 「S#1. 도로(외부/낮)」의 '뭉게구름이 있는 푸른 하늘의 청명함'과 꼭 닮아있었다. 그러나 감독은 유괴사건 이후 시신을 확인하러 가는 「S#49. 차 안(외부/낮)」의 신애의 의상에서는 색감을 거세시켜 그레이(Gray)에 가깝게 만들어 버린다. 신애에게 남은 유일한 희망이었던 아들 '준'의 유괴와 죽음은 어떤 희망도 없고, 우울한 상황임을 그 의상이 감정을 더하고 있다.

'준'의 시신을 확인하기 위해 「S#52. 저수지(외부/낮)」 내리막길이고 주변은 말라죽은 나무와 풀들로 황량'한 도로를 내려가는 신애를 핸드 헬드(Hand held)로 따라가면서 긴장과 불안과 그리고 두려움에 떨고 있는 뒷모습만 고스란히 담아낸다. 사체를 확인하는 시점에서는 핸드 헬드(Hand held)의 카메라는 고정되어 있고, 더 이상 그녀를 따라가지 않고 멈추어 롱 쇼트(Long Shot)로 응시하게 된다. 심지어 응시하는 거리감은 자연스럽게 익스트림 롱 쇼트(Extreme Long Shot)로 멀어진다. 아들 '준'의 사체를 확인하는 어미인 신애의 감정선을 전혀 기대할 수 없는 거리로 조정이 된 것이다. 신애가 '준'의 사체를 대하는 순간에도 카메라는 신애의 울부짖음을 얼굴을 마주하지 않고 여전히 익스트림 롱 쇼트(Extreme Long Shot)와 롱 테이크(Long take)로 그들을 응시할 뿐이다.

사망신고를 마친 후 동사무소에서 나온 「S#64. 거리(외부/낮)」는 아이 레벨 앵글(Eye-level Angle)에 가까운 로우 앵글(Low Angle)로 수직적으로 하강했음을 알 수 있다. 감독은 '낮게 드리워진 하늘'을 축소시켜 인식 조차 할 수 없게 만들었고, 거리의 한낮임에도 불구하고 '하늘의 햇볕'은 완전 거세시키고 있다. 또한 치밀어 오르는 원망과 분노의 눈길은 '하늘'을 향해 있다. 우연히 〈상처받은 영혼을 위한 기도회〉를 알리는 현수막을 보고 따라가다 보니 「S#64. 부흥회 입구(내부/낮)」에 들어선다. '목놓아 울고 있는 신애의 머리에 목사가 손을 얹고 기도하자', '자신의 속에 있는 것을 다 비어낸 것 같은 텅 빈 얼굴'을 한다.

감독은 신애가 '준'의 죽음을 수용하고 고통과 절망이 절대적 믿음으로 승화했다면, 오프닝(Opening). 밀양으로 진입하는 「S#1. 도로(외부/낮)」의 '청명한 뭉게구름의 하늘의 파란색과 찬란한 햇볕'의 미장센(Mise en Scene)으로 회복시켰을 것이다. 그러나 감독은 여전히 '준'의 유괴사건 이후의 미장센(Mise en Scene)으로 유지시키는데, 그 이유는 이후의 서사적 맥락과 맞닿게 하기 위함이다.

밀양주민들과 함께 있을 때의 의연한 모습과는 달리 「S#73. 신애 집(내부/낮)」의 부엌에 서서 혼자 밥을 먹던 신애는 고통을 삼킨다. 아이 레벨 앵글(Eye-level Angle)로 조정된 '하늘'은 프레임(Frame) 내부에 존재하지 않지만, '천장'을 보며 원망의 눈길을 보낸다. 감독이 유괴사건 이후의 미 장센(Mise en Scene)을 그대로 유지시켰던 이유는 종교적으로 위안을 찾 으려고 무던히도 노력해 보았지만, 여전히 치유되지 않는 뿌리 깊은 절망 과 고통은 인간적인 수준에 머물고 있음을 구현해내고자 했기 때문이다. 즉, 신애가 하나님으로부터 얻는 위안이 얼마나 위태로우며 기만적인가를 드러내는 동시에 지속되고 있는 내면의 고통을 한층 강화시킨다.

하나님의 사랑을 알고 마음의 평화를 얻어, 사랑을 전하기 위해 「S#84. 접견실(내부/낮)」로 범인을 만나러 가지만, 그는 '눈물로 회개하고 용서'받 고 마음의 평화를 얻었다는 것이다. 면회를 마치고 「S#85. 구치소 주차장 (외부/낮)」으로 나온 신애는 얼어붙은 듯 쓰러지고 만다.

신애는 '절대자인 하느님', 즉 '박도섭을 용서한 하느님', 즉 '용서할 수 있은 인간의 권리'를 앗아간 그를 향해 조롱하고 저항하고 처절한 복수는 시작한다. 「S#92. 예배당(내부/낮)」의 신애의 머리위의 십자가를 아이 레 벨 앵글(Eye-level Angle)에 가까운 로우 앵글(Low angle)로 포착했기 때 문에, 프레임(Frame) 내부에 십자가가 있을 뿐이다. 감독은 보이스 인 나 레이션(Voice in narration)없이 행동과 눈빛, 그리고 앵글(Angle)의 조절 하면서 신애의 원망과 분노의 감정선을 숨죽이며 관찰하도록 유도할 뿐이 다. 음반가게에서 훔친 〈김추자 베스트 20〉의 앨범을 가지고 「S#100. 공 터(외부/저녁)」의 야외기도회에 「거짓말이야」를 틀어 목사의 설교를 '거짓 말이야. 거짓말이야……'란 노래로 덮어버린다. 아이 레벨 앵글((Eye level Angle)에 가까운 로우 앵글(Low Angle)로 유지하기 때문에 '하늘'의 존재 는 없지만, 치켜뜬 눈과 냉소적인 표정은 '위'를 향해 있고 심지어 빛나기까지 한다. 신애는 은혜약국의 강장로와 야외로 나가, 「S#106. 공터(외부/낮)」 밖으로 불러낸다. 신애를 틸트 다운(Tilt down)하면서 거꾸로 얼굴을 클로즈 업(Close-Up)한다. 감독은 불현듯 '하늘'을 향해 누운 신애를 극단적인 앵글(Angle)인 버즈 아이 뷰(Bird's eye view)로 '하느님으로 상징되는 하늘'과 '인간으로 상징되는 지상'으로 수직적 대립구도로 만들어 버린다.

이 복수의 처절함을 보여주는 가장 극단적인 방법으로 「S#114. 신애 집(내부/밤)」에서 그 강렬함은 최고점에 이른다. 감독은 여전히 보이스 인 나레이션(Voice in Narration)을 생략한 채 '준'의 방에 앉아 있는 신애가 '갑자기 자리에서 일어나 거실의 불을 켜'는 이상행동을 풀 쇼트(Full shot)로 처리하여 정신적 충격이 육체적 충격으로 이어지고 있음을 강력히 표현하고 있다. 감독은 아이 레벨 앵글(Eye level Angle)을 유지하면서, 과도를 들어 깎다만 사과를 베어 먹는 모습을 클로즈 업(Close-Up)하고 이어 사과를 깍던 과도를 대는 순간 손목을 클로즈 업(Close-Up)하고, 입술을 실룩거리며 억지로 '눈물과 웃음'을 머금으며 '천장'을 올려다보는 얼굴을 클로즈 업(Close-Up)한다. 반복적인 클로즈 업(Close-Up)을 강한 긴장감을 준다.

감독은 미장센(Mise en Scene)을 조절하고 통제하는 방식을 서사를 진행시킨다. 가령 오프닝(Opening) 밀양으로 진입하는 「S#1. 도로(외부/낮)」의 희망과 설레임의 서사를 '푸른 하늘'을 프레임(Frame)의 전체를 할애하고, 유괴사건이후 사체를 확인하러 가는 「S#49. 차 안(외부/낮)」에서의 '하늘'은 3분의 1로 축소되었고, '준'의 사망신고를 마친 후 동사무소에서 나오는 「S#64. 거리(외부/낮)」의 '하늘'은 4분의 1로, 범인과 「S#84. 접견실(내부/낮)」에서 만난 이후인 「S#85. 구치소 주차장(외부/낮)」에서 '하늘'은 완전히 소거되며, '위'라든가 '천장'으로 대체된다. 즉, 감독은 신애의 감정의 변화를 프레임(Frame)에서 '하늘'의 비율이 점차적으로 축소시키거나, 외부로 밀어내고 미장센(Mise en Scene)으로 대신한다. 또한 '뭉게구름의 청명한 푸른 하늘'과 '따뜻하고 찬란한 햇볕에서 그 찬란한 푸르름과 따뜻함'을 거둬들이고 있다.

둘, 오프닝(Opening). 「S#1. 도로(외부/낮)」와 '준'의 사체를 확인하러 가는 「S#49. 차 안(외부/낮)」부터 '하늘'과 '인물'을 프레이밍(Framing)되는 순서가 역전되고 있음을 알 수 있다. 가령, 「S#1. 도로(외부/낮)」에서는 우선 '푸른 하늘' 이후에 '신애'와 '준'을 프레임(Frame)화 한다. 그러나 '준'의 사체를 확인하러 가는 「S#49. 차 안(외부/낮)」부터 '신애의 얼굴'을 클로즈 업(Close-up)하고 그 이후 '경찰차 창밖의 하늘'로 그 순서가 역전되어 있음을 알 수 있다.

결과적으로 감독은 미장센(Mise en Scene)과 프레이밍(Framing)의 순서를 역전시켜, '하늘로 상징화 되었던 신'에서 '지상으로 상징화되고 있는 인간'으로 그 시선이 변화되고 있음을 표현하기 위함이다.

이청준의 『벌레이야기』는 문자 매체의 특징인 논리성으로 인해서 인물의 심리 변화에 대한 설명을 관찰자인 '나'라는 인물의 증언을 토대로 이루어지고 있다. 반면에 이창동 감독의 『밀양(密陽, Secret sunshine)』은 보이스 인 나레이션(Voice in Narration)은 절제하고 미장센(Mise en Scene)을

통해 서사가 진행되며, 그 방식에는 나름의 원칙들이 있다. 하나, 프레임
(Frame) 그리고 쇼트(Shot)와 앵글(Angle)의 허용과 통제를 통해 계획된
미장센(Mise en Scene)으로 서사를 전개시킨다. 가령 자식을 잃은 어머니
의 고통을 보이스 인 나레이션(Voice in Narration)으로 토로하지 않는다
는 점이다. 또한 인물의 감정을 디테일하게 접할 수 있는 클로즈업(Close-
Up)을 자제하고 오히려 롱 쇼트(Long Shot)와 익스트림 롱 쇼트(Extreme
Long Shot)를 결합시켜 롱 테이크(Long take)로 단순한 피사체로 인식하
게 만들며 객관적으로 인물들을 응시하고 이들을 관찰하도록 유도할 뿐이
다. 둘, 극단적인 앵글(Angale)인 버즈 아이 뷰(Bird's eye view)가 있긴
하지만 전체적으로 아이 레벨 앵글(Eye-level Angle)로 객관적이고 보편
적인 시선에서 서사를 진행시킨다. 다만 '뭉게구름이 있는 푸른 하늘과 찬
란한 햇볕'의 로우 앵글(Low angle)도 있지만, 아이 레벨 앵글(Eye-level
Angle)에 가깝다. 셋, 불가피한 경우를 제외하고, 있는 그대로의 현실을 보
여주고 위해 핸드 헬드(Hand held)로 포착한다. '준'의 사체를 확인하러 가
는 「S#52. 저수지(외부/낮)」에서 조차도 신애를 따라 그들의 '등 뒤'에서
핸드 헬드(Hand held)로 긴장과 불안과 그리고 두려움에 떨고 있는 뒷모
습만 고스란히 담아낼 뿐이다. 신애가 준의 사체를 대하는 순간에도 신애
의 울부짖음을 정면으로 마주하지 않고 있다. 넷, 오프닝(Opening). 「S#1.
도로(외부/낮)」와 엔딩(Ending) 「S#121. 신애의 집」의 크리스띠안 바쏘
(Christian Basso)의 '크리오요(Criollo 이방인)'를 제외하고는 현실 속에서
들려지는 소리, 즉 디제시스적 사운드(Diegetic sound)를 원칙적으로 활용
하고 있음을 알 수 있다. 다섯, 새로운 삶의 희망을 안고 '뭉게구름이 드문
드문 있는 푸른 하늘과 찬란한 햇볕'으로 상징되는 밀양으로 내려온다. 그
러나 '준'의 유괴사건으로 희망과 기대는 무참히 짓밟히지만, 그래도 '누추

한 지상의 여기'에서 삶이 지속되리라는 열린 결말로 끝을 맺는다. 이러한 지점에서 사실주의적 내러티브(Realistic Narrative)를 형성한다 볼 수 있다.

5.

이청준의 『벌레이야기』와 이창동 감독의 『밀양(密陽, Secret sunshine)』은 '하느님의 용서'와 '인간이 권리'라는 중심적 서사를 공유하고 있다. 이청준의 『벌레이야기』는 알암이의 유괴사건을 계기로 이불집을 운영하고 있는 김집사의 하느님에 대한 지속적인 권유와 단계적인 논쟁을 남편의 증언에 따라 서술된다. 반면에 이창동 감독의 『밀양(密陽, Secret sunshine)』은 편집(Editing)을 통해 주제를 강화시키고 있다. 하나, 병렬편집(Parallel editing)을 통해 사회적 공간과 개인적 공간에 따라 상반된 신애의 심리를 표현한다. 둘, 교차 편집(Cross-cutting)을 통해 범인과 신애의 상반되는 심리를 표현한다.

하나, '준'의 사망신고를 하고 나와 〈상처받은 영혼을 위한 기도회〉라는 현수막을 보고 간 「S#65. 부흥회(내부/낮)」와 「S#67. 피아노 학원(내부/낮)」에서 예배를 보고, 「S#69. 교회(내부/낮)」의 성가대 무리 속에서 입을 맞추어 노래하고, 「S#72. 밀양역(외부/낮)」 광장의 한쪽 구석에 찬송가도 부르는 신애가 있다. 이 공간은 집단적 공간이며 종교적 공간이기도 하며, 사회적 공간으로 '하나님을 만나 성령을 받고, 고통 받는 어린 양에게 구원을 주셨다'며 안정적이고 평화로운 모습의 신애가 있다. 마치 '준'의 죽음을 수용하고 신애의 고통과 절망이 절대적 믿음으로 승화된 것처럼 보인다.

그러나 이윽고 개인적 공간인 「S#73. 신애 집(내부/낮)」에서 식사를 하면서 '하늘'에 대한 원망과 분노는 여전하고 아들에 대한 뼈아픈 그리움은 사무치게 다가온다. 감독은 밀양이라는 집단적 공간에서의 안정적이고 평화로운 이완된 모습과 대조적으로 신애의 집이라는 개인적 공간에서의 불안한 분노에 찬 긴장된 모습을 병렬편집(Parallel editing)을 통해 가장과 진실을 넘나들며 탐색하게 만든다. 이를 통해 일궈내는 서사적 맥락은 '준'의 유괴와 사망이후 종교적으로 위안을 찾으려고도 무던히 노력도 해 보았지만, 여전히 치유되지 않은 뿌리깊은 절망과 고통은 인간적이 수준에 머물러 있음을 서사화하고 있다. 또한 신애가 얻은 위안이 얼마나 위태로우며 기만적인가를 드러내는 동시에 지속되고 있는 내면의 고통을 한층 강화시키는 역할을 한다.

둘, 범인과 신애를 「S#84. 접견실(내부/낮)」의 창살을 중심으로 교차 편집(Cross-cutting)을 통해 두 인물간의 흐르는 묘한 긴장감을 서사화하고 있다. 범인의 표정은 '믿음을 가진 사람답게 아주 평화롭고 안정'되고, 이와는 대조적으로 신애는 '망연자실한 표정으로 마주하던 눈빛을 떨구고 어쩔 줄 모르는 당혹'스러운 표정이다. 현실에서 가해자인 범인, 그리고 피해자인 신애가 있다. 그러나 교도소에서는 가해자는 범인은 하느님께 용서를 빌고 구원받고 심지어 은총까지 베푸는 자가 되어 있고, 피해자인 신애는 오히려 절망으로 서로의 입장이 주객전도되고 있다. 감독은 교차 편집(Cross-cutting)을 통해 '신의 용서'와 '인간의 권리'를 대립적 구도로 만든다.

이청준의 『벌레이야기』와 신이 이미 용서했으므로 인간이 해야 할 용서가 남아있지 않다고 생각한 아내는 결국 고통속에서 범인의 교수형이 집행된 뒤 자살을 선택하게 된다. 반면 이창동 감독의 『밀양(密陽, Secret sunshine)』은 범인에 대한 용서가 좌절로 끝나버리고, 아무것도 할 수 없고 어떤 위로도 받을 수 없다는 허탈감에 빠져든다. 그리고 신애는 '용서할 수 있은 인간의 권리'를 앗아간 그를 향해 조롱하고 저항하고 처절한 복수는 다섯 단계의 에피소드(Episode)를 거쳐 심화되고 확장된다. 이 복수의 처절함을 보여주는 가장 극단적인 방법으로 '칼로 베어진 그녀의 가는 손목에서 피가 흘러나와 잠옷을 적시고 마루바닥 위로 떨어지고', 「S#115. 신애 집(외부/밤)」에서 나와 어두운 거리에서 신음처럼 소리를 내뱉으며 살려달라고 애원한다. 감독은 어미로서 그 고통과 죄의식에서 벗어나려 스스로 자살을 선택했지만, 자신의 죽음으로도 해결할 수 없는 뿌리 깊은 고통은 여전할 뿐이다.

이청준의 『벌레이야기』와 이창동 감독의 『밀양(密陽, Secret sunshine)』은 두 작품 모두 주제의식은 '하느님의 용서'와 '인간의 권리'라 할 수 있으며, 이 둘의 공통적 특성은 하느님의 용서와 인간의 용서는 통일되지 않고 분리되어 있다는 점이다. 즉, 하나님의 용서와 인간의 용서를 구분하고, 범인이 받은 용서는, 희생자의 용서가 선행되지 않았음에도 불구하고, 하나님에게 용서받고 마음의 평화를 얻었다는 것이다. 결국 하느님의 용서와 인간의 용서가 통일되지 않고, 이원화되어 있다는 것이다. 이 두 작품 모두 종교적인 작품으로 읽힐 수 없는 근거가 여기에 있으며, 결국 '인간의 권리'에 그 중심을 두고 있다. 또한 김집사가 하느님에게 이끄는 이유와 과정은 오직 그녀를 하느님의 품에 안기도록 하는 데 있을 뿐, 아이를 잃은 어미의 인간적인 고통은 도외시되고 있다는 점이다. 두 작품 동일하게 '하느님'이라는 종교적 기표를 빌려왔을 뿐 종교적인 작품이 아니라 '절대자에 대한 인간으로서의 한계상황과 그 권리'에 대한 이야기라고 보는 것이 합당할 것이다.

참고 문헌

Ⅰ. 기본텍스트

소설 이청준, 『벌레이야기』, 열림원, 1992.
영화 이창동, 『밀양(密陽, Secret sunshine)(각본/각색: 이창동)』, 파인하우스
    필름, 2007.

Ⅱ. 단행본

1. 국내 단행본

강호정, 『영화 속의 혹은 영화 곁의 문학』, 모아드림, 2003.
권혁웅, 『영화 속의 혹은 영화 곁의 문학』, 모아드림, 2003.
김종원·정중헌, 『우리영화 100년』, 현암사, 2001.
김중철, 『영화 속 문학이야기-문학과 영상학회 편』, 동인, 2002.
문학과 영상서사연구회, 『영화? 영화!-문학의 시각으로 본 영화』, 글누림, 2006.
박영수, 『색채의 상징, 색채의 심리』, 살림, 2003.
서정남, 『영상예술의 이해』, 계명대학교출판부, 2006.
손화숙, 『박태원 소설 연구』, 깊은샘, 1995.
안숙원, 『박태원 소설과 도립의 시학』, 개문사, 1996.
영화진흥공사, 『한국영화 70년 대표작 200선』, 집문당, 1996.
우찬제, 『텍스트의 수사학』, 서강대학교출판부, 2005.

오영미, 『소설과 만난 영화』, 월인, 2007.

이경기, 『영화영상용어사전』, 다인미디어, 2001.

이승구·이용관 엮음, 『영화용어 해설집』, 영화진흥공사, 1990.

이영일 편, 『한국영화전사』, 삼애사, 1969.

이철웅, 『영화와 음악: 영화 연출과 제작』, 이정선음악사, 1998.

이채원, 『소설과 영화 매체의 수사학』, 국학자료원, 2014.

이해년, 『영화속 문학이야기-문학과 영상학회 편』, 동인, 2002.

이형식·정연재·김명희 공저, 『문학텍스트에서 영화텍스트로』, 동인, 2004.

이효인, 『영화미학과 비평입문』, 한양대학교출판부, 1999.7.9.

임영천, 『한국현대문학과 기독교』, 태학사, 1995.

정현숙, 『박태원 문학 연구』, 국학자료원, 1993.

조해옥, 『영화 속의 혹은 영화 곁의 문학』, 모아드림, 2003.

주진숙, 『한국의 영화감독 7인을 말하다-한국, 이탈리아비평가들의 시선』, 본북
    스, 2008.

표정옥, 『서사와 영상, 영상과 신화』, 한국학술정보, 2007.

허만욱, 『문학, 그 영화와의 만남』, 보고사, 2008.

황영미, 『다원화 시대의 영화 읽기』, 예림기획, 2004.

2. 국외 단행본

D. 보드웰(David Bordwell)·K. 톰슨(Kristin Thompson), 주진숙·이용관 옮김, 『영
    화와 예술』, 이론과 실천, 1997.

E. M. 포스터(E. M. Forster), 이성호 옮김, 『소설의 이해(Aspects of the novel)』,
    문예출판사, 1993.

R. 보르네르(Roland Bourneuf)·R. 아울레프(Real Ouellet), 김화영 옮김, 『현대
    소설론』, 문화사상사, 1986, p.183.

더들리 앤드루(Dudley Andrew), 김시무 외 옮김, 『영화이론의 개념들』, 시각과
    언어, 1998.

로버트 리처드슨(Robert Richardson), 이형식 옮김, 『영화와 문학』, 동문선, 2000.

로버트 스탬(Robert Stam), 오세필·구종상 옮김, 『자기반영의 영화와 문학』, 한나래, 1998.

루보미르 돌레젤(Rubomil Dolrejel), 최상규 옮김, 김병욱 편저, 『현대소설의 이론』, 2007.

루이스 자네티(Louis Giannetti), 김진해 옮김, 『영화의 이해(Understanding Movies)』, 현암사, 2007.

보리스 에이헨바움(Boris Eichenbaum)·로만 야콥슨(Roman Jacobson)·유리 로트만(Iurii M. Lotman), 오종우 옮김, 『영화의 형식과 기호』, 열린책, 2001.

볼프강 가스트(Gast, Wolfgang), 조길예 옮김, 『영화(Film und Literature)』, 문학과 지성사, 1999.

부스·웨인(Booth Wayne), 최상규 옮김, 『소설의 수사학』, 예림기획, 1999.

수잔 헤이워드(Edythe Marrenner), 이영기 옮김, 『영화사전-이론과 비평』, 한나래, 1997.

스티븐 디 캐츠(Steven D. Katz), 김학순·최병근 옮김, 『영화 연출론: 개념에서 스크린까지의 시각화(Film directing shot by shot: visualizing from concept to screen)』, 시공아트, 2006.

시모어 채트먼(Seymour Chatman), 한용환 옮김, 『이야기와 담론(Story and Dicourse: narrative structure in fiction and film)』, 푸른세상, 1990.

아놀드 하우저(Arnold hauser), 백낙청·염무웅 옮김, 『문학과 예술의 사회사 4』, 창작과비평사, 2016.

안느 위에(Anne Huet), 김도훈 옮김, 『시나리오』, 이화여자대학교출판부, 2006.

앙드레 고드로(Andre Gaudreault)·프랑수아 조스트(Francois Jost), 송지연 옮김, 『영화서술학(Le Recit Cinematographique)』, 동문선, 2001.

엘런 스피젤(Alan Spiegel), 박유희·김종수 옮김, 『소설과 카메라의 눈』, 르네상스, 2005.

Ⅲ. 학위논문

강민석, 「소설과 영화의 서사구조 비교 연구-이청준의 『벌레이야기』와 이창동의 『밀양』을 중심으로-」, 한양대학교 교육대학원 국어교육학 석사학위논문, 2008.

고희은, 「영화 속 현대음악의 역할 가능성 연구」, 중앙대학교 예술대학원 예술경영학과 예술학전공, 2003.

김남석, 「1960-70년대 문예영화 시나리오의 영상 미학 연구」, 고려대학교 대학원 국문학전공 박사학위논문, 2003.

김상아, 「소설 『가족시네마』와 영화 『가족시네마』 비교연구」, 서울대학교 대학원 석사학위논문, 2002.

김선모, 「영상언어적 기법 소설 연구」, 경기대학교 대학원 현대문학전공 석사학위논문, 1994.

김숙경, 「1980년대 한국 문예영화 연구-『나그네는 길에서도 쉬지 않는다』와 『안개마을』 중심으로」, 중앙대학교 연극영화학 석사학위논문, 1992.

김중철, 「소설의 영상화과정에 관한 연구-유흥종의 『불새』와 이문열의 『익명의 섬』을 중심으로」, 한양대학교 국어국문학전공 박사학위논문, 2000.

김진영, 「소설 『축제』와 영화 『축제』 비교 연구-서사담론으로서의 시점이론」, 연세대학교 비교문학협동과정 비교문학전공 석사학위논문, 2008.

김태관, 「소설의 영화화 과정에 따른 서사학적 요소의 연구-80년대 한국영화 분석을 통하여-」, 동국대학교 대학원 연극영화학과전공 석사학위논문, 1990.

박영화, 「소설의 영화화를 통해 본 텍스트변용의 문화사회학적 고찰-『감자』의 영화를 중심으로」, 경일대학교 산업대학원 교육콘텐츠전공 석사학위논문, 2009.

박정미, 「소설과 영화의 이야기와 담론 비교연구-소설 『낯선 여름』과 영화 『돼지가 우물에 빠진 날』을 중심으로」, 한국교원대학교 대학원 석사학위논문, 2005.

박상익, 「이청준 소설의 열린 텍스트성 연구: 매체 전이 양상과 관련하여」, 서강대학교 박사학위논문, 2016.

박지은, 「소설과 영화 『오래된 정원』의 서사 비교 연구」, 인하대학교 교육대학원 국어교육전공 석사학위논문, 2008.

방재석, 「소설과 영화의 관계양상 연구」, 중앙대학교 문예창작학과 박사학위논문, 2003.

설연희, 「소설과 영화의 표현양식 비교-이청준작품 『서편제』를 중심으로」, 한양대학교 교육대학원 국어교육전공 석사학위논문, 1996.

신숙경, 「소설과 영화의 서술방식 연구-『하얀전쟁』『서편제』 분석을 통하여」, 홍익대학교 교육대학원, 석사학위논문, 1998.

안선영, 「최인호 소설과 각색 시나리오의 관계 연구」, 홍익대학교 일반대학원 현대문학전공 석사학위논문, 2006.

안규은, 「소설과 각색 영화 비교 연구: 김훈의 『화장』과 임권택의 『화장』을 중심으로」, 중앙대학교 예술대학원, 2016.

윤혜경, 「영화 『안개』와 소설 『무진기행』의 비교 연구」, 충남대학교 교육대학원, 국어교육전공 석사학위논문, 2006.

이미경, 「『천변풍경』의 영화적 기법 연구」, 서강대학교 대학원 국어국문학전공 석사학위논문, 1990.

이선영, 「최인호 장편소설의 영화화과정 연구」, 서울대학교 대학원 현대문학전공 석사논문, 2002.

이수현, 「원작 소설과 각색 영화의 비교연구-이문열 소설의 영화화를 중심으로」, 고려대학교 대학원 국어국문학과, 석사학위논문, 2006.

이정배, 「1930년대 한국문학과 영화의 상관성 연구-문학이 영화에 미친 영향을 중심으로」, 강원대학교 대학원 국어국문학 석사학위논문, 2003.

이주영, 「소설의 영상기법과 영상화에 관한 연구-『삼포가는 길』을 중심으로」, 단국대학교 교육대학원 국어교육학전공 석사학위논문, 2002.

이채원, 「소설과 영화의 매체전이양상에 대한 수사학적 연구」, 서강대학교 대학원 국어국문학전공 박사학위논문, 2008.

이현주, 「소설의 영화화과정의 서사적 변이양상-이청준의 『서편제』를 중심으로」,

전북대학교 대학원 국어국문학전공 석사학위논문, 2009.2.23.

이호림, 「1930년대 소설과 영화의 관련양상 연구」, 성균관대학교 대학원 현대문
학전공 박사학위논문, 2003.

임승용, 「소설의 시나리오 각색 연구-『오발탄』을 중심으로」, 연세대학교 대학원
국어국문학전공 석사학위논문, 1997.

임훈아, 「소설의 영화화 과정에서 따른 멜로드라마적 요소 연구」, 연세대학교 대
학원 국문학전공 석사학위논문, 1993.

장혜련, 「『무진기행』 각색 연구」, 고려대학교 대학원 국어국문전공 석사학위논
문, 2006.

전지은, 「이청준 소설의 매체 변용양상 연구-『서편제』, 『축제』, 『벌레이야기』를
중심으로」, 한양대학교 대학원 국어국문학전공 석사학위논문, 2008.

정선자, 「스토리텔링 시대의 서사담론 변용양상 고찰-소설 『축제』와 영화 『축
제』의 경우」, 중앙대학교 예술대학원 소설전공 석사학위논문, 2009.

정혜경, 「박태원소설의 영화적 기법 연구」, 숙명여자대학교 대학원 현대문학전
공 석사학위논문, 2000.

최명숙, 「소설과 영화의 시점 비교 연구」, 충남대학교 국문학 박사학위논문,
2001.

최현경, 「소설의 영상화에 관한 연구-영화 『서편제』와 TV문학관 『소리의 빛』을
중심으로」, 중앙대학교 신문방송대학원 연극영화전공 석사학위논문, 1999.

한류리, 「소설의 영상적 수용에 관한 연구-『우리들의 일그러진 영웅』과 『봄봄』
을 중심으로」, 수원대학교 교육대학원 국어교육전공 석사학위논문, 2006.

한상준, 『영화음악과 내러티브의 상호작용에 관한 연구』, 중앙대학교 대학원 연
극영화학과 영화화전공, 박사학위논문, 1999.

홍성표, 「소설 원작 시나리오의 극문학적 특성 연구」, 경기대학교 대학원 문예창
작학과 희곡전공, 석사학위논문, 2005.

IV. 학술지

구수경, 「소설과 영화의 서사기법 비교 연구: 이범선의 『오발탄』과 유현목 감독의 영화 『오발탄』을 중심으로」, 『어문연구』 제61권, 어문연구학회, 2009.9, pp.293-315.

권희돈, 「소설 『서편제』와 영화 『서편제』의 비교 연구」, 『새국어교육』 통권 71호, 한국국어교육학회, 2005.12, pp.483-497.

김경수, 「한국현대소설의 영화적 기법」, 『외국문학』, 1990년 가을호, 열음사, 1990.9, pp.26-47.

김남석, 「1960년대 후반 문예영화 시나리오 회상기법 연구-『안개』『역마』『독짓는 늙은이』를 중심으로」, 『민족문화연구』 제38권, 고려대학교 민족문화연구원 한국문학 연구소, 2003, pp.1-32.

김명석, 「김승옥의 소설 『무진기행』과 『안개』 비교 연구」, 『현대소설연구』 제23집, 한국현대소설학회, 2004, pp.416-439.

김석희, 「소설 『벌레이야기』와 영화 『밀양』 사이」, 『문학치료연구』 제7집, 한국문학치료학회, 2007.8, pp.42-43.

김성수, 「1930년대 소설에 나타난 영화적 기법-채만식 문학을 중심으로」, 『현대소설연구』 제6집 1997.6.

김양선, 「1930년대 모더니즘 소설의 영화기법-근대성의 체험 및 반응을 중심으로」, 『한국문학이론과 비평』 제9집, 한국문학이론과 비평학회, 2000.12, pp.52-74.

김 원, 「소설에서 영화로의 이동」, 『국어국문학지』 제30권, 문창어문학회, 1993, pp.353-371.

김일영, 「'미장센'원리의 소설적 적용」, 『현대소설연구』 제22호, 2004.6, pp.1-12.

김종수, 「소설 『단종애사』와 영화 『단종애사』의 비교연구」, 『현대문학이론연구』, 현대문학이론학회, 2007, pp.273-292.

김종욱, 「『상록수』의 통속성과 영화적 구성원리」, 『외국문학』, 1993년 봄호, 열음사, 1993.3, pp.148-163.

김중철, 「『삼포가는 길』의 영화적 기법」, 『한양어문』 제14호, 한국 언어문화학회, 1996.12, pp.291-312.

_____, 「소설과 영화의 서사전달 방식 비교-이문열의 「우리들의 일그러진 영웅」을 중심으로」, 『한양어문연구』 제13호, 한양대학교 한양어문연구회, 1995.12, pp.401-426.

_____, 「소설의 영상화가 갖는 시대 반영성-『사랑손님과 어머니』를 중심으로」, 『현대소설연구』 제21호, 한국현대소설학회, 2004.3, pp.231-247.

김효정, 「소설과 영화의 서사론적 비교연구」, 『논문집』 제23집, 대구미래대학, 2005.2.25, pp.81-96.

나병철, 「1930년대 모더니즘 소설과 영화」, 『비평문학』 제11호, 한국비평문학회, 1997.7, pp.137-154.

나상오, 「소설과 영화의 스토리 소통」, 『논문집』 제33집, 2008, pp.149-159.

도정일·김영민, 「영상예술과 문학」, 『현대문학』 제517호, 현대문학, 1998.1, pp.50-82.

문혜원, 「1930년대 문학에 나타난 영화적 요소에 관한 고찰」, 『국어국문학』 제115권, 국어국문학회, 1995.12, pp.349-373.

박배식, 「1930년대 소설의 기법과 영화기법의 함수」, 『현대문학이론연구』 제20호, 현대문학 이론학회, 2003, pp.175-195.

_____, 「모더니즘 소설의 영화 기법-박태원을 중심으로」, 『비평문학』 제19호, 한국비평문학회, 2004.11, pp.123-140.

박상익, 「이청준 소설의 매체 수사학적 특성 연구: 이청준 「벌레이야기」, 영화 〈밀양〉, 드라마 〈벌레이야기〉를 중심으로」, 『이화어문논집』 제33집, 2014.8, pp.155-190.

박상천, 「디지털 시대의 문학의 확장 가능성」, 『한국언어문화』 제31집, 한국언어문화학회, 2006.12.30, pp.5-28.

박유희, 「1960년대 문예영화에 나타난 매체 전환의 구조와 의미: 『오발탄』과 『사랑손님과 어머니』를 중심으로」, 『현대소설연구』 제32호, 한국현대소설학회, 2006.12, pp.167-193.

＿＿＿, 「소설의 외출: 『외출』에 나타난 매체 전환의 의미」, 『문학과 사회』 제18 권 제4호 통권 72호, 문학과 지성사, 2005년 겨울호, pp.306-318.

＿＿＿, 「장르문법의 강화와 '콘텐츠'로서의 소설-2000년 이후, 소설의 영화화 동향」, 『리토피아』 제6권 제3호 통권 23호, 2006.8.20, pp.71-88.

방현석, 「원작소설과 영화의 차이는 어디서 비롯되는가」, 『불교문예』 제13권 3 호 통권 38호, 불교문예출판부, 2007년 가을호, pp.60-65.

백문임, 「70년대 문화지형과 김승옥의 각색작업」, 『현대소설연구』 제29호, 한국 현대소설학회, 2006, pp.57-80.

서정남, 「영상과 문자의 통합서사를 위하여」, 『동서문화』 제32집, 계명대학교인 문과학연구소, 1999, pp.23-46.

송선령, 「문학과 시각주의: 최윤의 『저기 소리없이 한점 꽃잎이 지고』를 중심으 로」, 『이화어문논집』 제22집, 월인, 2004.11.30, pp.165-189.

송현호, 「영상매체의 발전과 소설의 변화」, 『현대소설연구』 제11호, 1999.12, pp.29-44.

송희복, 「이청준 소설의 영화화와 그 의미」, 『두류국어교육』 제5집, 2004.4, pp.91-106.

연남경, 「김경욱소설의 영화적 상상력」, 『이화어문논집』 제22집, 이화어문학회, 2004, pp.191-210.

안정효, 「원작 소설은 영화가 아니다.」, 『현대소설연구』 제22호, 한국현대소설 학회, 2004, pp.29-44.

유시욱, 「허윤석의 소설 『구관조』론-영화적 기법 문제를 중심으로」, 『한국문학 이론과 비평』 제6집, 한국문학이론과 비평학회, 1999.12, pp.296-318.

윤정헌, 「소설과 영화의 거리-『하얀전쟁』의 경우」, 『배달말』 제23호, 배달말학 회, 1998.12, pp.213-233.

＿＿＿, 「소설의 영화화 방식에 대한 대비고찰-『오발탄』과 『하얀전쟁』을 중심으로」, 『한국문예비평연구』 제17호, 한국문예비평연구회, 2005, pp.135-161.

이길성, 「소설 『무진기행』과 영화 『안개』」, 『영상예술연구』 제1호, 영상예술학 회, 2001.5, p.149.

이덕화, 「『경마장 가는길』의 메타픽션적 글쓰기와 영상적 이미지」, 『현대소설연구』 제22호, 한국현대소설학회, 2004.6, pp.53-74.

_____, 「『저기 소리없이 한점 꽃잎이 지고』와 영화『꽃잎』의 비교연구」, 『현대문학의 연구』 제53집, 한국문학연구학회, 2008.6.3, pp.209-234.

이상면, 「문학과 영화의 몽타주」, 『비교문학』, 한국비교문학회, 2003, pp.239-256.

이상호, 「문학 확장에 관한 비판적 성찰」, 『한국문예비평연구』 제26호, 창조문학사, 2008.8.30. pp.369-394.

이수현, 「『꽃잎』에 나타난 영상미학과 각색의 원리」, 『문학과 영상』, 2009년 봄호, 문학과 영상학회, 2009.4.30, pp.167-190.

이윤진, 「『소설가 구보씨의 일일』의 영화적 서술기법」, 『한국문학이론과 비평』 제15집, 한국문학이론과 비평학회, 2002.6, pp.330-348.

이은성, 「『화엄경』을 통해 본 소설적상상력과 영화적상상력」, 『청람어문학』 제29호, 청람어문교육학회, 2004, pp.245-271.

이채원, 「소설과 영화의 표현양식 연구: 소설『저기 소리없이 한 점 꽃잎이 지고』와 영화『꽃잎』을 중심으로」, 『문학과 영상』 제8권, 문학과 영상학회, 2007, pp.223-245.

_____, 「언어의 수사학과 이미지(Image)의 수사학:『벌레이야기』와 밀양을 중심으로」, 『문학과 영상』 제9권 1호, 문학과 영상학회, 2008.4, pp.177-201.

장일구, 「영화 기법과 소설 기법의 함수-몇 가지 국면에 대한 시론」, 『한국문학이론과 비평』 제9집, 한국문학이론과 비평학회, 2000.12, pp.24-51.

전흥남, 「한국 근대소설과 영화의 교섭양상 연구-1930년대 소설의 영화적 기법과 영화인식을 중심으로」, 『현대문학이론연구』 제18호, 현대문학 이론학회, 2002, pp.293-329.

조미숙, 「소설의 영화화 연구: 최윤『저기 소리없이 한점 꽃잎이 지고』와 장선우의 『꽃잎』을 중심으로」, 『인문과학논총』 제43집, 건국대학교인문과학연구, 2005.12.30, pp.161-177.

조정래, 「소설과 영화의 서사론적 비교연구-이미지와 서술」, 『현대문학의 연구』 제22집, 한국문학연구학회, 2004.2. pp.525-560.

조현일, 「소설의 영화에 대한 미학적 고찰-60년대 문예영화『오발탄』『안개』를 중심으로」, 『현대소설연구』제21호, 한국현대소설학회, 2004, pp.249-273.

채명식, 「소설과 시나리오의 비교를 통한『경마장 가는 길』꼼꼼히 읽기」, 『한국문학연구』제20권, 1998, pp.229-248.

최수웅, 「소설과 영화의 창작방법론 비교 분석」, 『어문연구』제54권, 어문학연구학회, 2007.8, pp.481-503.

한명환, 「소설과 각색 영화-영화『꿈』『서편제』『우리들의 일그러진 영웅』을 중심으로」, 『시와 문화』통권 제10호, 2009년 여름호, pp.148-163.

허만욱, 「소설「벌레이야기」와 영화『밀양』의 모티프 변환 연구: 작가의식과 메시지를 중심으로」, 『한국문예비평연구』제26집, 2008.8.30, pp.453-475.

Ⅴ. 외국서적

Heinrich. F. Plett, Intertextuauty, Walter de Gruyter, Berlin, 1991,

Jakob Lothe, Narrative in Fiction and Film, Oxford University Press, 2000.

Ⅵ. 월간지

김혜리, 「끈질긴 이야기꾼의 도돌이표, 영화감독 이창동」, 『씨네21』, 2007.3.19.

문 석, 「이창동 감독, 영화평론가 허문영 대담」, 『씨네21』602호, 2007.7.2. p.72.

한선희, 「한선희 기자와의 인터뷰 中」, 『필름 2.0』, (주)미디어2.0.

Ⅶ. 신문기사

서영희, 「인터뷰-호암상 수상한 '밀양' 원작자 이청준 "예술장르끼리 서로 부축해야…"」, 『국민일보』, 2007.6.3.

이권우, 「광주 희생자들은 입 다물고 있는데… 도대체 누가 용서했단 말인가」, 『중앙일보』, 2007.6.30.

한윤정, 「이청준 "희망 보탠 영상, 소설보다 현실감"」, 『경향신문』, 2007.5.9.

홍성록, 「칸영화제, 이창동, 종교 아닌 인간 다룬 영화」, 『연합뉴스』, 2007.5.24.